Das Wichtigste über elterliche Präsenz haben wir von unseren Kindern gelernt.
Daher widmen wir dieses Buch unseren insgesamt acht Kindern:

Nati   *Anna-Lena*
Yonathan   *Janina*
Michael   *Max-Simon*
Noam
Yael

Haim Omer / Arist von Schlippe

Autorität ohne Gewalt

Coaching für Eltern von Kindern
mit Verhaltensproblemen

»Elterliche Präsenz«
als systemisches Konzept

Mit einem Vorwort von Reinmar du Bois

11., unveränderte Auflage

Vandenhoeck & Ruprecht

Bibliografische Information der Deutschen Nationalbibliothek

Die Deutsche Nationalbibliothek verzeichnet diese Publikation in der
Deutschen Nationalbibliografie; detaillierte bibliografische Daten sind im
Internet über http://dnb.d-nb.de abrufbar.

ISBN 978-3-525-01470-7

Weitere Ausgaben und Online-Angebote sind erhältlich unter: www.v-r.de

Umschlagbild: Eve Aschheim, *Razor*, 1996,
Graphit, Öl auf Leinwand, 30 x 23 cm.
© Eve Aschheim/Weidle Verlag (Foto: Tom Powel)

© 2017, 2002 Vandenhoeck & Ruprecht GmbH & Co. KG,
Theaterstraße 13, 37073 Göttingen /
Vandenhoeck & Ruprecht LLC, Bristol, CT, U.S.A.
www.v-r.de
Alle Rechte vorbehalten. Das Werk und seine Teile sind urheberrechtlich
geschützt. Jede Verwertung in anderen als den gesetzlich zugelassenen
Fällen bedarf der vorherigen schriftlichen Einwilligung des Verlages.
Printed in Germany.
Satz: KCS GmbH, Buchholz/Hamburg
Druck und Bindung: ⊕Hubert & Co GmbH & Co. KG,
Robert-Bosch-Breite 6, Göttingen

Inhalt

Vorwort 7

Vorwort des Zweitautors 15

Kapitel 1:
Einführung: Die elterliche Stimme 19

Kapitel 2:
Was ist unter »Elterlicher Präsenz« zu verstehen? 29

Kapitel 3:
Elterliche Präsenz und gewaltfreier Widerstand 50

Kapitel 4:
Elterliche Präsenz als schulenübergreifendes Konzept 69

Kapitel 5:
Für Handeln gibt es keinen Ersatz – Coaching
für Eltern 83

Kapitel 6:
Ein Gespräch 114

Kapitel 7:
Systemische Präsenz 137

Kapitel 8:
Persönliche Präsenz: Eine eigene Stimme haben 159

Kapitel 9:
Flexible Autorität 177

Kapitel 10:
Die Einbeziehung des Kindes in den
Beratungsprozeß der Eltern 188

Schluß 207

Literatur 210

Vorwort

Der interessierte Leser dieses Buches sollte mit den Verfassern einig sein, daß bei vielen Erziehern in hochentwickelten Ländern die Sicherheit abhanden gekommen ist, daß sie über natürliche Autorität verfügen und ihren Kindern fraglos Rückhalt, Selbstvertrauen und Orientierung geben könnten. Er oder sie wird sich vermutlich auch mit den Autoren des Buches einig wissen, daß viele Eltern von Gefühlen der Hilflosigkeit und Ohnmacht ihren Kindern gegenüber geplagt werden und in einen Machtkampf mit ihren Kindern verstrickt sind, der nur Unterwerfung oder Beherrschung zuläßt, begleitet von Schuld- oder Rachegefühlen. Der Leser/die Leserin wird sich möglicherweise auch nicht befremdet abwenden, wenn er zu hören bekommt, viele Eltern fühlten sich heute nahezu wie Kinder, sie könnten sich nicht eindeutig gegenüber ihren Kindern als Erwachsene abgrenzen, sondern verglichen sich in vielem mit den Kindern und setzten sich mit ihnen gleich. Wer dieses Verhalten als bedauerliche Schwäche oder Verfehlung einzelner Eltern betrachtet und sich von diesem Treiben indigniert abwendet, wird nicht einmal dieses Vorwort zu Ende lesen, denn von Eltern mit solchen Schwächen wird auch hier bereits die Rede sein. Die betroffenen Eltern beurteilen sich übrigens so: Sie finden ihr eigenes Verhalten, ihre Hilflosigkeit und die gesamte familiäre Situation höchst peinlich. Daraus folgt, daß sie sich isolieren und ihre Not geheimhalten.

Als Kinder- und Jugendpsychiater bin ich nicht mit allgemeinen erzieherischen Problemen beschäftigt, sondern mit Notlagen einzelner Personen, die als Patienten zu mir kommen. Es hat mich bei der Lektüre des Buches von Haim Omer und Arist von Schlippe sehr berührt, daß offenbar zu einem Thema, das mich bisher ausschließlich bei meiner klinischen psychiatrischen Arbeit beschäftigt hat, nun ein Buch geschrieben wird, das ein allgemeineres pädagogisch interessiertes Publikum ansprechen soll. Vielleicht ist dieses Buch nur das erste einer ganzen Reihe zu ähnlichen Fragen, die wohl in der Luft liegen. Die Effektivität des Ansatzes mag statistisch noch nicht erwiesen sein. Aber es ist nicht von der Hand zu weisen, daß hier ein Trend sichtbar wird, der in Zukunft weiter zunehmen und dann auch weitere Publikationen nach sich ziehen könnte.

Mir fällt hierzu ein vierzehnjähriger Junge ein, der nur ein mäßig erfolgreicher Hauptschüler war. Seine Eltern waren beide studierte Leute, Lehrer. Bei diesen stand der Sohn nicht besonders hoch im Kurs. Sie hielten ihn für schwach begabt und zusätzlich für faul. Nur letzteres warfen sie ihm angeblich vor. Aber ich glaube nicht, daß sich der Junge sicher war, daß ihm nicht auch die Dummheit vorgeworfen wurde. Er hatte sich einer Gruppe von Skinheads angeschlossen. Er hatte sich die Haare abrasiert und warf mit ordinären Ausdrücken um sich. Gegenüber seiner Mutter verhielt er sich teils wie ein Prolet, teils aber auch schlicht kindisch. Mehrmals stand er am Rand gefährlicher tätlicher Auseinandersetzungen und baute sich bedrohlich vor der Mutter auf, auch mit einem Messer. Er verlangte, daß die Eltern ihm einen Baseballschläger und Springerstiefel kaufen sollten. Er drohte damit, daß er seine Eltern vor allen Nachbarn und Freunden blamieren würde. Die Eltern waren gefährdet, in einem Gemenge von Gefühlen zu versinken und die Übersicht zu verlieren. Sie reagierten mal ironisch, mal nachsichtig, mal spöttisch, mal herablassend, teils auch mit blankem Entsetzen. Der Vater konnte sich in seinen Gesprächen mit mir nicht von der Erinnerung lösen, daß sein Sohn als jüngeres Kind ausgesprochen lieb und bedürftig und daß er ihm als Vater besonders eng verbunden gewesen sei. Es kostete die Eltern ungeheure Überwindung, sich in meine Sprechstunde zu begeben. Sie taten es heimlich und ohne ihren Sohn. Die Angelegenheit war ihnen höchst peinlich. Gestärkt durch die Beratung bei mir, gelang es den Eltern, dem Sohn bestimmte absurde Wünsche nicht mehr zu erfüllen. Es war für mich besorgniserregend, wie triumphal die Eltern davon erzählten, wie sie sich gegenüber dem Sohn durchgesetzt hatten. Sie hatten ihren Sohn wieder einmal gedemütigt. Und so wogte ein regelrechter Kampf zwischen den Eltern und dem Kind hin und her. Schließlich wurde der Sohn in eine Schlägerei zwischen zwei Jugendbanden verwickelt. Als die Staatsanwaltschaft ermitteln wollte, drängte sich der Vater dazwischen. Er versuchte, den Staatsanwalt davon zu überzeugen, daß sein Sohn nur ein unschuldiges Kind sei, vollkommen harmlos und ohne böse Absicht.

Eine andere Begegnung hatte ich mit einer Mutter, die von ihrem siebzehnjährigen Sohn immer wieder »abkommandiert« wurde, daß sie ihm bei den Hausaufgaben helfen möge. Die Hilfe endete jeweils damit, daß der Sohn die Mutter beschimpfte und auch körperlich schlug. Der Sohn warf ihr vor, sie sei schuld an seinem Versagen. Die Mutter brachte ihm dann Essen zur Beschwichtigung, obwohl sie wußte, daß er ihr das heiße Essen schon mehrmals ins Gesicht geworfen hatte. Sie suchte immer wieder Zuflucht bei ihrem Tagebuch. Diesem vertraute sie an, wie krank sich der Sohn verhalte und welches Martyrium sie auf sich nehme, um ihm dennoch zu helfen. Über diese »Krankheit« wollte die Mutter mit mir, dem Psychiater, fachliche Gespräche führen und eine Diagnose genannt bekommen. Die Mutter überblickte nicht mehr, wie absurd sie selbst in ihrer eigenen Isolation gefangen war und wie weit sie sich aus der Realität, so wie sie außerhalb der Familie wahrgenommen wird, entfernt hatte.

Der Kinder- und Jugendpsychiater gewinnt bei der therapeutischen Arbeit mit erzieherisch besonders hilflosen und auffällig ohnmächtigen Eltern den Eindruck, daß sowohl bei den Eltern wie bei den Kindern sehr unreife Verhaltensmuster mit widersprüchlichen Bedürfnissen zum Ausdruck kommen, zum Beispiel primitive Haßgefühle mit dem Wunsch, jemanden zu verstoßen, gleichzeitig der Wunsch, jemanden kompromißlos zu beherrschen und zu besitzen. Starke Gefühle von Haß und Liebe wechseln einander ab. Eltern und Kinder können auch bei fortgeschrittenem Alter der Kinder noch eng, aber hoffnungslos miteinander verbunden bleiben. Bei dem erwähnten siebzehnjährigen Jugendlichen wurde mir berichtet, daß er, wenn ihm etwas mißlang oder wenn er sich verletzte, zur Mutter hinstürzte, um sie dafür zu bestrafen. Das kindliche Muster verrät sich auch, wenn Jugendliche ihre Mütter mit immer denselben läppischen Bemerkungen überziehen. Ähnlich wie Kleinkinder versteigen sie sich in tyrannische Forderungen und Maßlosigkeit. Das erklärt auch, warum die gequälten und körperlich bedrohten Eltern das Verhalten als bloßen »Trotz« abtun und warum sie sich nicht ausreichend schützen. Selbst Eltern, die schon gefährliche Angriffe ihrer Kinder hinnehmen mußten, empfinden noch eine geheime Überlegenheit und sind nur zwischendurch kurz entsetzt.

Als Kliniker ist mir aufgefallen, daß entweder Kinder oder Eltern, die in einer solchen tyrannischen und ohnmächtigen Situation steckengeblieben sind, Kontaktschwierigkeiten aufweisen, das heißt, es gelingen nur dürftige oder keine befriedigenden sozialen Außenkontakte im Berufsfeld oder im Freundeskreis. Um so eher droht Eltern und Kindern, in einer tiefen gegenseitigen Abhängigkeit hängenzubleiben, auch wenn die Kinder längst keine Kinder mehr sind. Das anklammernde Verhalten gründet in der Angst, man könnte sich verlieren, wenn die Entwicklung voranschreitet und jeder sich selbst findet. Wer Angst hat, sich in der »Welt da draußen« zu verlieren, muß sich im engsten Kreis aneinander festhalten.

Wenn man diese klinisch-psychotherapeutischen Beobachtungen auf eine gesellschaftliche Ebene überträgt, ergibt sich eine Kritik moderner familiärer Lebensformen. Eltern und Kinder binden sich zu eng und zu ambivalent aneinander und sind komplementär nicht ausreichend gut in die umgebende gesellschaftliche Realität eingebettet und eingebunden. Die Versuche der älter werdenden Kinder, sich aus diesen Bindungen zu lösen, werden als frustran und aussichtslos erlebt.

Dabei ist ein hohes Maß an Autonomie als gesellschaftliche Norm vorgegeben. Mit dieser Norm konfrontiert das Kind auch seine Eltern. Es will »mächtig und unabhängig« sein, ohne dies aber eigentlich zu können. Das Kind weiß auch, daß es den Eltern mit dieser Forderung große Angst bereitet. Die Hilflosigkeit gegenüber diesem Anspruch ist allseits vorhanden. Hiermit ist ein typisches Risiko umrissen: Die Familien streben im Binnenraum eine hohe Intimität und Geborgenheit an. Sie versuchen sich auf diese Weise vor der Gesellschaft zu schützen, die sie als undurchschaubar und feindselig erleben. Wenn die Familien längere Zeit zusammenleben, ergeben sich durch die Befolgung gesellschaftlicher Anforderungen unweigerlich Kränkungen und Enttäuschungen. Ehepartner müssen die Erfahrung machen, daß sie aus der Familie sehr viel weniger Gratifikation und Lebenssinn schöpfen können, als sie ursprünglich erhofft hatten und als sie ursprünglich den Kindern versprochen hatten. Das ist ein wichtiger Auslöser für die Wut und für die Ohnmacht der Kinder gegen ihre Eltern.

Gerade in der Jugendzeit geht die Schere zwischen den gesellschaftlichen Anforderungen und den begrenzten eigenen Möglichkeiten immer weiter auf. Gerade bei Menschen, die persönliche Schwächen mitbringen, erweist sich die Bindung an die Familie als unentrinnbar. Manche Jugendliche ziehen sich ins Elternhaus zurück und beginnen dort ihre Eltern zu tyrannisieren, ohne die Kraft zu finden, sich in der Gesellschaft zu bewähren. Andere Jugendliche beginnen zu streunen, sich den Eltern zu entziehen, fühlen sich aber telepathisch in derselben Ohnmacht den Eltern noch verbunden.

Bei Haim Omer ist in fast jeder Passage seines Buches die hier skizzierte Problemlage gegenwärtig. Sie wird als Verständnis vorausgesetzt. Das Buch unternimmt den mutigen Versuch, Eltern konkrete Verfahrensweisen vorzuschlagen, wie sie ihre Hilflosigkeit überwinden können, wie sie die Eskalation von Gewalt zwischen sich und den Kindern überwinden und den absurden Forderungen der Kinder entkommen können.

Haim Omer gründet seine Erfahrung auf der Arbeit mit Eltern, die bei bester Absicht ihrem Kind zu wenig Halt und Sicherheit geben – aus purer Angst, dem Kind in seinem Autonomiestreben zu nahe zu treten. Man könnte sagen: Beim jüngeren Kind haben die Eltern die Autonomiebedürfnisse noch übersehen. Später, wenn sie unübersehbar werden, jagen sie ihnen einen Mordsrespekt ein. Die Eltern, an die sich Omer wendet, erleben sich als handlungs- und entscheidungsunfähig, wenn sich ihr Kind tyrannisch verhält. Der Wunsch, die Handlungsfähigkeit wiederzuerlangen und sich durchzusetzen, wird nicht selten von der Phantasie begleitet, man brauche nur brachiale Gewalt einsetzen, genau dies dürfe man aber nicht, denn man würde sich ins Unrecht setzen, seelischen Schaden anrichten, oder – schlimmer noch – das Kind verlieren.

Vor allem die Furcht, das Kind könnte sich von den Eltern abwenden, macht die Eltern erpreßbar. Im Grund ist es der Gedanke an die Autonomieentwicklung der Kinder, der von den Eltern nicht ertragen wird. Haim Omer und Arist von Schlippe sprechen auch davon, daß Eltern vor der Eigenmächtigkeit der Kinder Angst haben. Genaugenommen betrachten solche Eltern ganz zentrale Tatsachen der menschlichen Entwicklung als Bedrohung. Die Autoren sagen im weiteren: Die Eltern erleben ihr Kind als jemanden, der stärker sein will als sie selbst und dem die Eltern daher nur begegnen können, indem sie sich selbst als die stärkeren erweisen. Das Buch ist ein Versuch, eine dritte Möglichkeit darzubieten, wobei die Eltern sich der kindlichen Destruktion entschieden widersetzen können, ohne sich dabei in einen eskalierenden Machtkampf zu verwickeln.

Es ist bedenkenswert, daß Elterngenerationen bis vor etwa vierzig Jahren noch keinen Gedanken darauf verschwendeten, ob klare erzieherische Regeln und Verbote für die Kinder schlecht seien oder diese beschädigen könnten. Es wurde erzieherisch für positiv erachtet, wenn alles getan wurde, damit Kinder die von Erwachsenen erlassenen Regeln einhielten. Von den Kindern wurde sogar gefordert, daß sie sich die Regeln der Erwachsenen zu eigen machen sollten. Natürlich ist eine Pädagogik pervertierbar, wenn sie Regeln vorgibt, ohne zu erlauben, daß diese hinterfragt werden. In der Kritik dieser Pädagogik spielte das Argument eine wichtige Rolle, den Kindern müßten Möglichkeiten eingeräumt werden, ihre eigenen Normen neu zu definieren und die alten Normen zu überprüfen. Das war die Ära der »Aushandlungspädagogik«.

Haim Omer und Arist von Schlippe gehen nun einen Schritt weiter, oder auch wieder einen Schritt zurück. Sie vertreten die Verteidigung klarer Positionen. Sie warnen vor wortreichen Diskussionen und vor Überzeugungsversuchen. Für sie haben auch unmißverständlich klare und unbeugsame Positionen wieder einen hohen Wert, jedoch finden sie andere Begründungen. Sie sehen den Wert fester Regeln nicht darin, daß Traditionen bewahrt und übernommen werden, sondern in dem Umstand, daß es den Jugendlichen so leichter fällt, sich gegen solche festen Positionen abzugrenzen und ein eigenes Terrain zu verteidigen. Omer und von Schlippe plädieren also dafür, daß Eltern sich auf klare und unmißverständliche Konfrontationen mit den Kindern einlassen sollen. Die Konfrontation muß allerdings so gestaltet werden, daß sie nicht in einem Kampf endet, der Sieger und Besiegte zurückläßt. Aus der Tierverhaltensforschung ziehen sie die Zuversicht, daß solche Konfrontationen letztlich mit dem Wunsch nach Versöhnung enden. Versöhnung bedeutet für sie nicht, daß Eltern oder Kinder die eigene Position aufgeben müssen. Vielmehr erwarten sie, daß beide Seiten in diesem Prozeß eigenständige Individuen bleiben oder sich zu solchen Individuen entwickeln.

Wie soll es Eltern gelingen, von ihrer Hilflosigkeit ausgehend, zu festen klaren Positionen zu kommen, ohne sich zwischen Macht und Ohnmacht zu verzetteln? Eine wichtige Rolle in Omers und von Schlippes Ansatz spielt der gewaltfreie Widerstand, praktiziert etwa in »Sit-ins«. Diese »Sit-ins« sind die interessante Wiederauflage einer Widerstandsform, welche die Generation der heutigen Eltern seinerzeit zur Selbstbehauptung gegen die eigenen starren und unbeugsamen Eltern einsetzte. Nun richtet sich dieser Widerstand also gegen die eigenen Kinder. Immerhin hat die Generation der heutigen Eltern einen inneren Bezug zu diesem Verhalten, es ist für sie bestenfalls nicht fremd und wirkt nicht aufgesetzt. Hier und an vielen anderen Stellen ist das Buch von Omer und von Schlippe reich an Vorschlägen, wie die Eltern Handlungsfähigkeit und Entscheidungsfähigkeit zurückerlangen und wie sie ihre Ohnmacht überwinden können. Dazu gehören auch Vorschläge, ihre Isolation zu überwinden. So können sie weitere Personen auf den Plan rufen oder sich mit ihren erzieherischen Schwierigkeiten »outen« und aufhören, sich für ihre erzieherische Hilflosigkeit zu schämen.

Als Kliniker, der mit den schlimmsten Formen erzieherischer Ohnmacht konfrontiert ist, bin ich beeindruckt, wie weit sich

Omer und von Schlippe im Bestreben vorwagen, die Eltern zu ermutigen und sie handlungsfähig zu machen. An manchen Punkten hätte ich bei meiner klinischen Tätigkeit den Eltern längst geraten, sich von ihren Kindern zu trennen. An manchen Punkten wäre ich längst überzeugt gewesen, daß ich den Eltern nur durch diesen endgültigen Schritt Handlungsfähigkeit zurückgeben und zugleich die Autonomie der Kinder wiederherstellen könnte. Aber dann sei eingeräumt, daß der Psychiater in pädagogischen Fragen stets zur Kleingläubigkeit und nicht zum Optimismus neigt, wohl weil er mit Extremgruppen zu tun hat. Das in diesem Buch beschriebene Vorgehen verlangt jedenfalls hohen Einsatz und große Kraftanstrengungen von den Eltern, die seine Ratschläge aufgreifen.

Und noch eine letzte Frage: Versuchen Omer und von Schlippe nicht im Grunde eine Neigung der Eltern pädagogisch-kreativ zu nutzen, die ein Teil des Verhängnisses ist, das sie doch mit ihren Vorschlägen abwenden wollen, nämlich die hohe, zu hohe emotionale Verstrickung der Eltern mit ihren Kindern, das Nicht-loslassen-Können trotz starker negativer Gefühle? Von solchen Widersprüchen und Paradoxien lebt das Buch. Es ist spannende Lektüre. Ich wünsche dem Buch viel Erfolg.

Reinmar du Bois

Vorwort des Zweitautors

Es ist sicher ungewöhnlich, daß ein Buch von zwei Autoren mit einem Vorwort des Zweitautors eröffnet wird. Es hat damit zu tun, daß ich gern diese Gelegenheit nutzen würde, um die Umstände, die zu diesem Buch geführt haben, zu erläutern.

Ich lernte Haim Omer vor einigen Jahren kennen, und wir freundeten uns sehr schnell an; tatsächlich hatten wir beim ersten Zusammentreffen in Osnabrück auf den zehn Minuten Autofahrt vom Bahnhof bis zu unserer Wohnung uns gegenseitig unsere Lebensgeschichten schon fast komplett erzählt. Er hielt an der Universität Osnabrück einen Vortrag und führte anschließend einen Workshop für das Lehrtherapeutenteam des Instituts für Familientherapie Weinheim durch. Sein Konzept elterlicher Präsenz faszinierte mich und forderte mich gleichzeitig heraus. Haim hatte im Rahmen des Workshops mit einer Familie gearbeitet, genauer gesagt mit dem Elternpaar dieser Familie, die mich schon mehrfach an den Rand meiner therapeutischen Möglichkeiten gebracht hatte. Die Art seiner Interviewführung beeindruckte mich, die kurz- und mittelfristigen Ergebnisse ebenfalls. Die Kreativität, Experimentierfreude und konzeptuelle Bandbreite Haim Omers, verbunden mit seinem Mut, in existentiellen Situationen auch ungewöhnliche Schritte zu gehen, erlebe ich als überzeugend und als eine Bereicherung für die therapeutische Landschaft.

Dennoch – es blieb auch eine gewisse Skepsis, eine Frage, die mir auch von vielen anderen immer wieder gestellt wird: Ist das Modell der elterlichen Präsenz eigentlich mit den Vorstellungen systemischer Therapie zu vereinbaren? Kommen da nicht alte Konzepte (im Jiddischen sagt man: »Alte Sache«) in moderner Verkleidung wieder zum Vorschein? Kommt da nicht wieder einer, der den Eltern sagt, wie sie zu handeln haben?

Wie ist das eigentlich mit solchen Etiketten – »systemisch« – »nichtsystemisch«? Ja, man kann sie vergeben, und zwar meines Erachtens in einer Hinsicht, nämlich im Hinblick auf die Frage, ob ein Modell die Optionen der Personen, denen es angeboten wird, eher begrenzt als vergrößert, ob es also einen Raum von Möglichkeiten öffnet, und ob es auf der Basis einer beweglichen, »konstruktivistischen« Sicht auf die Dinge beruht – dann können wir es »systemisch« nennen. Wenn dagegen ein Modell Menschen normativ vorschreibt, was zu tun sei und was nicht, dann ist das nicht mit systemischem Denken zu vereinbaren.

Ich vertrete heute überzeugt die Position, daß das Modell der elterlichen Präsenz in diesem Sinn ein systemisches ist, doch ist die Gefahr von Mißverständnissen gerade bei diesem Konzept sehr groß. Aus diesem Grund haben wir immer wieder im Buch Hinweise darüber eingestreut, daß wir nicht empfehlen, elterliche Präsenz als Modell für »die gute Erziehung« zu nehmen, daß wir nicht – wie etwa bei Minuchin – von einem festgefügten Bild ausgehen, wie eine Familie zu sein habe, wie sich Eltern zu verhalten haben, sondern daß wir elterliche Präsenz als Angebot an Familien in Not sehen, das wir dann machen, wenn wir von Eltern darauf angefragt werden.

Für eine weitere Anmerkung möchte ich dieses Vorwort nutzen. Dieses Buch wurde für die USA und Israel von Haim Omer als Alleinautor geschrieben – und auch in der deutschen Fassung ist die Urheberschaft sehr asymmetrisch unter uns verteilt. Ich möchte es sehr klar betonen: Dies ist und bleibt in erster Linie Haim Omers Buch. Er hat das Konzept der Parental Presence entwickelt, die meisten Fallbeispiele entstammen seiner Praxis. Doch habe ich mich sehr gern an dem Projekt beteiligt, das Buch auf deutsch mit auf den Weg zu bringen. Wir haben entschieden, nachdem wir nun so viele gemeinsame Erfahrungen mit diesem Konzept haben und vor allem so viele und intensive Diskussionen darüber führten, dieses Buch in Deutschland nicht nur einfach in einer Übersetzung der englischen Ausgabe herauszubringen. Vielmehr habe ich als Co-Autor auch die Ergebnisse unserer Gespräche und an vielen Punkten eigene Akzentsetzun-

gen und eigene Beispiele in das Buch mit hineingearbeitet. In diesem Sinn ist es nun auch unser gemeinsames Werk geworden. Noch zwei redaktionelle Anmerkungen:
- Wir haben Axel Timner aus Celle sehr zu danken, der eine ausgezeichnete Übersetzung des Originaltextes von Haim Omer anfertigte, die die Basis für die überarbeitete deutsche Version darstellte.
- Im Englischen gibt es mit den männlichen und weiblichen Formen keine Probleme. Wir haben entschieden, uns wegen der besseren Lesbarkeit meist an der männlichen Form zu orientieren, jedoch um die Bedeutsamkeit der Thematik immer wieder einmal wachzurufen, auch mit verschiedenen anderen Formen der Schreibweise zu experimentieren.

Ich bin froh und dankbar, Haim Omer kennengelernt zu haben, unsere Freundschaft ist mir sehr wertvoll.

Arist von Schlippe

Kapitel 1:
Einführung: Die elterliche Stimme

Es gibt zahllose Möglichkeiten, Kinder aufzuziehen. Die Vielfalt bis heute existierender Familienstrukturen, Werte und Praktiken entzieht sich jeder Kategorisierung. Die gegenwärtige Generation hat eine Verbreitung von Erscheinungsformen und Möglichkeiten von Familienkonstellationen erlebt, die noch vor wenigen Jahrzehnten für inakzeptabel angesehen wurden. Offenbar können Kinder aus höchst unkonventionellen Familienstrukturen zu ausgeglichenen Erwachsenen heranwachsen. Die Zeiten sind vorbei, als man die wahre Art des Kindererziehens und die beste Familienstruktur zu kennen glaubte. Und doch gibt es, selbst in unserer modernen babylonischen Vielfalt von Familienformen, eine feste Übereinkunft, die von allen liebevollen Eltern geteilt wird: Sie wollen nicht, daß ihre Kinder Drogen nehmen, Gewalt anwenden, sich an kriminellen Akten beteiligen, in sexuelle Promiskuität verfallen oder sich und andere anderweitig schädigen. Positiv ausgedrückt, Eltern möchten aktiv an der Gestaltung eines familiären Kommunikationssystems mitwirken, in dem ihre Kinder Erfahrungen machen können, die mit dazu beitragen, daß sie in dem Bewußtsein groß werden, in der Verbundenheit mit anderen Menschen zu leben, und bereit sind, ihren Platz in der sozialen Gemeinschaft einzunehmen. Dies gelingt ja auch – mehr oder weniger gut – in vielen Familien. Glücklicherweise gibt es eine unglaubliche Vielfalt von Möglichkeiten, wie solche Werte vermittelt werden können, und es wäre verfehlt, aus professioneller Perspektive Familien vorzuschreiben, wie sie dies tun sollen: Es wäre völlig verfehlt, zu denken, es gebe »die« eine richtige Art der Kindererziehung. Was für die eine Familie richtig und gut ist, kann für die andere falsch sein. Wenn sich jedoch Eltern hilflos fühlen angesichts der

Selbstzerstörung oder Gewalttätigkeit ihres Kindes, dann kann eine Wiederherstellung der elterlichen Präsenz ein wichtiger Schritt sein. In diesem Sinn bieten wir mit dem vorliegenden Buch explizit kein normatives Modell dafür an, wie eine Familie zu sein habe, und orientieren uns ausdrücklich daran, daß gerade die aktiv aufrechterhaltene Vielfalt der Lebensformen die Farbigkeit einer Kultur ausmacht. Vielfalt selbst stellt einen bedeutsamen Wert dar, den auch wir vertreten.

Andererseits wird es in diesem Buch natürlich vor allem um die Fälle gehen, in denen der Prozeß der Vermittlung von Werten mißlungen ist, in denen – warum auch immer – sich in der Familie ein bestimmtes Muster entwickelt hat, in dem die Eltern an den »Rand der Familie« geraten sind, ihre »Präsenz« verloren haben. Sie haben keinen erkennbaren Platz als Eltern mehr inne, die Mißachtung der Eltern ist die Regel geworden, und Kinder oder Jugendliche haben mittels Erpressung durch Symptome oder gar durch Gewalt eine ungute Form von Herrschaft über die Familie errungen. Damit ist der Familie als ganzer etwas verlorengegangen. Für diese Fälle soll ein Modell vorgestellt werden, wie auf der Basis eines Therapie- oder Beratungswunschs ein Kontraktangebot entwickelt werden kann, das wir *Elterncoaching* nennen. Es ist weder Therapie noch Beratung im gewohnten Sinn, und auch wenn das Modell dem systemischen Denken verbunden ist, ist es kein familientherapeutischer Ansatz. *Coaching* wird gemeinhin als Begriff verwandt für berufliche Beratungskontexte: Es geht darum, Personen darin zu unterstützen »ihren Job gut zu tun«. Und genau das ist das Ziel des hier vorgestellten Ansatzes.[1] Es geht darum, mit den Eltern gemeinsam nach Bedingungen zu suchen, die es ihnen wieder ermöglichen, dem Kind essentielle Werte und Regeln zu vermitteln und die Einflüsse, die diese Werte aushöhlen könnten, zu minimieren.

---

1 Um ehrlich zu sein: Ein wenig gefällt uns der Begriff »Coaching« auch, weil er »modern« ist. Natürlich könnten wir weiterhin von Elternberatung sprechen, doch geht mit »Coaching« einfach eine »sportlichere« Assoziation einher. Für den Gesprächspartner wählten wir weiterhin die gebräuchliche Form: Therapeut oder Therapeutin, Berater oder Beraterin, um das Wort Coaching nicht zu sehr zu strapazieren.

Genau in solch gefährdenden Situationen haben Eltern seit jeher um professionelle Hilfe gebeten. Wenn man sich die Historie von Beratung, Therapie und Erziehungsberatung anschaut, dann muß man feststellen, daß diese professionelle Unterstützung nicht immer hilfreich gewesen ist. Eltern sind von den Vertretern helfender Berufe vielfach unfreundlich behandelt worden. Man hat ihnen die Schuld für jedes Problem zugeschoben, das ihre Kinder oder sie mit ihren Kindern hatten. Man hat sie beschuldigt, ihre eigenen egoistischen (z. B. »narzißtischen«) Ziele zu verfolgen, anstatt die Bedürfnisse ihrer Kinder. Beinahe regelmäßig hat man ihnen einen Mangel an Einfühlungsvermögen und Sensibilität ebenso zugeschrieben wie zu wenig Verständnis für ihre Kinder. Man hat ihnen gesagt, daß Kinder so zart und verletzlich seien, daß der geringste Fehler in der Erziehung unauslöschliche Narben hinterlasse, denn psychische Störungen seien durch mangelnde Liebe und fehlendes Verständnis der Eltern verursacht. Die Professionellen standen zwar oft auf dem Standpunkt, das Heilen solcher Narben sei ausschließlich die Sache der Therapeuten, aber oft wurde fast gleichzeitig impliziert, daß eine Therapie nur Hilfe bringen könnte, wenn die Eltern ihre Einstellung zum Kind verändern. Die verlangten Änderungen wurden jedoch gleichzeitig nur verschwommen definiert. Es gehe nicht um eine spezifische Änderung im Verhalten, sondern um eine innere: die Mutter zum Beispiel solle »mütterlicher« werden. Eine gute Mutter sollte akzeptierend sein, warmherzig, einfühlsam, sensibel, nicht beurteilend, nicht fordernd und nicht strafend. Das Resultat einer solchen professionellen Begegnung kann sein, daß die Eltern sich noch inkompetenter fühlen, noch schwächer und schuldiger. Anstatt die Kraft der Eltern, ihren Platz und ihre Stimme zu stärken, tragen die Fachleute dann dazu bei, daß sie eher schwächer werden. Vielleicht ist es jetzt etwas ungerecht, nur die Fachleute für diese Beschreibungen verantwortlich zu machen. Die geschilderte Art von Denken ist ja auch tief in unseren Alltagstheorien verankert, vielleicht für unsere ganze Kultur zentral: Die intuitive Erklärung für gestörtes Verhalten wird im Sinn einfacher Kausalzusammenhänge so gestaltet, daß das, was in der Vergangenheit geschah, von tiefgreifendem Einfluß auf unsere Gegenwart beschrieben wird – und wenn Eltern nicht schwerwiegende Fehler bei ihren Kindern verursachen wollen, dann müssen sie unbedingt »alles richtig« machen. Paradoxerweise führt diese Art von Denken jedoch – nicht selten, wie gesagt, durch Fachleute unterstützt – zur Paralyse der Eltern und trägt nicht wenig zum Verlust der elterlichen Stimme bei: Die Angst, als versagende Mutter, als verbietender Vater beim Kind bleibende seelische Schäden zu bewirken, hindert viele Eltern daran, eine an ihren eigenen Maßstäben entwickelte Form von Erziehung zu verwirklichen – statt dessen verharren sie in der Lähmung oder in dem noch schrecklicheren Gefühl, zusätzlich auch noch für die Auffälligkeiten ihrer Kinder verantwortlich zu sein.

Die Idee, Kinder entwickelten Störungen aus einem Mangel an Akzeptanz und Wärme heraus, ist ja nicht falsch, und elterliche Präsenz heißt nicht, daß diese Qualitäten aus der Familie verbannt werden sollten. Der aufklärerische Impuls, der von Psychologie und Psychotherapie ausgehend die zweite Hälfte des 20. Jahrhunderts prägte, hat die elementare Bedeutung von förderlichen und verläßlichen Beziehungen sowie von stabilen Milieus betont und deutlich gemacht, daß Kinder – wie alle Menschen – seelisch verletzliche Wesen sind, die für ihre Entwicklung bestimmte, möglichst gute Rahmenbedingungen benötigen. Und daß es diese gesellschaftliche Diskussion gibt, ist gut so! Doch entsteht hier schnell ein Klima, das von »Überinformation und Rechtfertigungsdruck« gekennzeichnet ist (Bastian u. Bastian 1996), in dem Ansprüche und Ideale vermittelt werden, die sich auf die Eltern lähmend auswirken können, sie bekommen »Angst vor dem Kind« (so der Titel des Buches von Bastian und Bastian). Denn die Betonung dieser Werte mag im Alltagsverständnis für viele Eltern mit der Überzeugung einhergehen, eine duldende Umgebung für das Wachsen des Kindes sei das beste, die Eltern sollten sich möglichst zurückhalten, um die Entwicklung ihres Kindes nicht zu beeinträchtigen. Heute wissen wir, daß Kinder, die in sehr permissiven Familien aufwachsen, keineswegs weniger gefährdet sind, instabil, gewalttätig oder kriminell zu werden. Sie können sogar gefährdeter sein (Baumrind 1971, 1991; Dreikurs 1972): Kinder, die ohne Grenzen und Anforderungen erzogen werden, wachsen oft mit einem schlechten Selbstwertgefühl auf, mit einer geringen Fähigkeit, Frustrationen zu ertragen, und einem Mangel an innerer Orientierung. Das Fehlen von Grenzen und Anforderungen erweist sich als nicht weniger schädlich als die engstirnigste Autoritätsausübung.

Wir befinden uns bei Fragen der Erziehung immer in Dilemmata, weil es implizit um die Frage des »richtigen Lebens« geht – und die kann jeder nur für sich selbst beantworten. Die Vorstellung vom Menschen als selbstorganisiertem Wesen führt ja bis hin zu dem Bild, Erziehung sei eigentlich »unmöglich«, Kinder könnten nur »sich selbst erziehen« (Rotthaus 2000). Doch der Verzicht auf linear-kausale Wirkkonzepte in Therapie und Erziehung, wie er in der systemischen Therapie und Pädagogik vertreten wird, führt nicht in die Ohnmacht. Vielmehr gehören zu den Bedingungen gelingender kindlicher Selbstorganisation Eltern, die einen Rahmen für diese Selbstorganisation bereitstellen, innerhalb dessen Entwicklung möglich wird. Wenn wir dazu das Konzept der »elterlichen Präsenz« vorstellen, so heißt dies nicht, wir würden besser als andere wissen, wie man sein Kind »richtig« erzieht, und als bräuchten die Eltern den Kindern nur zu zeigen »wo es langgeht«. Es geht uns nicht darum, wieder bei den Verfahren anzulangen, wo ein Elternteil alles am besten weiß oder gar der Vater, der sein Kind liebt, dieses auch prügeln sollte. Denn natürlich zeigen die zitierten Studien auch, daß eine extrem rigide und dogmatische Erziehung genau so schlecht für das Kind ist wie übermäßige Permissivität.

Wir versuchen, in dem Dilemma einen Weg zwischen »zu viel« und »zu wenig« zu finden und ein Konzept anzubieten, das die Selbstorganisation der familiären Kommunikation zwischen Eltern und Kindern so gestalten kann, daß das Ergebnis für alle Beteiligten zumindest langfristig als angenehm erlebt wird. Elterliche Präsenz besteht gerade nicht in der Ausübung einer unhinterfragten und unhinterfragbaren Autorität. Vielmehr bedeutet sie, daß die Eltern bei dem Kind wieder ihre Stimme erheben und immer wieder neu beginnen zu kommunizieren und vor allem zu verhandeln, wo vorher Beleidigung und Kontaktabbruch bis hin zu verbalen oder auch physischen Exzessen die Stationen des Verlustes der elterlichen Präsenz gewesen sind.

Unnötig zu sagen, daß physische Gewalt verheerende Folgen für Kinder hat und daß es eines der obersten Gebote jeder psychosozialen Tätigkeit ist, dafür zu sorgen, daß Kinder vor ihr geschützt sind. Gleichzeitig sollten wir nicht vergessen, daß Gewalt von seiten des Kindes genauso verheerende Konsequenzen haben kann. Tatsächlich ist sie die sicherste Prognose für adoleszente Gewalt, die ihrerseits wieder die beste Prognose für Erwachsenengewalt und Kriminalität ist (Chamberlain u. Patterson 1995; Patterson et al. 1992). Kinder leiden unter Gewalt in ihrem Zuhause, gleich ob sie nun die Täter oder Opfer sind. Deshalb ist das oberste Ziel eine Atmosphäre, die gleichermaßen frei von Kinder- wie von Elterngewalt ist. Paradoxerweise ist Elterngewalt gegenüber ihren Kindern nicht selten das Resultat eines Mangels an Autorität, denn ein Moment der Eskalation von Konflikten ist oft die Angst vor Gesichtsverlust (Simon 2001). Übermäßige Kontrolle findet sich oft dort, wo sie gar nicht (mehr) effektiv ist. Hilflose Eltern sind am meisten durch ihre eigenen gewalttätigen Ausbrüche gefährdet, wenn sie verzweifelt versuchen, gewaltsam Komplementarität gegenüber ihrem Kind herzustellen. Wenn hilflose Eltern unterstützt werden, mit Hilfe von »gewaltfreiem Widerstand« gegenüber destruktivem kindlichen Verhalten Kontrolle zurückzugewinnen (Omer 2001a), wird also auch die elterliche Selbstkontrolle gestärkt. Abgesehen davon ist es übrigens erstaunlich, wie lange Eltern (meist die Mütter) auch Mißhandlungen durch ihre Kinder dulden und ertragen, ohne sich zu wehren – auch dann, wenn keine eindeutige physische Überlegenheit des Kindes vorliegt (Trott et al. 1993; du Bois 2000).

Fassen wir das bisher Geschriebene zusammen: Die Arbeit an der elterlichen Präsenz bedeutet für professionelle Beraterinnen und Berater, den Eltern im Coaching ein Instrument an die Hand zu geben, das
– keine Vorschriften beinhaltet über den »richtigen Weg« oder die »richtige Richtung« von Erziehung und Familienleben,
– von jeglicher direkter oder indirekter Beschuldigung der Eltern, ursächlich für das gestörte Verhalten verantwortlich zu sein, absieht,

- auf Gewalt in jeder Form verzichtet, also sowohl auf physische Gewalt als auch auf Demütigungen und Kränkungen,
- sensibel ist für die Notwendigkeit, daß alle Beteiligten in den Auseinandersetzungen das eigene Gesicht wahren können,
- und den Eltern elterliche Kraft gegenüber kindlicher Destruktion vermittelt, also die Möglichkeit, Autorität zu sein, ohne zu Gewalt zu greifen.

Wichtige Lektionen über Elternschaft, die man aus der Forschung lernen kann, sind sowohl für Eltern als auch Professionelle oft frustrierend: Allgemeine Regeln sind nicht erhältlich, die Ideologien des Kinderaufziehens enttäuschen. Was bei einem Kind wirkt, versagt bei dem nächsten; es gibt keine sicheren Methoden, Fehler zu vermeiden. Offenbar ist es unmöglich, die unglaubliche Fülle von Rahmenbedingungen, der Menschen im Verlauf ihrer Entwicklung begegnen und die sie prägen, zu kontrollieren. Wie können wir also glauben, hilfreich zu sein? Wo können wir einen Anfang finden? Die meisten Menschen stimmen darin überein, daß eine gute Mischung aus Festigkeit und Liebe einen guten Rahmen darstellt, ausgeglichene Kinder aufzuziehen. Das Problem ist, daß diese Mischung zerstört wird, wenn sich zwischen Eltern und Kinder ein Muster der oben beschriebenen Art entwickelt hat, in dem die Kinder mehr und mehr an die Macht von Symptomen oder die Macht von Gewalt als Möglichkeit der Durchsetzung eigener Interessen glauben. Eltern neigen dann dazu, entweder ausschließlich liebevoll oder fest zu sein oder sie schwanken zwischen den beiden Extremen. Nicht anders bei den Professionellen: Einige sind wahre Meister der Wärme und des Akzeptierens, andere der Regeln und Grenzen. Genau so viele halten beides für nötig, aber ohne eine klare Antwort auf die Frage, wie man sie gemeinsam funktionieren lassen kann. Wenngleich dieser Aspekt bei weniger fordernden Kindern nicht kritisch ist, so ist er doch entscheidend bei extrem gestörtem und gewalttätigem Verhalten der Kinder. Sie fordern so viel Festigkeit, daß der elterliche Ausdruck von Liebe sich verhärtet, und sie bedürfen so sehr der Liebe, daß die elterliche

Festigkeit dahinschmilzt.[2] Das liebende Extrem der elterlichen Interaktion verwandelt sich dann in Kompensation, die die vorausgegangene Festigkeit unterminiert; dem folgt das gegenteilige Extrem von Festigkeit, die sich nun in bestrafende Zurückweisung verwandelt, wobei die Erfahrung von Liebe ausgelöscht wird. Dieses Buch ist ein Versuch, ein Konzept von Präsenz vorzustellen, in dem Liebe und Festigkeit vereinbar sind. »Eine elterliche Stimme« zu finden, das impliziert auch, daß es viele solcher Stimmen gibt, daß also das Konzept der elterlichen Präsenz *eine* mögliche Variante der elterlichen Stimme ist. Elterliche Präsenz ist in unseren Augen kein neues pädagogisches Konzept, sondern eine therapeutische Heuristik, ein möglicher Kompaß für das Finden von Interventionsstrategien – denn es ist natürlich auch denkbar, daß in Familien, in denen die Eltern wenig elterliche Präsenz verwirklichen, adaptationsfähige Menschen heranwachsen. Erst der explizite Wunsch nach Veränderung, wie er eine Therapie- oder Beratungssituation kennzeichnet, gibt die »Eintrittskarte«, die Berechtigung, das Konzept der elterlichen Präsenz anzubieten. Ohne eine etablierte Kooperationsbeziehung zwischen Eltern und Berater als »Fürsorgemaßnahme« empfehlen wir es ebenso wenig wie die dauerhafte Intervention von Eltern im Sinn der in diesem Buch beschriebenen Beispiele: Das Konzept der elterlichen Präsenz soll Eltern helfen, eine elterliche Stimme wiederzufinden. Sobald es als Anweisung verstanden wird: »So sollten Eltern sein!«, hat es seinen Sinn verfehlt.[3]

---

2 Es ist schwierig, solche Zusammenhänge, die wir zirkulär verstehen, in linearer Sprache darzustellen. Automatisch entsteht das Bild einer einseitigen Verursachung des einen Aspekts durch den anderen. Leserin und Leser sind hier herausgefordert, sich die Aspekte immer wieder als Teil eines Musters vorzustellen, in dem zwar das Verhalten des einen »Wirkungen« beim anderen erzeugt, die aber wieder auf den einen zurück-»wirken« – in prinzipiell nicht-linearen Zusammenhängen.

3 Vielleicht sei an dieser Stelle der Hinweis darauf erlaubt, daß wir beiden Autoren natürlich versuchen, für unsere Kinder präsente Elternteile zu sein, dies aber nicht in Form der Verwirklichung eines »Konzepts elterlicher Präsenz«. Ein »Konzept«, welcher Qualität auch immer, sollte nur ein Modell zur »Reparatur« sein, Leben und Beziehung sollten nicht durch Konzepte ersetzt werden.

Ein Blick auf den Inhalt des Buches. Es beschäftigt sich mit den zahlreichen Facetten des Wiederfindens der elterlichen Stimme und ist sowohl für betroffene Eltern geschrieben wie auch für professionelle Beraterinnen und Berater. Nach dieser Einführung wird im Kapitel 2, *Was ist unter »Elterlicher Präsenz« zu verstehen?*, das Konzept der elterlichen Präsenz genauer definiert. Kapitel 3, *Elterliche Präsenz und gewaltfreier Widerstand*, führt in die Überlegungen zum gewaltlosen Widerstand ein, die wir angeregt durch das Vorbild Gandhis versuchen, auf unser Konzept zu beziehen. Das 4. Kapitel, *Elterliche Präsenz als schulenübergreifendes Konzept*, analysiert die elterliche Präsenz aus der Sicht verhaltenstheoretischer, systemischer und tiefenpsychologisch-humanistischer Ansätze.[4] Kapitel 5, *Für Handeln gibt es keinen Ersatz – Coaching für Eltern*, beschreibt, wie Eltern die Fähigkeit zu handeln zurückgewinnen können. Das folgende Kapitel lädt Sie als Leserin und Leser ein, an einem *Gespräch* teilzunehmen, das Haim Omer im Rahmen eines Workshops mit einem Elternpaar geführt hat. Kapitel 7, *Systemische Präsenz*, handelt von den positiven und negativen Einflüssen anderer (z. B. Ehepartner, Schule, erweiterte Familie und gleichaltrige Peers) auf die Elternpräsenz. Kapitel 8, *Persönliche Präsenz: Eine eigene Stimme haben*, beschreibt den Verlust und die Wiedererlangung der persönlichen Stimme eines Elternteils als individuelles menschliches Wesen. Kapitel 9, *Flexible Autorität*, handelt von gelähmtem Stillstand und seiner Auflösung. Kapitel 10, *Einbeziehung des Kindes in den Beratungsprozeß der Eltern*, bietet einige positive Vorgehensweisen, wie das Kind in der Therapie einbezogen werden kann, ohne die Eltern zu schwächen. Das Buch endet mit einer Einschätzung, ob Elternpräsenz praktische, theoretische und ethische Kriterien bedient, die das Konzept für Eltern und Therapeuten gleichermaßen akzeptabel machen.

Für uns ist es ein wichtiges Anliegen, im Buch immer wieder auch Fälle anzusprechen, die nicht erfolgreich beendet werden konnten, und Behandlungskomplikationen zu schildern, die

---

4 Dieses Kapitel kann von nicht-professionellen Lesern überschlagen werden.

schwierig und unauflösbar verliefen. Wir möchten nicht das Bild magischer und unausweichlich erfolgreicher Beratungsprozesse vermitteln. Eine solche Voreingenommenheit ließe Therapeuten wie Eltern unvorbereitet für den Fall der Unlösbarkeit oder des Fehlschlags.

Kapitel 2:
Was ist unter »Elterlicher Präsenz« zu verstehen?

Hier soll es darum gehen, das Konzept der *Elterlichen Präsenz* einzuführen. Das Konzept der »Präsenz« ist etwas anderes als etwa ein Konzept von elterlicher »Konsequenz« oder gar »Macht«. Es geht, wie in der Bedeutung des ursprünglich lateinischen Wortes, um »Anwesenheit«. Machtausübung mag eine Form der Anwesenheit sein, jedoch halten wir es nicht unbedingt für das erstrebenswerteste Ziel, daß die Beziehungen zwischen Eltern und Kindern von Machtbeziehungen geprägt sind. Im Gegenteil: Eine Ausrichtung der Interaktionspartner an dem Prinzip von Macht und Herrschaft beruht auf dem Prinzip von Sieg und Niederlage, Belohnung und Strafe. Anwesenheit beruht auf einem ganz anderen Prinzip: dem der Kooperation zwischen Partnern, die zwar in einer Situation ungleich verteilter Macht leben, die jedoch auf der Basis der »Gleichberechtigung der Stimmen« miteinander in Verhandlung treten können. Hierzu bedarf es jedoch der Erfahrung, daß sich auf beiden Seiten der Verhandlung jeweils prägnant erkennbare Personen befinden, die *da sind*, eben *präsent*.

Häufiger, als wir wissen, geschieht es, daß eine solche Verhandlung nicht (mehr) geführt wird und daß ein Elternteil oder beide »an den Rand der Familie« geraten und still werden. Hier entwickelt sich die Selbstorganisation des familiären Zusammenlebens auf eine Weise, in der Eltern und Kinder in einer Schleife komplementärer Eskalation gefangen sind (Omer 2001a, 2001b): Kindlichen Forderungen wird auf Elternseite mit Rückzug, Protest, manchmal auch Schimpfen, Schreien oder gar Schlagen begegnet – doch seine Forderung setzt das Kind durch, mit Nörgeln, Beschwerden, mit Lautstärke, manchmal auch mit Krankheitssymptomen, mit Suiziddrohungen oder Gewalt.

Scheinbar gewinnt das Kind etwas, doch es verliert auch etwas, etwas sehr Wichtiges: Wir alle wissen, daß für ein Kind nichts schlimmer ist, als ohne eine liebende Person in seinem Leben aufzuwachsen. Wir wissen auch, daß der Verlust eines Elternteils verheerend sein kann, selbst wenn er in der späteren Kindheit geschieht. Doch im Fall der fehlenden elterlichen Präsenz geht es um den Mangel, den das Kind erlebt, wenn ein Elternteil (oder gar beide) »kollabiert«, gelähmt ist und seine »persönliche Stimme« verloren hat. Es spricht überhaupt nichts dagegen, wenn Eltern in Verhandlungen mit dem Kind seinen Wünschen gegenüber nachgeben, strikte »Konsequenz« und Härte sollte nicht die Botschaft dieses Buches sein: *Elterliche Präsenz* ist kein normatives Konzept. Wenn jedoch Nachgeben die Regel wird, wird das Kind der elterlichen Präsenz beraubt. Und was vielleicht noch schlimmer ist, es gibt eine Ebene, auf der das Kind empfindet, es habe die Präsenz der Eltern ausgelöscht.

Zur gleichen Zeit kann die Erfahrung der Eltern völlig gegensätzlich sein; sie mögen das Gefühl haben, nur für das Kind zu existieren. Aber das genau ist das Problem: Wenn der Vater oder die Mutter nur für das Kind existiert, hat er/sie keine eigene Stimme und keine erkennbare Individualität. Der Elternteil wird dann zum Ausführenden des Kindeswillens, sein Diener, sein Schatten. Präsent zu sein bedeutet, *jemand* zu sein, jemand mit seinen eigenen Gedanken, Gefühlen und Wünschen. Um aufzuwachsen, braucht das Kind so einen *Jemand*. Nur eine Figur, die persönlich präsent ist, kann das Kind sich sicher und nicht allein fühlen lassen. Dem gegenüber wird der Elternteil, der zum Echo der kindlichen Wünsche wird, das Kind in einem leeren Raum zurücklassen.

Die Erfahrung elterlicher Präsenz kann auch in anderer Hinsicht beeinträchtigt werden – wenn das Kind sich einem Versorger gegenübersieht, der als Individuum präsent ist, aber nicht als jemand, der die elterliche Rolle ausfüllt. Einige Eltern verwandeln das in ihr Ideal: »Ich will der beste Freund meines Sohnes sein«, oder »Ich will geliebt werden für das, was ich bin und nicht, weil ich ihre Mutter bin.« Andere Eltern vernachlässigen ihre Elternrolle, indem sie sich ihrer eigenen Bedürfnisse versichern ohne Rücksicht auf die des Kindes. In beiden Fällen vermißt das Kind die Gegenwart des Elternteils als Elternteil. Elterliche Präsenz ist ein bipolares Konzept. Es geht darum, als Elternteil sowohl als Individuum präsent zu sein wie auch in der eigenen elterlichen Rolle. Wenn eins von beiden fehlt, wird das vom Kind als Mangel erlebt. Die schlimmste Deprivation jedoch wird dadurch hervorgerufen, daß jemand sowohl als Person als auch als Elternteil ausgelöscht ist.

Die praktischen, konzeptuellen und ethischen Ebenen der elterlichen Präsenz

Ein Konzept der elterlichen Präsenz, das eine gute Grundlage für erfolgreiche Beratung ratsuchender Eltern sein will, muß sich aus unserer Sicht einer dreifachen Herausforderung stellen, es muß:
– auf einer praktischen Ebene einfache Anweisungen ermöglichen, die schnelle Entscheidungen unter emotionalem Druck zulassen,
– auf der konzeptionellen Ebene als Brücke zwischen Vertretern unterschiedlicher theoretischer und therapeutischer Ansätze dienen
– und eine ethisch annehmbare Form von Autorität befördern, die deutlich von nackter Gewalt und Willkür abgegrenzt ist.

Das praktische Kriterium geht aus der Dringlichkeit des Problems hervor, mit dem wir uns beschäftigen. Gewalttätige Handlungen, Suiziddrohungen und Weglaufen des Kindes erfordern sofortiges Handeln. Deshalb verlangt ein brauchbares Konzept elterlicher Präsenz ebenso Hilfen im Krisenmanagement wie Möglichkeiten langfristiger Lösungen. Wir hoffen zeigen zu können, daß das Modell der elterlichen Präsenz sowohl einen spontanen Zugriff in akuten Situationen als auch für die Entwicklung weitsichtiger Pläne erlaubt.

Das Kriterium der Möglichkeit, verschiedene konzeptionelle Sprachen zu verbinden, ergibt sich aus der häufigen Notwendigkeit, in der Beratung verschiedene Parteien einzubeziehen (Eltern, Lehrer, Polizisten, Therapeuten, Sozialarbeiter). Unser

Konzept sollte für diese Parteien akzeptabel sein und ihnen helfen, einander zu verstehen, so daß am besten ein gemeinsamer Plan erarbeitet werden kann. Darüber hinaus sollte es einen guten Rahmen bieten, der eine möglichst vertrauensvolle Kooperation über die Grenzen von Disziplinen und Schulen hinweg ermöglicht. Wir hoffen zeigen zu können, daß das Konzept der elterlichen Präsenz nicht nur eine Brücke zwischen verhaltenstherapeutischen, systemischen und tiefenpsychologisch-humanistischen Ansätzen darstellen, sondern auch als ein verbindendes Modell für Eltern, Lehrer und Erzieher dienen kann.

Das ethische Kriterium schließlich hat mit der Legitimität der vorgeschlagenen Interventionen zu tun. Aber wer bestimmt, was legitim ist? Verschiedene Perspektiven sollten in Betracht gezogen werden. Es ist ohnehin klar, daß die Maßnahmen legal im Sinn des Gesetzes sein müssen. Die Schritte zur Herstellung der elterlichen Präsenz sollten jedoch auch und vor allem in den Augen der Eltern legitim sein. Hier zeigt sich besonders, daß das Präsenzkonzept kein normatives Modell ist, sondern auf den Prinzipien von Verhandlung und Kooperation basiert. Die Therapeuten müssen lernen, ihre Ideen mit den moralischen Vorstellungen der Eltern in Einklang zu bringen. Es ist natürlich legitim, mit den Eltern zu verhandeln und zu versuchen, mit ihnen im Beratungsgespräch eine Vielfalt von anderen Möglichkeiten durchzuspielen – schließlich geht es ja auch darum, daß auch die Beraterinnen und Berater ihrerseits »präsent« sind. Es sind Situationen denkbar, in denen auch sie persönlich gefordert sind, ihre Präsenz zu zeigen, ohne die Eltern zu bevormunden oder die eigene »Neugier« zu verlieren (Cecchin 1988). Am Ende kann jedenfalls nur das als gültiger Schritt angesehen werden, was die Eltern völlig akzeptieren können.

Wir halten es für unerläßlich, daß alle Schritte zur Wiedererlangung der elterlichen Präsenz auch von den an dem Fall beteiligten Professionellen als annehmbar angesehen werden (Therapeuten, Sozialarbeiter, Lehrer). Jegliches Vorgehen, das im Gegensatz zu der Einschätzung dieser Professionellen steht, läuft ständig Gefahr, irgendwann entwertet, abgelehnt zu werden und somit auf Dauer auch von den Eltern nicht angenommen zu werden – die Kooperation der Helfer untereinander wird dann am besten gelingen, wenn alles, was geschieht, auf der Basis gemeinsam geteilter Werte beruht. Und wie steht es mit den Kindern? Müssen die Maßnahmen nicht auch für sie akzeptabel sein? Nun, zumindest nicht von Anfang an. Kinder jeden Alters werden versuchen, jede Art von Autorität abzuschütteln, die ihre gewohnte Freiheit begrenzt. Doch wenn die Kinder die Schritte nicht nach und nach akzeptieren können, sondern immer wieder darauf verweisen, daß sie sie als völlig illegitim ansehen, dann ist etwas falsch mit den vorgeschlagenen Maßnahmen und sie werden modifiziert werden müssen.

Elterliche Präsenz wird unser Prüfstein für die Auswertung aller Schritte sein: Vermittelt die geplante Maßnahme den Sinn einer stabilen und vor allem persönlichen Präsenz, oder funktioniert sie nur als eine Art roher und distanzierter Macht? Wie in der Einführung gesagt, geht es darum, einen dritten Weg zu finden zwischen einem Laisser-faire und einem zu rigorosen, drastischen Eingreifen. Weder der Elternteil, der das Kind prügelt und wegjagt, zeigt »Präsenz« in dem hier definierten Sinn, noch der Elternteil, der sich als eine Art Bestrafung vom Kind zurückzieht.

Schlagen ist der unmöglichste Kontakt, es dauert möglicherweise sogar nur den Bruchteil einer Sekunde, aber es vergiftet die Beziehung dauerhaft. Schlagen könnte auch als eine (zu) »starke« Form der Anwesenheit verstanden werden, also, daß dem Elternteil bestimmte Ziele wichtig sind, daß Grenzen symbolisch und körperlich erfahrbar gezogen werden – anders als die Abwesenheit im Sinn von Gleichgültigkeit und Beliebigkeit. Gleichzeitig ist es jedoch eine Grenzüberschreitung und verletzt die Autonomie des Kindes, das sich »falsch«, voller Wut und Schmerz und allein fühlt – und dann geht jedwede Präsenz verloren, ja, es ist auch nicht so selten, daß nach dem Schlagen der Elternteil hilflos, mit eigener Scham und Reue beschäftigt, nach Versöhnung sucht und sich damit »kleiner« macht als das Kind und als Gegenüber gänzlich verschwindet. Die vielen Facetten und Abstufungen von Klaps bis zu schwerer Mißhandlung müssen hier nicht behandelt werden. Es genügt, daß aus unserer Sicht in keinem Fall eine körperliche Züchtigung als Teil der hier konzeptualisierten elterlichen Präsenz akzeptabel ist.

Auch der Elternteil, dessen Beziehung zum Kind auf einen stereotypen Machtkampf reduziert wird, bei dem jedes Verhalten des Kindes zu einem voraussagbaren Gegenverhalten des Elternteils wird und vice versa, zeigt keine Präsenz: Solch ein Elternteil verhält sich – und erscheint dem Kind – wie eine eindimensionale Karikatur und nicht wie eine reale Person.

Aber wie ist es, wenn ein Kind gerade unter einer übermäßigen elterlichen Präsenz leidet – die, wenn sie auch noch vergrößert wird, seine sich entwickelnde Individualität erstickt? In der Tat, mit dem Wachsen des Kindes müssen Eltern lernen, Raum zu geben und ihre Präsenz weniger und weniger stark sein zu lassen. Wenn sie das nicht können, kann das Kind nicht nur abhängig und unreif bleiben, sondern es leidet unter einem Zuviel an Kontrolle. Was ist das richtige Tempo bei diesem Raumgeben? Wir müssen hier noch einmal betonen, daß wir auf diese Frage keine Antwort wissen. Elterliche Präsenz ist kein Wundermittel zur Behebung aller Probleme der Kindererziehung, und wie so viele Instrumente kann auch dieses Konzept mißbraucht werden. Dies zeigt noch einmal, wie wichtig die dritte unserer oben angeführten Forderungen ist, nämlich die Frage, ob das, was geschieht, mit den Werten der Beteiligten in Einklang zu bringen ist. Viele der von uns im folgenden genauer vorgestellten Interventionen sind Vorschläge für Eltern, die auf der Basis eines Beratungskontrakts gemacht werden, also für Situationen, in denen dramatische Entwicklungen nach Änderung verlangen, wo es Gewaltausbrüche gibt oder die Sicherheit des Kindes auf dem Spiel steht. In den Familien, mit denen wir zu tun haben, sind die Eltern so gelähmt, daß sie die Kraft verloren haben, sich selbst oder das Kind zu schützen. *Für diese, und nur für diese Fälle bieten wir das Konzept der elterlichen Präsenz an.*

Die Grundlagen der elterlichen Präsenz

Es lassen sich drei Aspekte der elterlichen Präsenz unterscheiden:
- die Fähigkeit, wirksame Handlungen auszuführen,
- ein Bewußtsein für ein eigenes moralisches und persönliches Selbstvertrauen,
- das Gefühl, daß die eigenen Anstrengungen von anderen eher unterstützt als vereitelt werden.

Mit anderen Worten, wenn die Eltern fähig sind zu sagen: »Ich kann handeln!«, »Dies ist richtig!« und: »Ich bin nicht allein!«, dann basiert ihr Handeln auf elterlicher Präsenz. Die erste Aussage bringt die Eltern zurück auf die Familienbühne als Handelnde, die zweite definiert sie als ethisch handelnde und individuelle Personen, die dritte als eingebunden in einen unterstützenden Kontext. Alle drei sind eng verbunden: Die Kraft zu Handeln beruht auf den persönlichen Überzeugungen der Eltern, die ihrerseits durch die soziale Unterstützung aufrechterhalten werden.

Für das Kind ist diese Resonanz zwischen elterlichem Handeln, elterlichem Selbstvertrauen und der Unterstützung durch die Umwelt eine formende Erfahrung. Wenn das Kind die elterlichen Handlungen als ein stimmiges Abbild ihrer ethischen und persönlichen Position wahrnimmt und diese Position durch ein interpersonelles Netz verstärkt wird, kann elterliche Präsenz am stärksten erfahren werden. Kinder tendieren dazu, positiv zu reagieren, wenn es den Eltern gelingt, dieses Zusammenkommen von Handlungen, Werten und Unterstützung zu demonstrieren. Selbst wenn sie protestieren und ihre Eltern auf den Prüfstand stellen, können sie doch gleichzeitig ihre Erleichterung signalisieren. Es ist, als ob sie sagten: »**Tut das ja nicht!!!** ... aber bitte, macht weiter so!«

Im folgenden sollen einige Fallvignetten die Variationsmöglichkeiten der elterlichen Präsenz zeigen.

Fall 1: Der Vertrag[1]

In der Schule gab es ein Gerücht, Peter habe so etwas gesagt, wie daß er sterben wolle. Keiner erinnerte sich genau daran, was er gesagt hatte, noch wiederholte er es jemals wieder. Trotzdem, die Gefahr konnte um so ernster sein, wenn sie im Verborgenen lauerte. Als Peter aufhörte, zu Hause zu reden, wurde das, was er in der Schule gesagt haben konnte, in der Vorstellung der Eltern immer bedrohlicher. Peter hörte auch auf, die Mahlzeiten mit der Familie einzunehmen. Er aß in seinem Zimmer, mit seinem eigenen Geschirr und Besteck. In letzter Zeit hatte er auch angefangen, sich viele Male am Tag die Hände zu waschen.

Zwei Jahre vergingen, ohne daß er ein Wort mit irgend einem Mitglied der engeren Familie wechselte. Er deutete nicht einmal mit Gesten an, was er brauchte. Die Eltern mußten raten, ob er Kleidung, Bücher oder eine Computerausrüstung haben wollte. Sie wurden immer besser im Raten, einfach weil, wenn sie falsch rieten, die gekauften Dinge unbenutzt blieben und sie einen neuen Versuch machen mußten – er ließ sich noch nicht einmal dazu herab, ihnen sein Mißfallen zu zeigen. Paradoxerweise bemühten sich die Eltern um so mehr, die richtigen Dinge zu besorgen, je weniger er andeutete, was er haben wollte.

In der Schule redete Peter. Er hatte ein paar Freunde und war ein sehr guter Schüler. Er sprach auch mit seinem Onkel, dem er bei verschiedenen Gelegenheiten verschiedene Erklärungen für sein Schweigen gegeben hatte. Eine davon war, daß seine Eltern seine Schwester vorzogen, eine andere, daß sie ihn wie ein Kind behandelten. Obgleich Peter bis zu dieser mysteriösen Selbstmorddrohung nie einen Grund zur Sorge gegeben hatte, ließen die Eltern sein Schweigen, seine Eßgewohnheiten und sein Händewaschen um sein emotionales Gleichgewicht bangen. Alle

---

[1] Es gibt zwei Arten von Falldarstellungen in diesem Buch: Kurze Episoden ohne Überschrift, in denen die Klienten ungenannt bleiben, und detailliertere Fälle mit Überschriften und jeweils veränderten Namen. In allen Beispielen sind identifizierende Merkmale verändert worden, um die Persönlichkeitsrechte der Klienten zu schützen.

gingen wie auf Eiern und fürchteten, ein Fehler ihrerseits könnte entsetzliche Folgen haben.

Die Familie lebte unter dem Schatten von Peters Boykott. Gäste wurden nur eingeladen, wenn er nicht da war, damit niemand Zeuge seines seltsamen Verhaltens wurde. Die Familie hatte es sich angewöhnt, ihm den Computer völlig zu überlassen, um stumme Zusammenstöße zu vermeiden, die unausweichlich damit endeten, daß Peter sich stunden- oder tagelang in sein Zimmer zurückzog. Die Eltern hatten zuviel Angst, ihn für sein Verhalten zur Rede zu stellen. Ihre Ängste vertieften sich, nachdem zwei Psychiater, zu denen die Eltern zur Beratung gingen, die Meinung äußerten, daß Peter unbedingt eine psychiatrische Behandlung brauchte. Da Peter nur gewaltsam zu einem Psychiater gebracht werden konnte, blieb alles, wie es war. Die einzigen Veränderungen waren immer geringer werdende Sozialkontakte der Familie, eine zunehmende Angst der Eltern und daß Peter sich immer häufiger wusch.

Mildred und Robert, Peters Eltern, konsultierten eine Familientherapeutin, die für ihre Geschicklichkeit in der Arbeit mit widerspenstigen Jugendlichen bekannt war. Diese schlug eine Reihe von sechs Sitzungen mit ihnen beiden vor, bei denen sie versuchen würde, Peter mit einzubeziehen. Nach der ersten Sitzung mit den Eltern schickte sie Peter einen Brief, in dem sie ihm mitteilte, daß seine Eltern zur Therapie gekommen seien, weil es sie schmerzte, ihn zu verlieren. Sie habe versucht, sich in seine Lage zu versetzen und seine Gefühle zu erraten, aber sie empfinde es als nicht in Ordnung, hinter seinem Rücken über seine Vorstellungen zu sprechen. Der Brief endete mit einer Einladung zur nächsten Sitzung – sein Recht zu schweigen, wenn er es denn wolle, würde respektiert.

Der Brief, den die Eltern auf Peters Tisch liegen ließen, blieb dort offensichtlich unangerührt eine Woche lang liegen. Jedoch am Abend vor der angesetzten Sitzung fanden ihn die Eltern zusammengeknüllt neben ihrer Schlafzimmertür. Der Zeitpunkt deutete daraufhin, daß Peter ihn gelesen hatte. Dieselbe Abfolge wiederholte sich nach dem zweiten, dritten, vierten und fünften Brief der Therapeutin. Die zerknüllte Seite wurde pünktlich am Abend, bevor die nächste Sitzung stattfinden sollte, angeliefert.

Ein neues Ritual schien sich entwickelt zu haben. Am Ende der sechsten Sitzung sagte die Therapeutin den Eltern, daß es keinen Zweck habe, auf diese Weise weiterzuverfahren. Sie schlug einen radikalen Richtungswechsel vor.

Sie teilte den Eltern ihren Eindruck mit, daß sie als Eltern aufgrund ihrer Ängste praktisch in Peters Leben nicht mehr anwesend seien. Sie fürchteten sich zu handeln, zu sprechen und manchmal sogar aus sich selbst heraus zu denken. Peter glaubte wahrscheinlich, daß sie es völlig aufgegeben hätten, jemals seine Stimme wieder zu hören. Vielleicht sah er es so, daß es ihnen so egal sei, daß sie nicht einmal mehr zu kämpfen versuchten. Die Therapeutin bot ihnen einen Richtungswechsel an in der Form, sich um ihr Recht zu bemühen, in Peters Leben wieder anwesend zu sein. Durch diesen Kampf würden sie sich ihren schlimmsten Ängsten stellen, anstatt vor ihnen zurückzuweichen. Sie würden der Behandlung völligen Vorrang geben müssen und wenigstens drei zusätzliche Personen aus der erweiterten Familie einbeziehen müssen. Die Eltern baten um Bedenkzeit. Besonders der Vater war zuerst entschieden dagegen, das Geheimnis anderen Mitgliedern der Familie preiszugeben.

Ein paar Tage später rief der Vater an und sagte, daß er mit einigen Leuten aus der Familie gesprochen habe. Die Eltern kamen zur Sitzung mit vier anderen Familienmitgliedern (Peters Onkel und Tanten). Der folgende Plan wurde entwickelt: Die Eltern sollten drei Tage von der Arbeit freinehmen. Am Abend bevor das Programm anfangen sollte, sollten sie das Haus nach allem absuchen, mit dem Peter sich verletzen könnte. Sie sollten auch die Schlüssel zum Badezimmer und allen Schlafzimmern entfernen. Am frühen Morgen – wobei Peters Onkel schon im Haus sein würde (um zu helfen, falls Peter versuchen würde, gewalttätig zu werden oder wegzulaufen) sollten sie in Peters Zimmer kommen, ihn aufwecken, sich auf die Bettkante setzen und ihm sagen, daß die Situation so nicht so weiter gehen könne und daß sein Boykott des Essens und seine Weigerung, mit der Familie zu sprechen, aufzuhören habe. Sie sollten verhandeln und einen Vertrag aufsetzen (die Mutter hatte gemeint, daß Peter der Formalität einer schriftlichen Übereinkunft positiv gegenüberstehen könnte), in dem der neue Stand der Dinge geregelt würde. Sie sagten, daß sie alle in dem Haus bleiben würden, bis eine Übereinkunft erzielt sei.

Den Eltern wurde gesagt, sie sollten nicht mit irgendeiner schnellen Lösung rechnen. Nach ein paar Stunden sollten sie den Raum verlassen, und der Onkel sollte übernehmen. Seine Rolle war die eines Vermittlers (es war der Onkel, mit dem Peter noch geredet hatte), der Vorschläge machen sollte, die es Peter ermöglichen würden, mit dem Reden anzufangen, ohne sein Gesicht zu verlieren. Er könnte zum Beispiel vorschlagen, daß Peter gestattet würde, seine Kommunikation mit Gesten oder Geschriebenem anzufangen oder die ersten Wörter, »Ja«- oder »Nein«-Antworten, mit dem Rücken zu den Eltern zu sprechen. Der Onkel, als Rechtsanwalt, könne auch helfen, den Vertrag aufzusetzen. Die anderen Familienmitglieder sollten die Eltern und den Onkel ablösen und bei Peter sitzen. Peter sollte nicht alleingelassen werden, bis die Übereinkunft unterzeichnet war und ein gemeinsames Mahl sie besiegelt hatte. Falls Peter zum Bad gehen wollte, sollte er das signalisieren, und sei es nur mit einer Geste. Den Eltern wurde aufgetragen, nicht zu versuchen, etwas zu erraten. Die Therapeutin sei telefonisch zu erreichen.

Die Eltern betraten Peters Zimmer um sechs Uhr morgens. Die ersten Stunden blieb Peter stumm und mürrisch. Die Eltern machten ihm klar, daß er nicht rausgehen dürfte, und er machte keinen Versuch, sie beiseite zu stoßen oder gewaltsam das Zimmer zu verlassen. Dann nahm der Onkel den Platz der Eltern ein. Nach ein paar Minuten Small talk fing Peter an zu verhandeln. Um seiner Würde willen verlangte er ein Paar Turnschuhe als Bedingung für einen Redeanfang mit seinen Eltern. Nach einer kurzen Beratung mit der Therapeutin entschlossen sich die Eltern, dieser Bedingung zuzustimmen – Peter hatte nie vorher irgendeine Art von Erpressung versucht, und falls eine solche Tendenz sichtbar werden würde, könnte man dann immer noch darauf reagieren. Im Augenblick war das Ziel, ihn zum Sprechen zu bringen und ihm deshalb jede Art zu gestatten, sein Gesicht zu wahren. Peter sagte seine ersten Worte zu seinen Eltern um zwei Uhr nachmittags. Nach drei weiteren Stunden war eine vollständige Übereinkunft niedergeschrieben. Dann ergab sich eine Schwierigkeit. Peter forderte, daß seine Schwester nicht in die Übereinkunft eingeschlossen würde – und das sollte ausdrücklich in dem Kontrakt niedergelegt werden. Die Eltern lehnten diese Bedingung ab. Sie konnten nicht zustimmen, den Boykott auf irgendeine Weise anzuerkennen. Peter reagierte darauf wieder mit einem Zurückziehen in totales Schweigen. Die erzielten Ergebnisse des Tages schienen wieder verloren zu sein.

Es bedurfte weiterer 24 Stunden, einen neuen Kompromiß zu erreichen. Der Durchbruch kam durch die Vermittlung einer Tante, die später dazugekommen war, sie war bei der Sitzung mit der Therapeutin nicht dabeigewesen. Sie lebte ziemlich weit entfernt und erschien erst am Nachmittag des zweiten Tages im Haus. Im Gegensatz zu den anderen Familienmitgliedern war sie ausgeruht und frisch. Sie nahm Peter beiseite und sagte ihm, er habe keine Ahnung, was er zu erwarten habe. Die Eltern hatten genug zu essen für eine dreimonatige »Belagerung« eingekauft! Aber sie glaubte, daß die Eltern einem Kompromiß zustimmen würden, was die Schwester anginge. Peter bot an, knappe Antworten auf praktische Fragen und Bitten zu geben, aber er wollte es im Kontrakt niedergeschrieben haben, daß er nicht die Absicht habe, der Freund der Schwester zu sein. Das wurde als annehmbar angesehen, und die Übereinkunft wurde unterzeichnet. Peter verpflichtete sich, auf alle an ihn gerichteten Fragen mit wenigstens einem Wort zu antworten. Die drei Tanten und zwei Onkel waren bei der Unterzeichnung anwesend. Peters Schwester (die im Haus ihres Großvaters war) wurde zu dem Familienmahl herbeigerufen. Peter hatte jetzt mit 38 Stunden die intensivste elterliche Präsenz hinter sich, die er je erlebt hatte.

In den folgenden Monaten wurde der Vertrag eingehalten. Peter wurde nicht gerade gesprächig (was er nie gewesen war), aber er antwortete, wenn er angesprochen wurde, und aß mit der Familie (sein eigenes Geschirr und Besteck wurde ihm weiterhin zugestanden). Er bat auch um die Hilfe seines Vaters in Mathematik und tippte einige Texte, die seine Mutter für ihre Arbeit brauchte. Bei ein paar Gelegenheiten antwortete er nicht auf die Fragen seiner Eltern. Dann wurden die Zeugen herbeigerufen, der Vertrag wurde formell verlesen, und Peter stimmte daraufhin zu, seinen Eltern zu antworten, selbst wenn es nur mit einem Wort war. In einem Gespräch mit seinem Onkel sagte er, daß der

Vertrag sehr vorteilhaft für ihn sei, weil er seine Rechte und seine wahren Gefühle gegenüber seiner Schwester kläre.

Der Wechsel in der Haltung der Eltern läßt sich an dem folgenden Beispiel ablesen. Zwei Monate nach der Unterzeichnung des Abkommens rührte Peter sich nicht, als seine Mutter ihn bat, den Raum zu verlassen, damit sie saubermachen konnte. Der Vater mischte sich ein und sagte ihm – auf eine Weise, die keinen Widerspruch duldete –, daß sie ihm in der Vergangenheit nachgegeben hätten, weil sie geglaubt hätten, er sei geistig krank. Aber jetzt, wo sie wüßten, daß er in Ordnung sei, wollten sie seine Weigerungen nicht mehr schlucken. Peter gab nach. Eine Stunde später sagte er anerkennend zu seiner Mutter, er habe nie geglaubt, daß sein Vater es wagen würde, sich so zu verhalten.

Dennoch waren Peters Eltern irgendwie enttäuscht. Obgleich der Boykott vorüber war und Peter wieder mit der Familie aß und sprach, blieb er doch noch sehr zurückgezogen. Sie hatten gehofft, die Schleusen würden sich öffnen, nachdem er angefangen hatte zu reden. Das geschah nicht. Die Änderungen zu Hause ergaben noch keine Revolution. Dennoch gab es eine unerwartete Verbesserung: Peters soziales Leben blühte auf, und er begann zum erstenmal nach Jahren, Freunde mit zu bringen. Vorher hatte er sich offensichtlich geschämt, seine Kumpel in dieses verrückte Haus einzuladen.

Fall 2: Die Bärumarmung (The Bear Hug)[2]

Miriam war die Leiterin eines Supermarkts, alleinerziehend und die beste Freundin ihres fünfjährigen Sohns Johannes. Normalerweise kam Miriam jeden Tag um vier Uhr nachmittags nach Hause, mit noch zu erledigender Arbeit am späten Abend, wenn Johannes im Bett war. Vom Augenblick ihres Heimkommens bis zu Johannes' Einschlafen widmete sie sich ihm. Sie wollte den Mangel an Vater dadurch kompensieren, daß sie ihm soviel von

---

[2] Es sei an dieser Stelle betont, daß diese Intervention ohne Kenntnis der Festhaltetherapie entwickelt wurde, die in Deutschland sehr bekannt und umstritten ist (Prekop 1989). Auch wenn die Form der Intervention sehr ähnlich ist, bestehen doch eine Reihe theoretischer Unterschiede. Am wichtigsten erscheint es uns, daß ein Einsatz der Bärum-

sich gab, wie sie überhaupt nur konnte. Sie glaubte an die Gleichwertigkeit ihrer Beziehung: Johannes' Meinungen sollten so viel Gewicht haben wie ihre eigenen, und alles sollte durch rationales Argumentieren entschieden werden. Johannes setzte oft seinen Willen durch, indem er drohte, Wutanfälle bekam und Sachen zerschlug. Miriam glaubte, er habe diese Gewalttätigkeit durch ihr Beispiel gelernt, bei Gelegenheiten, wenn sie die Kontrolle über sich verloren und ihn geschlagen hatte. Sie fühlte sich schuldig dafür, daß sie ihrer Wut nachgegeben und dadurch ihren Sohn traumatisiert hatte.

Das alles hätte so bleiben können, wie es war, hätte es nicht einige sehr alarmierende Vorkommnisse gegeben. Johannes fing an, riskante Dinge zu unternehmen. So kletterte er beispielsweise, als das Dach des Kindergartens repariert wurde, auf die höchste Sprosse der Leiter und warf Steine auf die Kinder unter ihm. Er entwickelte auch die Gewohnheit, mit aller Macht gegen die rauhe äußere Wand des Kindergartens zu laufen und sich dabei Schrammen an der Stirn und den Schultern zuzufügen. Miriam entschloß sich, um professionelle Hilfe zu bitten, als sie ihn bei geöffneten Fenster schlafend auf der Fensterbank fand. Sie wohnten im dritten Stock.

Miriam meinte, daß sie die Schuld habe, daß sie Johannes in einem Zustand tiefer Vernachlässigung aufzog, in dem er nicht nur ihre Wutausbrüche ertragen, sondern auch noch ohne Vater heranwachsen mußte. Diese Deprivation sei der Grund, sagte sie, warum er sich selbst zerstören wollte, und sie erklärte auch sein ängstliches Verhalten so. Er war so unsicher, daß alles ihn erschreckte: Hunde, Insekten, das Meer, die Dunkelheit. Er fühlte sich nur stark, wenn er gegen sie kämpfen konnte.

Der Therapeut entschied sich für einen sofortigen Besuch zu Hause. Die Situation dort war bei weitem chaotischer, als Miri-

---

armung im Konzept der elterlichen Präsenz nicht primär der Verwirklichung eines therapeutischen Ziels für das Kind dient (»jemanden in tiefster seelischer Not mit Liebe festhalten«, wie Prekop schreibt), sondern eine Form der Kommunikation darstellt, in der der Elternteil dem Kind vermittelt: »Ich bin da, ich bin und bleibe deine Mutter!« Mit Prekop teilen wir allerdings die Position, daß die Umarmung nie als reine disziplinarische Maßnahme, gar als Strafe eingesetzt werden sollte.

am sie beschrieben hatte: Essensreste waren überall, die Wände waren mit Kritzeleien bedeckt, und Sofa und Teppich waren voller Flecken. In Gegenwart des Therapeuten fing Johannes an, einen Ball gegen den Küchenschrank zu treten, er lachte, als das Geschirr schepperte. Miriam folgte ihm, wischte auf und bemühte sich, angesichts dieses Ausbruchs zu lächeln. Das Zittern ihrer Stimme verriet jedoch ihren Ärger. Sie erklärte dem Therapeuten, daß Johannes nicht immer so sei und daß er manchmal ganz vernünftig sein könne. Der Therapeut bat Miriam, am nächsten Tag zu einer weiteren Sitzung zu kommen. Der Therapeut bereitete sich auf diesen Termin vor, indem er eine Botschaft aufsetzte:

Sie haben mir erzählt, daß Johannes in einer Mangelsituation aufwächst. Ich denke, Sie haben recht: Seine Alarmsignale zeigen, daß er unter Streß steht. Aber ich glaube nicht, daß er unter einem Mangel an Liebe, Aufmerksamkeit oder Akzeptanz leidet. Ich denke auch, daß seine Probleme nicht notwendigerweise mit dem Fehlen des Vaters zu tun haben. Ich glaube, daß Johannes auch ohne Vater vernünftig aufwachsen kann, wie viele andere Kinder. Vielmehr denke ich, Johannes leidet unter einem Mangel an Regeln und Begrenzungen. Er braucht Regeln und Grenzen, genauso wie er Liebe und Aufmerksamkeit braucht. Ohne die kann er nicht wachsen. Ich meine, wenn er sich gegen die Wand des Kindergartens wirft, zeigt er, daß er eigentlich eine Grenze haben will. Die Frage ist, wie man Grenzen setzen kann, ohne gewalttätig zu sein. Ich werde eine Prozedur vorschlagen, die Sie erst einmal schockieren mag, aber von der ich sicher bin, daß sie nicht nur gewaltlos ist, sondern sogar antigewalttätig. In unserer therapeutischen Praxis nennen wir sie die »Bärumarmung«.

Wann immer Johannes einen Wutanfall hat oder anfängt zu schreien oder mit Sachen zu werfen, heben Sie ihn auf, setzen ihn auf Ihren Schoß und umarmen ihn fest. Es ist am besten, wenn Sie ihn mit seinem Rücken zu sich halten, so daß er Ihnen nicht ins Gesicht spucken kann. Wenn er mit seinen Beinen nach hinten austritt, halten Sie ihn mit Ihren Beinen fest. Sagen Sie kein Wort, weil Reden nur den Kampf verlängert. Worte sparen wir uns für andere Gelegenheiten auf, nämlich wenn er nicht gewalttätig ist. Er wird schreien, fluchen und kämpfen. Ihre Aufgabe ist es, ihn nicht gehen zu lassen. Sie halten ihn eine Stunde lang. Er darf nicht wissen, wie lange es dauern wird. Wenn er danach fragt, antworten Sie nicht. Am Ende dieser Stunde lassen Sie ihn ohne ein Wort gehen. Wenn er wieder einen Wutanfall bekommt, wiederholen Sie die Prozedur. Vielleicht müssen Sie das mehrere Male tun, aber ich zweifele daran, daß es mehr als zehnmal sein wird.

Ist das nun Gewalt? Was es sicher ist, ist Kraft. Sie zeigen, daß Sie stärker sind und das Kommando haben. Aber es ist etwas ganz anderes als Gewalt, bei dem das Opfer geschlagen wird und voller Schmerzen allein gelassen wird. Ein Kind, das geschlagen wird oder brutal weggeschickt wird, empfängt gleichzeitig die Botschaft: »Ich will dich nicht in meiner Nähe!« Der Kontakt ist minimal: Ein Schlag oder Stoß dauert nur den Bruchteil einer Sekunde. In Wirklichkeit ist nämlich das Ziel von Gewalt das Vermeiden eines Kontakts. Es ist so, als ob der Angreifer eine »Ansteckung« durch die Präsenz des Opfers vermeiden wollte. Mit der Bärenumarmung sagen Sie das Gegenteil: »Ich bin bei dir! Ich lasse dich nicht allein! Ich bin noch immer deine Mutter, selbst wenn du schreist und fluchst!«. Sie sagen auch: »Ich kann dich halten, du kannst mich nicht erschrecken oder zerstören!«. Das ist sehr wichtig, denn die Welt ist ein erschreckender Ort für Johannes geworden. Er fühlt, daß es niemanden gibt, der stärker ist als er, und deswegen auch niemanden, der ihn beschützen kann. Das ist der Grund, warum er so ängstlich und voller Furcht ist. Bei Gewaltanwendung, sei es in der Form von Schlagen oder Weggehen, fühlt sich das Opfer allein und ungeschützt. Bei der Bärenumarmung wird Johannes fühlen, daß Sie willens sind, bei ihm zu bleiben. Nach der Umarmung gehen Sie zum üblichen Tagesgeschehen über. Machen Sie ihm keine Vorwürfe und bieten Sie ihm keine Wiedergutmachung an. Aber die Forderungen, die den Zusammenstoß ausgelöst haben, bleiben im Raum.

Noch eins. Es kann sein, daß Johannes einen Wutanfall an einem Ort hat, an dem Sie sich scheuen, ihn in die Bärenumarmung zu nehmen. Wenn das so ist, warten Sie, bis Sie wieder zu Hause sind, erinnern Sie ihn kurz an den Wutanfall und umarmen Sie ihn fest. Und halten Sie ihn, in Stille, eine ganze Stunde fest.

Miriam war verwirrt: sie wollte die vorgeschlagene Prozedur versuchen, und gleichzeitig fürchtete sie sich davor. Der Therapeut sagte ihr, daß sie ihn jederzeit anrufen könne. Nach zwei Versuchen meldete sich Miriam. Sie sagte, sie sei besorgt, weil Johannes Anzeichen von Verzweiflung zeigte: Zehn Minuten nachdem sie die Umarmung begonnen hatte, verfiel Johannes in eine Schlaffheit, als sei er tot. Innerhalb fünf weiterer Minuten war er eingeschlafen. Ihr schien es, als ob er seinen Lebenswillen verliere. Der Therapeut beruhigte sie, indem er ihr sagte, daß dies wahrscheinlich zeige, wie sicher er sich in ihren Armen fühlte. So entschloß sich Miriam weiterzumachen. Insgesamt wendete sie die Umarmung sechsmal an. Johannes' Verhalten im Kindergarten begann sich zu ändern. Er hörte auf, sich selbst und andere zu verletzen. Nach vier Wochen nahm Miriam Johannes mit in die Ferien bei ihrer Familie. Miriams Bruder war ein bekannter Biologe. Ihre Schwester war eine promovierte Psychologin und mit einem Banker verheiratet. Miriam hatte sich immer als das schwarze Schaf in der Familie empfunden. Ihr Status als alleinerziehende Mutter war die endgültige Bestätigung, daß sie nicht auf der gleichen Stufe mit den anderen stand. Mitten während des Essens begann Johannes, sich höchst unangenehm zu verhalten. Miriam sagte ihm, er solle aufhören, und er schrie zurück. Da stand sie auf und befahl ihm, mit ihr in den nächsten Raum zu kommen. Die Eltern protestierten und sagten, sie verderbe das Familientreffen. Miriam antwortete, daß sie am besten wisse, wie ihr Sohn zu erziehen sei. Der Ton ihrer eigenen Stimme überraschte sie. Später erzählte sie dem Therapeuten, daß diese Szene sie an ihren Entschluß erinnert hatte, ihre Eltern zu verlassen, als sie 18 war. Das hatte ihr zum ersten Mal in ihrem Leben das Gefühl gegeben, etwas wert und autonom zu sein.

Johannes leistete dann noch den überraschendsten Beitrag. Er ging zu Miriam, nahm ihre Hand und zog sie sanft in das andere Zimmer – damit stellte er sich auf ihre Seite gegen seine Großeltern, selbst als sie ihn verwöhnen wollten. Sobald sie in dem anderen Raum waren, setzte er sich auf ihren Schoß. Obgleich sie ihn kein bißchen anders umarmte, fühlte es sich für beide anders an. Das war das letzte Mal, daß die Umarmung nötig war. In den darauffolgenden Wochen veränderte sich Miriams Einstellung zum Grenzensetzen – mit nur geringer Hilfe des Therapeuten. Zu ihrer Überraschung fand sie heraus, daß ihre Fähigkeiten, die sie zur Leitung eines Supermarkts einsetzte, durchaus auch hilfreich zu Hause waren. Johannes' Ängstlichkeit, seine riskanten Handlungen und seine Aggressivität verringerten sich auf ein akzeptables Niveau.

Fall 3: »Ich bin deine Mutter!«

Anna war dreizehn, die jüngste von drei adoptierten Kindern, und voller Ärger. Sie hatte eine unendliche Menge von Beschwerden gegen ihre Mutter Rachel vorzubringen: Sie sei ständig krank, gehe nie mit ihr aus, sei nie bei einem Schulausflug dabei und habe sie noch nicht einmal zur Welt gebracht. Was für eine Art Mutter das sei? Andere Eltern gingen mit ihren Kindern zelten! Manche spielten sogar Tennis mit ihnen! Ihre Mutter war ein Zombie! Warum konnte sie nicht einfach tot umfallen? Wer sollte etwas mit ihr zu tun haben sollen? Wenn Anna eine Weile auf diese Weise gewütet hatte, schlug sie die Tür zu und verschwand für Stunden. Am schlimmsten war, wie sie von allem Sexuellen angezogen war. Sie redete und las endlos über Sex und war ständig auf der Suche nach Sexfilmen im Fernsehen. Dieses obsessive Interesse, zusammen mit ihrem unvermittelten Abhauen, machte Rachel verrückt vor Sorge.

Annas Ausbrüche hatten fast immer mit der Krankheit ihrer Mutter zu tun. Rachel litt an einer angeborenen Herzschwäche, die es auch unmöglich gemacht hatte, eigene Kinder zu haben, und die sie zwang, alle paar Stunden auszuruhen und gelegentlich ins Krankenhaus zu gehen. Im letzten Jahr war sie zweimal im Krankenhaus gewesen, und Anna hatte beide Male wütend darauf reagiert. Trotz ihrer physischen Einschränkungen war Rachel eine sehr aktive Frau. Sie arbeitete halbtags in einer PR-Agentur, führte den Haushalt und investierte eine Menge Zeit für ihre drei Kinder. Mehr noch, ihre besonderen sozialen Fähigkeiten machten ihre körperlichen Einschränkungen mehr als wett. So nahm sie eine wichtige Position in ihrer Gemeinde ein, sie war bekannt für ihre Fähigkeit, gesellschaftliche Veranstaltungen zu organisieren, ohne das Zimmer zu verlassen, nur mit dem Telefon und ihrer Überzeugungskraft.

Die Beziehung mit ihrem Mann Amos war voller Wärme. Er war sanftmütig und überfreundlich. Deshalb weigerte er sich ganz und gar, streng mit Anna zu sein oder ihrem Benehmen Grenzen zu setzen. Sein Herz schmolz dahin, wenn er sie sah. Rachel erzählte dem Therapeuten, daß Amos eine vorangegangene Therapie abgebrochen hatte, weil der Therapeut darauf bestanden hatte, daß mit Anna strenger umgegangen werden müsse. Das war der einzige Bereich, in dem er gegen Rachel war. Überall sonst war er der perfekte Ehemann. Rachel hatte einmal mit Einsatz körperlicher Gewalt versucht, Anna davon abzuhalten, das Haus zu verlassen, aber das Mädchen hatte sie nur zur Seite gestoßen. Rachel hatte Amos angefleht, ihr beizustehen, aber er hatte sich geweigert und gesagt, sie und die Psychologen hätten unrecht. Er verließ sich darauf, Anna schließlich doch durch Sanftmut zu gewinnen: Nur Liebe und Annehmen könnten aufwiegen, daß Rachel und er nicht Annas leibliche Eltern sind.

Annas Ausbrüche wechselten mit Perioden ab, in denen sie äußerst liebenswürdig war. Dann konnte sie endlos mit Rachel reden und ihr im Haushalt helfen. Manchmal verging eine ganze Woche in diesem honigsüßen Zustand. Jedoch plötzlich wieder, wenn Anna Rachel im Bett vorfand oder lauschte, wie sie mit dem Arzt telefonierte, kam wieder die erwartete lange Beschwerde über die Krankheit ihrer Mutter.

Als der Therapeut fragte, ob Rachel jemals Anna erfolgreich irgendwelche Grenzen gesetzt habe, sagte sie, daß sie einmal das Fernsehkabel herausgezogen habe und Anna sich überraschenderweise zwei Wochen lang im Zaum gehalten hätte. Als sie jedoch wieder fernsehen konnte, stellten sich die üblichen Schwierigkeiten wieder ein. Durch dieses Erfolgsbeispiel ermutigt, entwickelten der Therapeut und Rachel gemeinsam einen Plan, dem eine mütterliche Erklärung an Anna vorausging:

Du glaubst, daß ich keine vollwertige Person oder vollwertige Mutter bin, weil ich herzkrank bin. Du täuschst dich gewaltig. Ich habe nie etwas aufgegeben: Ich habe nie aufgehört zu arbeiten, ich habe für mich eine wirkliche Familie aufgebaut, und ich habe meine Kinder ohne äußere Hilfe aufgezogen. Ich habe nie der Krankheit nachgegeben und werde das auch weiterhin nicht tun.

Du täuschst dich auch, wenn Du glaubst, daß ich nicht hundertprozentig Deine Mutter sei. In meinem Verhalten, in meiner Sorge und in meinen Gefühlen bin ich zu hundert Prozent Deine Mutter. Daß das so ist, wirst Du immer wieder sehen. Du wirst das sehen, selbst wenn es Dir mächtig verquer ist. Die Tatsache, daß ich Dich adoptiert habe, macht mich nicht weniger zu Deiner Mutter. Im Gegenteil, ich habe mir ausgewählt, Deine Mutter zu sein, und entschieden, daß Du meine Tochter sein sollst. Du kannst soviel rumwüten, wie Du willst, aber Du kannst mich nicht zu weniger als Deine Mutter machen.

Du denkst, ich sei schwach, und Du denkst, ich könnte mit Dir nicht fertig werden. Du wirst bald sehen, wie Du Dich täuschst. Ich habe mich dazu entschlossen, stark zu sein, aber unter meinen Bedingungen. Du wirst herausfinden, daß ich da bin, auch wenn Du nicht hinschaust, daß ich Deine Mutter bin, wenn Du am wenigsten daran denkst, wenn Du mit anderen Dingen beschäftigt bist. Du wirst merken, daß ich auch Deine

Mutter bin, wenn Du nicht zu Hause bist, wenn Du in der Schule bist, wenn Du verschwindest und wenn Du schläfst. Ich bin ganz und gar Deine Mutter, 24 Stunden am Tag, 7 Tage in der Woche, 4 Wochen im Monat und 12 Monate im Jahr. Ich werde sogar hinter Deinem Rücken Deine Mutter sein. Ich werde Deine Mutter sein, schweigend, insgeheim, und wenn Du es am wenigsten erwartest.

Diese Botschaft wurde durch eine Reihe von Maßnahmen verstärkt:
- Wann immer Amos zu Hause war und Anna anfing zu toben, sollte Rachel sich an ihn wenden und ihm sagen, daß dieser Lärm sie störe und sie wünsche, er ginge mit ihr hinaus.
- Nach einem solchen Ausbruch würde Anna sich unerwartet einiger ihrer geliebtesten Besitztümer beraubt sehen, zum Beispiel einer ihrer CDs, ihres hübschesten Sweaters oder sogar des Buchs, das sie gerade las.
- Wenn Anna spät nach Hause käme oder die Schule geschwänzt hätte, würde sie merken, daß Rachel in engem Kontakt mit den Leuten gewesen war, die sie kannte (von denen Rachel viele geschickt in Helfer verwandelt hatte). Dieses »Beobachtungsnetz« ermöglichte Rachel auch, Botschaften an ihre Tochter an verschiedenen Orten zu hinterlassen (z. B. bei ihrem Tennislehrer oder bei Eltern ihrer Freunde), von denen einige durchaus peinlich waren.

Solche Maßnahmen zu erfinden, erwies sich für Rachel als ein freudiger Kitzel. Mit Hilfe des Telefons und ihrer vorzüglichen Überredungskünste erwarb sie die Mitarbeit vieler Personen, mit denen Anna direkt oder indirekt in Kontakt war. Anna war ihrerseits indigniert, verwirrt und überrascht. Rachel verstärkte ihre Präsenz im Leben des Mädchens enorm. Anna reagierte positiv. Paradoxerweise wurde Rachel für sie am gegenwärtigsten, indem sie hinter ihrem Rücken agierte und es ihr zu zeigen gelang, daß sie die hundertprozentige Mutter war, die sich Anna so sehr wünschte.

Die drei geschilderten Fälle zeigen, wie es gelingen kann, daß Eltern einen Zugang zur Initiative, zu persönlichem Vertrauen und zu aktiver Unterstützung wiedererlangen. Diese Eltern haben es gewagt, mit neuen Möglichkeiten zu spielen, mit Verhaltensweisen, die ihnen entsprachen, zu experimentieren, indem sie die passendste Zeit, den Ort und die Bedingungen aussuchten, ihre Präsenz wieder fühlbar zu machen. Bei jedem dieser Fälle bemühte sich der Therapeut, die vorgeschlagenen Handlungen gemeinsam mit den Eltern moralisch und persönlich akzeptabel zu gestalten. Außerdem waren die Handlungen so gut wie möglich in einen positiven interpersonalen Kontext integriert. In allen drei Fällen wurden die Eltern in die Lage versetzt zu sagen: »Ich kann handeln!«, »Dies sehe ich als richtig an!«, »Ich bin nicht allein!«.

Die tatsächlichen Schritte, die bei jedem Fall eingeschlagen wurden, können nicht allein vom Konzept der elterlichen Präsenz selbst abgeleitet werden; es gibt einen konzeptuellen Sprung von der abstrakten Idee zu der konkreten Ausführung. Sie haben zu tun mit der Verbindung von elterlicher Präsenz und gewaltlosem Widerstand. Der Rest dieses Buches ist ein Versuch, diesen Sprung zu klären, so daß der Prozeß in eine methodische Unternehmung verwandelt werden kann, die – im besten Fall – von Therapeuten und Eltern gleichermaßen systematisch gelernt und praktiziert werden kann.

Kapitel 3:
Elterliche Präsenz und gewaltfreier Widerstand

Aus unserer Sicht läßt sich die elterliche Präsenz am besten wiederherstellen, wenn sie mit dem Prinzip des gewaltlosen Widerstands verbunden ist, wie es durch Gandhi bekannt geworden ist (Iyer 1991). Gleichzeitig hoffen wir, im nachfolgenden Kapitel zeigen zu können, daß beide Begriffe eine große integrative Kraft besitzen und daher dazu dienen können, daß die an einem Fall beteiligten Fachmenschen in einer Sprache miteinander reden, die ihnen optimale Kooperation und Koordination ihrer Handlungen erlaubt. Zunächst wollen wir hierzu einen genaueren Blick auf die Interaktionsprozesse werfen, die sich zwischen Eltern und Kindern abspielen und dazu führen, daß sich die Art von Teufelskreisen entwickeln, die mit dem Verlust der elterlichen Präsenz einhergehen.

Der Begriff *Teufelskreis* ist sicher am besten geeignet, die Eskalationsdynamik zwischen Eltern und Kindern zu beschreiben. Während die Eskalation von Feindseligkeit zwischen Eltern und Kindern ein bekanntes Problem ist, läßt sich auch eine weitere, nicht weniger schädliche Art von Eskalation beschreiben, nämlich die, die entsteht, wenn die Eltern den Forderungen des Kindes nachgeben, das Kind seine Forderungen steigert, und so weiter. Mit Bateson (1981) können wir diese zwei Arten als *symmetrische* (Feindseligkeit erzeugt Feindseligkeit) und als *komplementäre* Eskalation (Nachgiebigkeit erzeugt gesteigerte Forderungen) bezeichnen. Die Interaktion zwischen diesen zwei Prozessen ist eine der wichtigsten Einsichten der sozialen Lerntheorie zur Eltern-Kind-Interaktion, zum Beispiel der Theorie familiärer Zwangsprozesse (coercive family process, Patterson et al. 1992), die wir noch detaillierter vorstellen werden. Patterson zeigte, daß die beiden Eskalationsformen auf verhängnisvolle Weise miteinander verknüpft sein können, so daß die elterliche Nachgiebigkeit nicht nur die kindlichen Forderungen steigert (komplementäre Eskalation), sondern auch die Wahrscheinlichkeit, daß entweder die Eltern oder das Kind (oder beide) höhere Niveaus von Gewalttätigkeit in dem nächsten Zusammenstoß zeigen werden (symmetrische Eskalation).

Die Wirkungen dieser Verbindung der beiden Arten von Eskalation können mannigfaltig sein, es kann beispielsweise folgendes geschehen:
- das Kind wird (scheinbar?) immer sicherer in seiner Macht und mehr und mehr machtorientiert, während die Eltern immer hoffnungsloser und hilfloser werden,
- es gibt eine graduelle Anpassung an ein immer höheres Störungsniveau, so daß die hilflosen Eltern »lernen«, die tagtäglichen Störungen zu ignorieren,
- die Interaktion zwischen Eltern und Kind wird progressiv auf die Konfliktgebiete eingeengt, damit geht eine zunehmende Verengung der Wahrnehmung voneinander als negativ und feindselig einher,
- die elterliche Angst vor weiterer Eskalation kann zu einer Verringerung der Bereitschaft führen, therapeutische Maßnahmen umzusetzen,
- da das Kind seine Drohungen unter Beweis stellen muß, wird sein Benehmen zunehmend gefährlicher und destruktiver.

Die Dynamik der Eskalation[1]

Die Forschung bestätigt die allgemeine Erfahrung, daß Feindseligkeit Feindseligkeit und Nachgiebigkeit neue Forderungen erzeugt (siehe z. B. Cairns et al. 1994; Oxford 1986). Wir betrachten das als erwiesen und formulieren im weiteren einige Thesen

---

[1] Teile dieses Textes erschienen unter dem Titel: »Gewaltfreier Widerstand: elterlicher Umgang mit kindlicher Destruktion« in der Zeitschrift des Instituts für Familientherapie Weinheim »Systhema« 15 (2), S. 119–136 (Omer 2001a). Der Abdruck erfolgt mit freundlicher Genehmigung der Redaktion und des Instituts.

über Eskalationen zwischen Eltern und Kindern, die von besonderer Wichtigkeit für die Vorbeugung von Gewalttätigkeit sind.

These 1: Je größer die Herrschaftsausrichtung der Teilnehmer einer konflikthaften Interaktion, desto größer das Eskalationsrisiko.

Der Begriff *Herrschaftsausrichtung* stammt aus dem ethologischen Verständnis von Herrschaft (dominance). Eine der wichtigsten Einsichten der ethologischen Forschung über dieses Thema war, daß mehrere Wege zur Konfliktlösung in der Natur *nicht* durch Herrschaft erreicht werden (Hand 1986). Als Herrschaftsausrichtung in Familien bezeichnen wir im folgenden die Neigung, jede Interaktion aus dem Blickwinkel der Frage »Wer ist der Boß?« anzusehen (Bugental et al. 1997), also ein Muster, das durch eine übermäßige Ausrichtung auf den Beziehungsaspekt der Interaktion gekennzeichnet ist. Die Herrschaftsausrichtung von Kindern und Eltern variiert nicht nur zwischen Einzelnen, sondern auch in dem Einzelnen zwischen verschiedenen Zeiten und Zuständen. Die erste These postuliert, daß das Risiko der Eskalation in jedem Moment mit der gleichzeitigen Herrschaftsausrichtung der Beteiligten korreliert. Diese These wird unterstützt durch Erkenntnisse, die zeigen, daß das Risiko eines aggressiven Ausbruchs seitens eines Elternteils höher wird, wenn er sich durch die Interaktion mit dem Kind sofort persönlich in Frage gestellt sieht, wenn der Elternteil das Benehmen des Kindes also als Versuch ansieht, sich selbst als »der Boß« zu beweisen (Bugental et al. 1989). Desgleichen reagieren Kinder mit schweren disziplinären Problemen auf Handlungen, die sie als eine Drohung gegen ihre eigene Herrschaftsstellung erfahren, und reagieren mit einer Steigerung ihrer eigenen gewalttätigen Handlungen (Patterson et al. 1984).

Kinder und Eltern drücken oft ihre Herrschaftsausrichtung ganz offen aus. »Ich bin der Stärkste!« und »Ich bin der König!« sind gewöhnliche Redewendungen kleiner Kinder. »Versucht mal, mich zu stoppen!«, oder »Du glaubst wohl, du kannst mir sagen, was zu tun ist?«, sind üblich bei älteren Kindern und Jugendlichen. Eltern neigen ebenfalls rasch zu solchen nicht hilfreichen Redensarten, wie: »Du wirst tun, was ich sage, komme, was wolle!« oder »Du glaubst, du bestimmst? Du wirst schon sehen!«. Manche Eltern decken ihre Herrschaftsausrichtung erst auf, wenn wir ihnen Maßnahmen vorschlagen, die nicht herrschaftsausgerichtet sind. Sie können dann möglicherweise erwidern: »Aber wenn wir das tun, wird er gewinnen!«. Oder in einem pessimistischeren Ton: »Wir können ihn nicht stoppen ... Er ist stärker als wir!«. Diese Redensarten offenbaren, daß in den elterlichen und kindlichen Gedanken nur zwei Möglichkeiten vorhanden sind, *entweder* das Kind gewinnt *oder* die Eltern. Eine der wichtigsten Herausforderungen für die Elternberatung ist also: Wie kann die elterliche Herrschaftsausrichtung verringert werden, ohne daß die Eltern an Einfluß einbüßen?

These 2: Je höher die psychophysische Erregung der Beteiligten, desto höher ist die Eskalationsgefahr.

Diese Einschätzung wurde durch die Forschung an Tieren eindeutig bestätigt. Wenn man durch pharmazeutische Mittel die Erregung einer der Beteiligten in einer konflikthaften Interaktion verringert, wird dadurch das aggressive Benehmen von beiden gemindert (Cairns et al. 1994). Studien über Eskalation in der Ehe haben ähnliches bewiesen: Die psychophysische Erregung der Gatten während einer Diskussion ist einer der besten Prädiktoren für ehelichen Verfall und Scheidung (Levenson u. Gottman 1983, 1985). Besonders wichtig ist der Befund, wonach die physiologische Erregung den ehelichen Verfall dann vorhersagte, wenn die physiologischen Reaktionen der beiden Gatten stark korrelierten (Gottman 1998). Es wurde auch bewiesen, daß Eltern, die ihre Beziehung zu dem Kind unter dem Blickwinkel der Frage »Wer ist der Boß?« ansehen, mit höherer physiologischer Erregung reagieren, wenn sie glauben, das Kind versuchte, sie zu kontrollieren (Bugental et al. 1993). Mit dieser Erscheinung sind wir in unserer tagtäglichen Erfahrung vertraut: Wenn einer der Beteiligten in einer konflikthaften Interaktion die Ruhe zu halten vermag, wird die Gefahr von Gewalttätigkeit vermindert. Eine Kernfrage für die Elternberatung ist also: Wie kann das erreicht werden bei betroffenen Eltern, die weder Heilige noch Virtuosen der Selbstbeherrschung sind?

These 3: Elterliche Predigten, Bitten und Abbitten verstärken das Risiko von *komplementärer* Eskalation, während elterliche Diskussionen, Drohungen, Beschuldigungen und Anschreien das Risiko von *symmetrischer* Eskalation erhöhen.

Hilflose Eltern sprechen und schreien sich heiser in ihrem Versuch, das Kind zu überzeugen oder zu bremsen. Dieses endlose Reden wird zu einem hintergründigen Summen, das die Eltern zunehmend in den Augen des Kindes und in ihren eigenen erniedrigt. Das elterliche Reden überzeugt nicht nur das Kind, sondern auch die Eltern, daß Taten nicht zu erwarten sind. Elterliche Predigten, Bitten und Abbitten spielen in der Erzeugung komplementärer Eskalation eine besondere Rolle. Es ist, als ob diese Art zu reden ein Teil des elterlichen Nachgeberituals sei. Elterliche Diskussionen, Drohungen, Beschuldigungen und Anschreien tragen zur Erzeugung der gegenseitigen Eskalation bei. Die Beschuldigungen müssen nicht einmal lauter werden, es reicht, wenn der Ton sarkastisch wirkt. Diese beiden Arten von unwirksamem elterlichem Reden sind eng verbunden – Bitten und Abbitten können leicht in Beschuldigung und Drohung umschlagen und umgekehrt. Wie Patterson und seine Mitarbeiter überzeugend argumentierten (Patterson et al. 1992), nähren die elterliche Nachgiebigkeit und die elterliche Aggression einander.

Je älter das Kind ist, desto mehr widerstrebt ihm das endlose elterliche Reden. Rebellische Jugendliche sind elterlichen Predigten gegenüber besonders allergisch und reagieren darauf mit Steigerungen ihres oppositionellen Benehmens. Warum ist das so? Warum reagieren so viele Jugendliche auf die elterlichen Ermahnungen so, als ob dies aversive Versuche seien, sie zur Unterwerfung zu manipulieren? Vielleicht weil das elterliche Zureden mit einer der wichtigsten Aufgaben der Adoleszenz zusammenstößt, nämlich mit der Entwicklungsaufgabe, die eigenen Werte und Ziele zu definieren. Tatsächlich fühlen sich die Jugendlichen am ehesten dann als Opfer der elterlichen Invasion, wenn die Eltern sie zu überzeugen versuchen, anders zu denken und zu fühlen. Viele Teenager werden sich leichter damit abfinden, wenn die Eltern ihnen ein klares Verbot verordnen, als wenn die Eltern ihnen zuzureden versuchen, daß das Einstellen des problematischen Benehmens eigentlich »zu ihrem Besten« ist (vgl. Kapitel 10). Das Verbot bedeutet letztendlich keinen Versuch, in ihre Köpfe einzudringen und ihre Vorlieben von innen zu verändern. Die »vernünftigste« Überzeugung kann dagegen als aversiv erlebt werden, wenn sie als ein äußerliches Erzwingen erfahren wird.

Oft erfahren Jugendliche die elterlichen Mahnungen als demütigend, und oft bestätigt gerade der Ton der elterlichen Äußerungen diese Erfahrung, weil die Hilflosigkeit der Eltern ihren Aussagen eine sarkastische Anmutung verleiht, die den Jugendlichen dazu reizt, ähnlich zu reagieren. Die Frage ist dann, wie können wir den Eltern helfen, mit ihren leeren, demütigenden oder aversiven Reden aufzuhören, ohne daß sie dabei ihr Ziel aufgeben?

These 4: Der fortwährende feindselige Austausch führt dazu, daß die Interaktion zwischen Eltern und Kind sich zunehmend verengt; diese Einengung verringert die Möglichkeiten, Konflikte zu vermeiden oder zu lösen noch weiter.

In ihrer Analyse von Eskalationsvorgängen behaupteten Cairns und seine Mitarbeiter (Cairns et al. 1994), daß in Konfliktzuständen der einzelne versucht, die Handlungen des anderen auf die gleiche Linie wie seine eigenen zu bringen. Diese Versuche beschränken zuletzt auch die Freiheit des einzelnen, da der andere in ähnlicher Weise reagiert. Mit jedem weiteren negativen Austausch wird es um so schwieriger, das eigene Verhalten zu ändern oder sich aus dem Konflikt zurückzuziehen. Diese progressive eskalierende Einengung ist auch eines der charakteristischsten Kennzeichen von scheiternden Ehen (Gottman 1998).

Allmählich tendiert die Wiederholung eskalierender Abfolgen dazu, das Verhältnis zwischen Eltern und Kind auf die konflikthaften Bereiche einzuengen. Das andauernde Tauziehen zwischen beiden Seiten kann dazu führen, daß alle positiven Seiten der Beziehung ausgeschaltet werden, Ausnahmen werden nicht mehr wahrgenommen. Fände man Wege, die Interaktionen zwischen Eltern und Kind wieder mit einer größeren Bandbreite von Möglichkeiten zu versehen, würde dies der Eskalation entgegenwirken. Die folgende These beschäftigt sich mit dieser Möglichkeit.

These 5: Versöhnungsmaßnahmen helfen, die Einengung der Prozesse zu überwinden, und vermehren dadurch die Möglichkeiten erfolgreicher Konfliktlösungen.
Eine der spannendsten Entwicklungen der jüngsten ethologischen Forschung ist die Entdeckung, daß Versöhnungsmaßnahmen eine höchst wichtige Rolle bei der Kontrolle und Milderung aggressiver Interaktionen spielen (de Waal 1993). Bei den meisten Affenarten gibt es eine hohe Wahrscheinlichkeit, daß nach einer aggressiven Interaktion der Aggressor, das Opfer oder beide nach einer positiven körperlichen Annäherung suchen, zum Beispiel durch Küssen, Umarmungen, handausstreckende Einladungen, zärtliche Berührungen und sogar durch fingierte Paarungsversuche. Diese Ereignisse verringern die Wahrscheinlichkeit erneuter Aggressionen. Die Versöhnung kann auch von einer dritten Partei initiiert werden. Das Weibchen einer der Gegner zum Beispiel kann sich dem einen oder anderen annähern, ihn zu dem anderen ziehen, und wiederum den anderen zu dem einen, und sich dann unauffällig entfernen. Eine interessante Versöhnungshandlung ist die Bestimmung eines gemeinsamen Feindes, manchmal sogar eines »virtuellen« Feindes. Bei einer Horde Langschwänziger Makaken rannte die ganze Gruppe, jedes Mal wenn die Spannungen zwischen den Affen zu hoch wurden, zu einem Teich und machte drohende Gesten gegen die eigenen Spiegelbilder. Dieser Vorgang führte zu einer Verringerung der aggressiven Handlungen innerhalb der Gruppe. Nach de Waal liegt der Wert der Versöhnungsmaßnahmen nicht nur in der Verringerung der Aggressivität innerhalb der Gruppe, sondern auch in der Bewahrung wertvoller Beziehungen. So wies de Waal nach, daß je stärker die Bindung zwischen den Gegnern ist, desto häufiger und intensiver auch die Versöhnungsgesten sind, die einem Konflikt folgen.

Diese Erkenntnisse der ethologischen Forschung legen eine mögliche ähnliche Rolle von Versöhnungsgesten zwischen Eltern und Kind nahe. Viele Eltern jedoch fürchten, das Kind oder

der Jugendliche könnte die elterlichen Versöhnungsgesten als Zeichen von Schwäche auslegen. Diese Befürchtung entstammt der Herrschaftsausrichtung von Eltern und Kindern. Die Frage ist dann, wie die Beraterin elterliche Versöhnungsgesten ermutigen kann, ohne daß sie als Zeichen von Schwäche erfahren werden.

Gewaltfreier Widerstand

Unsere Strategie, mit beiden Arten von Eskalation zurechtzukommen, basiert auf der Idee vom gewaltfreien Widerstand. Danach begegnen die Eltern den destruktiven Haltungen des Kindes mit der Botschaft: »Ich kann dein Verhalten nicht akzeptieren und werde alles tun, es zu stoppen, außer dich zu schlagen oder zu attackieren.« Diese Idee, die sich auf Gandhis politisches Denken stützt (Iyer 1991), entspricht einem Konzept von elterlicher Autorität, das nicht auf Macht, sondern auf Präsenz basiert. Dementsprechend offenbaren die Eltern ihre Präsenz den destruktiven Handlungen des Kindes gegenüber durch Handlungen, die besagen: »Ich gebe dir nicht nach und gebe dich nicht auf!« – »Ich bin dein/e Vater/Mutter und bleibe dein/e Vater/Mutter!« – »Ich werde nicht zulassen, ausgeblendet, abgeschüttelt zu werden oder unberücksichtigt zu bleiben!« Wie die Gandhische Art von politischem gewaltfreien Widerstand eignet sich diese Strategie dazu, daß Eltern sich effektiv dem unannehmbaren Verhalten des Kindes entgegenstellen, ohne eine Eskalation zu provozieren. Im weiteren werden wir, vor allem anhand von Fallbeispielen, verschiedene Vorgehensweisen des gewaltfreien Widerstands vorstellen. Einige Schritte stellen wir hier modellhaft vor.

Das Sit-in

Eine der Hauptmethoden elterlichen gewaltlosen Widerstands ist das Sit-in. Dabei kommen die Eltern in das Zimmer des Kindes hinein und setzen sich so, daß der Ausgang des Zimmers blockiert ist. Wie man sieht, kann gewaltfreier Widerstand durchaus sehr aktiv sein. Dadurch, daß sie die Tür blockieren, zeigen die Eltern, daß sie sich nach Kräften den destruktiven Handlungen entgegenzustellen beabsichtigen. Einmal im Zimmer befindlich, sagen sie: »Wir können nicht akzeptieren, daß du das und das tust (das unannehmbare Benehmen muß genau angesprochen werden). Wir werden hier sitzen und auf Ideen von dir warten, wie du dieses Benehmen in Zukunft vermeiden kannst.« Daraufhin sitzen die Eltern still und vermeiden jede Erklärung, Zurechtweisung, Beschuldigung oder Drohung. Sie weigern sich, sich auf jegliche Diskussion einzulassen. Die Zeit, die Stille und die entschiedene Präsenz vermitteln die Botschaft des gewaltfreien Widerstands. Auf Vorschläge wie: »Wenn du mir das und das kaufst, tue ich, was du willst!« oder »Er ist schuldig! Nicht ich!«, erwidern die Eltern kurz, aber nicht beschuldigend, daß sie das nicht akzeptieren können. Wenn das Kind jedoch irgendeine positive Idee vorbringt, und sei es eine Aussage wie: »Ich werde mein Bestes tun, daß das nicht mehr vorkommt!«, sollen die Eltern das ernst nehmen, zum Beispiel indem sie dazu einige Frage stellen, die mehr guten Willen als Argwohn zeigen. Darauf verlassen sie das Zimmer, ohne jegliche warnende oder bedrohende Bemerkung, auch keine angedeutete. Unterläßt es das Kind, einen Vorschlag zu machen, bleiben die Eltern im Zimmer, so lang wie sie es vorher verabredet hatten (von einer halben Stunde bis zu zwei Stunden sind gewöhnliche Zeitspannen). In solchen Fällen sagen sie, wenn sie das Zimmer verlassen, daß keine Lösung erreicht worden ist. Das Verfahren wird dann am nächsten oder übernächsten Tag wiederholt. Gleichermaßen verhalten sich die Eltern auch, wenn das von dem Kind gemachte Angebot nicht verwirklicht wurde. Falls das Kind sie körperlich angreift, verteidigen die Eltern sich, ohne ihrerseits das Kind zu verletzen oder zu schlagen. Falls es sie beschimpft, sollen sie bis zum Ende der besprochenen Zeit still bleiben (um so eine Eskalation zu vermeiden). Falls die Eltern bezweifeln, fähig zu sein, sich gegenüber körperlichen Angriffen zu verteidigen, können sie eine dritte Person (z. B. einen Freund oder Verwandten) bitten, in dem benachbarten Zimmer während des ganzen Verfahrens anwesend zu sein. Die Anwe-

senheit dieser Person wird dem Kind mitgeteilt. Die möglichen Funktionen dieser Person sind
- die kindliche Aggression durch ihre bloße Anwesenheit zu hemmen (in allen unseren Fällen gab es keinen gewalttätigen Ausbruch, wenn eine dritte Person nebenan zugegen war),
- den Eltern zu helfen, sich zu verteidigen, falls eine körperliche Aggression stattfindet,
- wenn nötig der Vermittler zu sein, um Eltern und Kind beim Abschluß eines Abkommens zu helfen. Wir schlagen dabei vor, daß die dritte Person als Vermittler nach einer Stunde des Sit-ins eintritt. Das vorgeschlagene Verfahren sieht dann so aus, daß die Eltern das Zimmer verlassen und die dritte Person kommt und sagt:»Vielleicht kann ich helfen, wenn du damit einverstanden bist. Ich glaube, deine Eltern werden einen vernünftigen Kompromiß akzeptieren. Ich respektiere auch dein Recht, deine Selbstachtung zu wahren. Was denkst du?«

Einige weitere Punkte:
- Falls das Kind den Fernseher oder Computer anzustellen versucht, stellen ihn die Eltern wieder ab. Aber falls das Kind ihn dann wieder anstellt, warten die Eltern still ab, bis die verabredete Zeit vergeht, um eine Eskalation zu vermeiden. Der Fernseher oder Computer muß jedoch vor dem nächsten elterlichen Eintritt abgestellt sein,
- das Sit-in sollte nicht während der Konfliktzuspitzung veranstaltet werden, sondern später in einer stilleren Zeit, um die psychophysiologische Erregungsspitze abzumildern (vgl. These 2). Wir nennen das: »Schmiede das Eisen, wenn es kalt ist!«,
- falls das Kind triumphierend johlt, wenn die Eltern das Zimmer verlassen, können sie ihm leise sagen oder schreiben, daß sie es nicht besiegen können und dies auch nicht wollen,
- nach dem Vorgang fahren die Eltern in ihrem üblichen Umgang mit dem Kind fort, ohne Zorn oder Mitleid zu zeigen,
- in den folgenden Tagen können die Eltern dem Kind helfen oder ihm beliebige Gefälligkeiten tun (sie können ihm z. B. helfen, das Zimmer aufzuräumen, falls es seine Sachen wütend herumgeschleudert hat, mit ihm zur Schule oder ins Ki-

no fahren oder sein Lieblingsgericht kochen). Diese Versöhnungsgesten werden ohne Erwähnung der vorherigen Vorfälle geäußert. Jegliche Diskussion des Grunds, der »hinter« den Versöhnungsgesten steckt, soll vermieden werden. Wenn das Kind will, steht es ihm frei, die elterlichen Versöhnungsgesten auszuschlagen. Die Eltern sollten es keineswegs für eine solche Entscheidung anklagen.

Die Unterstützung des Therapeuten oder der Therapeutin (ebenso wie die eines Verwandten oder Freundes) ist oft hilfreich für den Erfolg der Intervention. Wenn die Eltern zum Beispiel sich unschlüssig fühlen, ob sie die Vorschläge des Kindes akzeptieren sollen, ob es schon an der Zeit ist, den Vermittler einzusetzen, oder wie sie auf allerlei problematische Entwicklungen reagieren sollen, können sie das mit dem Therapeuten diskutieren. Wenn die Eltern Angst vor dem Sit-in haben, kann der Therapeut während der ganzen Dauer telefonisch erreichbar bleiben. Für gewöhnlich entscheiden die Eltern selbst, wann sie das Sit-in beenden sollen, aber falls sie das Bedürfnis verspüren, können sie auch dies mit dem Therapeuten diskutieren. Die Grundsätze des Sit-ins werden üblicherweise in der zweiten Therapiestunde vorgestellt. Von den ersten 40 Fällen, in denen wir das Sit-in vorschlugen, versuchten es 32 Eltern. Die höchste Anzahl von Sit-ins in einem Fall betrug sechs. Meistens wurden nicht mehr als zwei Sit-ins benötigt. In zwei dieser 32 Fälle erlebten die Eltern, daß die Intervention keine Wirkung hatte. In der Hälfte der Fälle erklärten die Eltern das Problem für gelöst. In der anderen Hälfte kam es zu einer bedeutende Verbesserung. Zudem hatte das Sit-in auch eine positive Wirkung auf die Eskalationsverfahren.

Zuallererst ist das Sit-in geeignet, den Prozeß der komplementären Eskalation zu unterbrechen: Die Eltern zeigen auf das klarste, daß sie nicht bereit sind, vor Drohungen und Störungen zurückzuweichen. Auf stille, beharrliche Weise zeigen sie: »Wir geben nicht auf! Du kannst uns nicht abschütteln! Wir bleiben da!« Die elterliche Präsenz wird also aufs greifbarste gezeigt. Das Sit-in ist auch dazu geeignet, den Faktoren, die in der symmetrischen Eskalation von Bedeutung sind, entgegenzuwirken.

Zum einen demonstriert das Sit-in der Eltern eine Haltung, die das Gegenteil von Herrschaftsausrichtung bedeutet. Auch die Eltern sehen allmählich ein, daß die Wirkung des Sit-ins nicht davon abhängt, als Sieger hervorzukommen, vielleicht ist die Beendigung eines *Musters der Herrschaftsausrichtung* in der Familie der wichtigste Aspekt der Wirkung des Sit-ins. So verschwanden in zweien unserer Fälle die Verhaltensprobleme, obwohl das Kind bei jedem Sit-in die Eltern »besiegte« (indem es kein Angebot machte und sogar den elterlichen Abgang mit einem Triumphschrei kommentierte). Manchmal lohnt es sich, die Eltern darauf vorzubereiten – besonders wenn das Kind auf eine extreme Weise herrschaftsorientiert ist – bei jedem Sit-in zu »verlieren«. In einigen Fällen schlugen wir sogar vor, daß die Eltern eine schriftliche Deklaration verfassen, womit sie erklärten, das Kind sei überhaupt nicht besiegbar und sie könnten seine Meinung gar nicht ändern. Falls das Kind sie fragte, warum sie dann das Sit-in dennoch fortsetzten, konnten die Eltern antworten, sie es täten es, weil sie es müßten. Eine solche Erklärung kann den Versuch des Kindes, der Boß zu sein, auf leichte und elegante Weise vereiteln – und auch die Eltern versuchen nicht, der Boß zu sein. Eine elterliche Aussage von der Art »Du wirst noch sehen!«, oder »Ich werde es dir schon zeigen!«, kann mit einem Schlag das Muster der Herrschaftsausrichtung wiederherstellen.

Das Sit-in ist außerdem geeignet, die körperliche Erregung zu minimieren. Daher soll es nie als eine unmittelbare Reaktion auf kindliche Provokationen unternommen werden (»Schmiede das Eisen, wenn es kalt ist!«). Die Eltern werden angewiesen, das Zimmer des Kindes nur zu betreten, wenn sie nicht aufgeregt sind. Gewiß wird das Erregungsniveau steigen, wenn die Eltern erst einmal im Zimmer sind, aber aufgrund der ruhigeren Ausgangssituation ist die Wahrscheinlichkeit größer, daß der Siedepunkt nicht so leicht erreicht wird. Auch der Umstand, daß die Eltern still sitzen, wird sich als ein erregungsverringerndes Mittel auswirken – schließlich ist es schwer, jemanden zu schlagen oder zu treten, der passiv dasitzt. Man könnte einwenden, daß die negative Verstärkung, die durch das Sit-in vermittelt wird, weniger wirksam ist, da sie nicht unmittelbar nach dem problematischen Verhalten verabreicht wird. Das Sit-in ist jedoch nicht als eine negative Verstärkung sondern als Botschaft, als Kommunikation gemeint – und das ist der Aspekt, der es von einer verhaltenstherapeutischen Intervention grundlegend unterscheidet. Im Gegensatz zum verhaltenstheoretischen Konzept der unmittelbaren Verstärkung geht das gewaltfreie Vorgehen davon aus, daß es weniger eskalationsauslösend ist, das Eisen zu schmieden, wenn es kalt ist, ohne daß die Intervention deshalb weniger wirksam wäre.

Daß der gewaltfreie Widerstand auf der Basis elterlicher Präsenz mit negativer Verstärkung nichts zu tun hat, zeigt auch das Beispiel des von uns häufig gemachten Vorschlags bei Kindern, die sich in der Schule gewalttätig benehmen. Wenn es wieder zu einem Zwischenfall gekommen ist, muß das Kind den nächsten Tag mit einem der Elternteile bei dessen Arbeit verbringen. Die Eltern machen die Gelegenheit nicht zu einem Fest, aber ebenso wenig dient das Vorgehen dazu, das Kind zu bestrafen. Das Kind soll einfach nur den ganzen Tag hindurch mit dem Vater oder der Mutter bei der Arbeit bleiben. Die Eltern und Lehrer, die diesen Vorschlag erhielten, waren ziemlich verdutzt und wandten ein, das Kind bekomme dabei geradezu einen Preis. Ausgehend von den Grundsätzen der elterlichen Präsenz und des gewaltfreien Widerstands, ließen sie sich überzeugen, das Verfahren auszuprobieren, und es erwies sich in vielen Fällen als sehr wirksam.

Wie alle Elternberater wissen, ist es nicht leicht, das negative Reden der Eltern auszuschalten. Das ist aber viel leichter, wenn die Eltern sich nicht mehr hilflos fühlen. Dieses Ziel wird durch das Sit-in erreicht. Bei unserem Projekt waren mehrere Eltern positiv überrascht, wie sie die Falle der eigenen Beredsamkeit so erfolgreich meiden konnten. Die Botschaft der Eltern, die Gedanken und Vorlieben des Jugendlichen nicht ändern zu können und dies auch gar nicht anzustreben, hat besonders gegenüber rebellischen Teenagern eine beruhigende Wirkung. Sie trägt dazu bei, daß diese Jugendlichen nicht mehr denken, ihr Recht auf ihre eigene Meinung sei bedroht. Eltern fragen oft, ob das nicht auf eine Kapitulation hinausläuft – letztendlich ist es ja das elterliche Ziel, nicht nur die äußerlichen Handlungen, sondern auch die innerlichen Werte des Kindes zu ändern. Eltern verstehen aber auch, daß bei rebellischen Jugendlichen Predigten und Mahnungen nicht dazu führen, ihnen diese Werte zu vermitteln. Im Gegenteil, diese Art von Reden führt dazu, die Teenager gegen die elterlichen Werte zu »impfen«. Nur durch eine entschiedene Haltung können die Eltern die Werte eines rebellischen Teenagers letztendlich beeinflussen. Ausgerechnet eine solche Haltung wird durch den gewaltfreien Widerstand am klarsten erzeugt.

Wie gesagt, ist es wichtig, daß nach dem Sit-in die Eltern zu ihrem normalen Verhalten dem Kind gegenüber zurückkehren. Würden dem Sit-in Strafmaßnahmen oder ein Abbruch der Beziehung folgen, hätte das dann aller Wahrscheinlichkeit nach eine Eskalation zur Folge. Ebenso wichtig ist es, daß die Eltern Zeichen von Mitleid oder Schuld vermeiden. Positive Versöhnungsschritte seitens der Eltern können jedoch ein oder zwei Tage nach dem Sit-in vorteilhaft sein. Solche Gesten deuten darauf hin, daß der Konflikt nicht die ganze Beziehung zwischen Eltern und Kind ausmacht.

In einem unserer Fälle warf ein elfjähriges, zwanghaft-impulsives Kind, das wiederholt seine jüngere Schwester geschlagen hatte, alle seine Bücher und Kleider wütend auf den Boden, als die Eltern das Sit-in durchführten. Die Eltern warteten im stillen und beschränkten sich auf Selbstverteidigung, als es sie zu schlagen versuchte. Sie warnten den Sohn nicht einmal, daß er sich wegen seines Reinlichkeits- und Ordnungszwangs mit allen seinen Büchern und Kleidern auf den Boden schlecht fühlen würde. Das Sit-in dauerte zwei Stunden, und der Junge heulte noch lang danach. Am nächsten Morgen kam die Mutter zu ihm und bot ihm ihre Hilfe an, das Zimmer aufzuräumen. Anfangs lehnte der Sohn mürrisch ab, aber kurz danach half er der Mutter dabei. Der Vater seinerseits fand Anlaß, seine Bewunderung über den Umgang seines Sohnes mit Schulschwierigkeiten auszudrücken. Zwei Tage danach wiederholten die Eltern das Sit-in. Diesmal warf der Sohn nicht seine Bücher und Kleider herum, sondern begnügte sich damit, die Eltern zu beschimpfen. Daraufhin schrieben die Eltern eine Erklärung, wonach sie glaubten, daß der Sohn nicht besiegbar sei. Die Gewalttätigkeiten gegen die Schwester hörten auf. Wie wir sehen können, ist Versöhnung nicht dasselbe wie Nachgiebigkeit. Man kann Versöhnungsmaßnahmen unternehmen, ohne seine Forderungen aufzugeben. In diesem Fall wiederholten die Eltern das Sit-in nach den Versöhnungsmaßnahmen.

Versöhnungsmaßnahmen können nicht geradewegs aus der Idee des gewaltfreien Widerstands hergeleitet werden. Sie sind enger mit dem Konzept der elterlicher Präsenz verknüpft, da jede Verbreiterung des Verhältnisses zwischen Eltern und Kind (wie es durch Versöhnungsschritte zu erreichen ist) eine reichere Erfahrung von elterlicher Präsenz ermöglicht. Wenn sich im Gegensatz dazu die Interaktion nur auf die konflikthaften Bereiche beschränkt, wird die Erfahrung der elterlichen Präsenz zu einer flachen Karikatur. Außerdem vergrößert eine stärkere Erfahrung elterlicher Präsenz die Wirkung des gewaltfreien Widerstands: Je reicher das Verhältnis zwischen Eltern und Kind letztendlich ist, desto bedeutender ist die elterliche Haltung für das Kind.

Ein Sträuben der Eltern dagegen, ihrerseits Versöhnungsschritte zu unternehmen, entspringt oft der Sorge, solche Maßnahmen könnten die Herrschaftsausrichtung des Kindes verstärken. »Er wird denken, er hat uns besiegt!«, oder »Sie wird denken, wir bereuen, was wir taten!« Diese Gedanken sind eher in der Herrschaftsausrichtung der Eltern begründet. Im Elterncoaching kann hier auf der Ebene von Information und Diskussion gearbeitet werden: Sieg und Niederlage haben mit elterlicher Präsenz nichts zu tun. Der Widerstand der Eltern gegenüber Versöhnungsschritten wird außerdem geringer, wenn man ihnen erklärt, daß sie sich nicht in eine Diskussion mit dem Kind über den Grund für diese Schritte einlassen sollen. Wenn das Kind will, steht es ihm frei, die Versöhnungsschritte zurückzuweisen.

Das Sit-in kann auch bei mehreren Kindern auf einmal angewendet werden (wie etwa im Fall 6 in Kapitel 6). Es kann auch bei Geschwisterstreitigkeiten nützlich sein. Die Eltern sollten dann mit beiden Kindern sitzen, ohne sich in eine Diskussion einzulassen, wer von ihnen schuldig ist. Zur Zeit läuft in

Israel ein Schulprojekt, in dem das Sit-in verwendet wird, um mit jugendlichem Vandalismus umzugehen. Mitsamt den Lehrern, einem Teil der Eltern und Vertretern des Schülergremiums, die sich bereiterklärt hatten, sich an dem Projekt zu beteiligen, wird die gesamte Klasse versammelt, in der es zu vandalistischen Vorfällen gekommen war. Der Schulpsychologe eröffnet die Sitzung mit der Erklärung, alle, die Lehrer, Eltern und Vertreter des Schülergremiums, sähen den Vandalismus als Feind der der und Erwachsenen zugleich an und hätten sich deshalb mit den Schülern versammelt, um Wege zu finden, den Vandalismus zu stoppen. Die Schüler sollen nicht beschuldigt werden. Die Erwachsenen warten still die Vorschlägen der Jugendlichen ab.

Gewaltfreie Einschränkung

Es ist bekannt, daß elterliche Beaufsichtigung, oder sogar die bloße Tatsache, daß die Eltern wissen, wo sich ihr Kind befindet, eine hemmende Wirkung auf antisoziales Benehmen hat (Steinberg 1986). Zuweilen muß jedoch diese elterliche Kenntnis noch von aktiveren einschränkenden Schritten begleitet werden, zum Beispiel vom Eintreffen der Eltern am Ort des kindlichen Problemverhaltens (Diskothek, Straßenecke, Drogenparty) und ihrer Weigerung, sich vom Fleck zu rühren, bis das Kind bereit ist, mit ihnen heimzukehren (oder bis das Kind wegläuft, wonach dann die gewaltfreie Einschränkung später wiederholt wird). Der Unterschied zwischen dem Sit-in und der gewaltfreien Einschränkung liegt darin, daß bei der letzteren die Eltern an Ort und Stelle des kindlichen Problemverhaltens erscheinen. Da diese aktiveren, hindernden Schritte mehr Wagnis als das Sit-in erfordern, beginnen wir oft damit, den Eltern zu helfen, ein Unterstützungsnetz zu entwickeln.

Im gewaltfreien Widerstand spielt die Unterstützung der Öffentlichkeit eine höchst wichtige Rolle. Nur wenn die Widerstandshandlungen der Wenigen von einem breitem Kreis von Befürwortern und von der öffentlichen Meinung unterstützt werden, erlangt der Widerstand seine Wirkung. Desgleichen können die Eltern von rebellischen Jugendlichen ihre Wirksamkeit verstärken, wenn sie aus ihrer selbstauferlegten Heimlichkeit herauskommen und ein Unterstützungsnetz aufbauen.

Der folgende Plan wurde entwickelt, um den Eltern eines vierzehnjährigen Mädchens zu helfen, das zwei- oder dreimal die Woche die Nacht im Haus ihres siebzehnjährigen delinquenten Freundes verbrachte. Als das Mädchen das nächste Mal bei ihm blieb, sollten die Eltern mit einem guten Bekannten oder Verwandten zu ihm gehen (er wohnte bei seinem drogensüchtigen Vater). Sie sollten klingeln, sich ausweisen und sagen, daß sie ihre Tochter mitnehmen wollten. Unter keinen Umständen sollten sie sich in eine Diskussion mit der Tochter oder mit den Hausbewohnern einlassen. Falls sie provoziert würden, sollten sie still bleiben und alle fünfzehn Minuten wieder klingeln. Wenn nötig sollte die Intervention die ganze Nacht andauern. Falls die Tochter wieder bei dem Freund zu übernachten versuchte, sollte das Verfahren wiederholt werden. Ferner sollten die Eltern die Eltern der anderen Freunde des Mädchens informieren und sie bitten, die Übernachtung ihrer Tochter ohne entsprechende elterliche Erlaubnis bei ihnen nicht zu erlauben (es war zu erwarten, daß einige dieser Eltern kooperieren und einige nicht mitmachen würden). Die Eltern bekamen auch heraus, daß das junge Paar zumindest einmal die Nacht in einem Motel verbracht hatte, von dem bekannt war, daß es Teenager aufnimmt. Diese Aufschlüsse halfen den Eltern, sich auf eine langfristige Kampagne gewaltfreier Einschränkung vorzubereiten. Es stellte sich dann heraus, daß tatsächlich ein einziger nächtlicher Besuch genügte, um den Anfang des Wandels auszulösen.

Über die Frage, ob die in diesem Buch vorgeschlagenen Mittel elterlichen Widerstands wirklich gewaltfrei sind, kann sicher diskutiert werden. Vielleicht ist der einzige Konsens über eine Definition der Gewalttätigkeit der, daß sie undefinierbar ist (Silverberg u. Gray 1992). Wir beschränken uns darauf, solches Verhalten als gewalttätig anzusehen, das direkte körperliche oder wörtliche Attacken mit sich bringt. Wenn jemand körperlich oder seelisch verletzt wird – also durch einen physischen Angriff oder durch Entwertung und Demütigung –, dann sprechen wir von Gewalt. Nach dieser Definition sind die hier vorgeschlagenen Mittel gewaltfrei.

Körperliche und verbale Attacken tragen am meisten zu Eskalation bei. Gleichzeitig bewegen wir uns mit unserem Thema in einem sehr existentiellen Bereich zwischen Eltern und Kindern. Existentielle Kämpfe, die zwischen den Generationen ausgetragen werden, gehören wohl zum Leben. Auch Gandhi befürwortete letztendlich die Benutzung durchaus militanter Mittel von gewaltfreiem Widerstand. Wir sehen es als ein wesentliches Moment von Prävention an, mit der Maxime der Gewaltlosigkeit ein Lernfeld anzubieten, diese Kämpfe so zu gestalten, daß dort zwar kraftvolle Auseinandersetzungen und Konfrontationen stattfinden können, dabei jedoch Leib und Seele der Beteiligten unbeschädigt bleiben.

Den Methoden der elterlichen Präsenz und des gewaltfreien Widerstands fehlt noch eine systematische empirische Evaluation. Die klinische Erfahrung ist jedoch ziemlich reichhaltig. Neben den über 100 Familien in unserer anfänglichen Stichprobe (die vor und nach der Beratung systematisch interviewt wurden), wurden hunderte von Familien von mehr als 40 Therapeuten, unter Supervision des Erstautors, beraten und behandelt. Außerdem haben sich über 3000 Fachleute in Israel, Brasilien und Deutschland an Workshops und Seminaren über elterliche Präsenz beteiligt. Aufgrund der breiten positiven Resonanz wagen wir zu behaupten, daß gewaltfreier Widerstand und elterliche Präsenz im professionellen Feld hohe Zustimmung finden. Die Akzeptanz ist sehr wichtig für jegliches Programm auf diesem Gebiet, denn wenn Eltern und Fachleute die therapeutischen Ideen nicht völlig akzeptieren, wird ihre Kooperationsbereitschaft eingeschränkt. Die Reaktion von Fachleuten ist daher nicht weniger wichtig als die der Eltern, weil in den meisten Fällen von kindlicher Gewalttätigkeit oft mehrere Fachleute (Therapeuten, Sozialarbeiter, Neurologen, Lehrer, Bewährungshelfer, Richter usw.) involviert sind. Dann wird der Mangel einer gemeinsamen Sprache zwischen ihnen oft zu einem Vorzeichen des therapeutischen Scheiterns (Elizur u. Minuchin 1993). In unserer Erfahrung schaffen die Begriffe von gewaltfreiem Widerstand und elterlicher Präsenz eine solche gemeinsame Sprache und ermöglichen dadurch die Kooperation zwischen Mitwirkenden verschiedener Fächer und Ansätze.

Kapitel 4:
Elterliche Präsenz als schulenübergreifendes Konzept

In Beratung, Psychotherapie und Jugendhilfe besteht eine gemeinsame Aufgabe darin, daß in vielen Fällen verschiedene Therapeuten zusammenarbeiten, zusammenarbeiten müssen, die in der Regel verschiedene Ansätze vertreten. Manchmal entwickelt sich dabei um einen Fall herum ein Netzwerk von destruktiven Interaktionen der verschiedenen Fachleute, die für den oder die Betroffene alles andere als nützlich sind (s. z. B. Collmann et al. 1993). Die Frage, wie diese Fachpersonen ihre Zusammenarbeit möglichst optimal koordinieren können, ist gerade vor allem in der Behandlung gewalttätigen Verhaltens zentral (Schweitzer 2000). Bei Kindern mit akuten Verhaltensproblemen werden beispielsweise oft Professionelle wie pädagogische Psychologen, Sozialarbeiter, Bewährungshelfer, Richter, Lehrer und Schuldirektoren mit einbezogen. Erschwert wird die Aufgabe dabei noch dadurch, daß diese Kooperation nicht nur zwischen den verschiedenen Berufsgruppen, sondern auch noch zwischen den Vertretern sehr unterschiedlicher Theorien und Behandlungsansätze gelingen muß, Theorien, die oft in der Diskussion als unvereinbar gelten. Hier einen produktiven Dialog in Gang zu setzen, ist von überragender Bedeutung, denn Erfolg oder Mißerfolg hängt in vielen Fällen vor allem davon ab, ob die beteiligten Professionellen die Kluft ihrer Unterschiedlichkeiten überbrücken können (Elizur u. Minuchin 1993). Wenn deshalb ein Therapeut eine Position einnimmt, die keinen Raum für andere beteiligte Professionelle läßt, können die Eltern wie auch das Kind darunter leiden. Es wird in vielen Fällen notwendig und sinnvoll sein, die hier vorgestellten Interventionsansätze mit den Ansätzen anderer professioneller Beraterinnen abzustimmen, um zu einem »Multi-System-Ansatz« zu gelangen (Schweitzer 2000). Schon deshalb ist es notwendig, Brücken zwischen den verschiedenen Theorien zu schlagen, zu lernen, eine gemeinsame Sprache zu finden. Von verschiedenen theoretischen Zugängen und therapeutischen Ansätzen her lassen sich Möglichkeiten zur Präzisierung der Begriffe der elterlichen Präsenz und des gewaltfreien Widerstandes ableiten. Dieses Kapitel soll diese Beiträge verschiedener Schulen zusammentragen in der Hoffnung, daß sich daraus eine verbesserte Verständigung professioneller Beraterinnen und Berater und damit eine Optimierung der interdisziplinären Kooperation ergeben können.

Ein verhaltenstheoretischer Blick auf die Situation der Mutter

Besonders von der Verhaltenstherapie sind bisher Modelle für die Unterstützung von Eltern im Umgang mit ungezügelten Kindern vorgelegt worden, zum Beispiel das »Positive Parenting Program« (Triple-P) von Sanders (zit. nach Miller u. Hahlweg 2001), mit beeindruckenden Nachweisen der Effektivität dieser Programme. Einen sehr bedeutsamen Einblick in den Prozeß, durch den Mütter hilflos und Kinder tyrannisch werden, und damit einen wichtigen Beitrag zum Verständnis, was elterliche Präsenz bedeutet, bietet unseres Erachtens die soziale Lerntheorie Pattersons, die Theorie des *coercive family process* (»familiärer Zwangsprozeß«, Patterson 1979, 1982). Seine Theorie ist mit einer systemischen Sicht durchaus kompatibel. Er sieht Elternteil und Kind in wechselseitiger Verknüpfung als einander formend an. Die Mutter wird nicht weniger vom Kind beeinflußt als das Kind von der Mutter. Warum die Mutter, warum nicht beide Eltern? Pattersons Antwort wird empirisch begründet: Es ist einfach die Mutter, die die meisten unangenehmen Kontakte mit dem Kind ertragen muß. Die Mutter ist die Empfängerin von 71 Prozent aller Abhängigkeitskommunikationen (Jammern und um Hilfe bitten) und von 56 Prozent aller aggressiven Akte (den Rest teilen sich die Geschwister, der Vater und andere). Während überdies ein wesentlicher Teil des Tages einer Mutter von Auseinandersetzungen mit den Kindern in Anspruch genommen wird (in einer Familie mit einem Problemkind und einem weiteren Geschwister muß die Mutter mit mehr als einer unangenehmen Begebenheit pro Minute rechnen!), ist die üblichste Tätigkeit des Vaters – durch Pattersons sorgfältige Meßprozeduren überprüft – das Lesen der Zeitung! Das dürfte sich seit den siebziger Jahren nur wenig geändert haben – heute ist es wahrscheinlich das Fernsehen. Um diesem Befund noch die Krone aufzusetzen: Wenn sich Krisen entfalten, tendiert der Vater dazu, sich neutral zu verhalten oder gar einfach die Szene zu verlassen. Patterson kommt zu dem Schluß, die Rollenbezeichnung, die am meisten zu Vätern paßt, sei »Gast« (Patterson 1980). Dennoch bemerkt Patterson, daß es falsch wäre, daraus zu schließen, der Vater spiele keine wichtige Rolle. In Familien mit einer alleinerziehenden Mutter ist die Menge von Zusammenstößen sogar größer als in Familien mit beiden Eltern. Pattersons Ergebnisse zeigen auch, daß es deutlich weniger Verhaltensprobleme gibt, wenn der Vater mehr beteiligt ist.

Dennoch, die schwerste Last fällt – auch im 21. Jahrhundert – bei weitem der Mutter zu. Es überrascht nicht, daß Studien über mütterliche Befindlichkeit ein signifikantes Abnehmen der persönlichen und ehelichen Zufriedenheit innerhalb der ersten zehn Jahre des Kinderaufziehens zeigen (Rollins u. Feldman 1970). Für die Mütter aggressiver Kinder ist die Situation noch schlimmer. Bei ihnen konnte gezeigt werden, daß sie deutlich mehr unter Ängsten und Depressionen leiden als die Mütter unproblematischer Kinder oder von Kindern mit anderen psychischen Problemen (Anderson 1969; s. a. Trott et al. 1993). Diese Beschreibung der Situation der Mutter wirft ein Licht auf den Zyklus der Spannung und des Drucks, durch den die Beziehung zwischen der Mutter und dem ungezügelten Kind bestimmt werden kann. Die meisten Mütter gehen durch Strecken schwerer Belastung. Wenn diese »normalen« Schwierigkeiten durch zusätzliche verschlimmert werden (z. B. finanzielle Engpässe, Krankheiten, Einsamkeit, Scheidung, ehelicher Boykott, verwandtschaftlicher Druck), kann die Mutter so erschöpft sein, daß sie gezwungen ist, sich etwas Ruhe zu »erkaufen«, koste es, was es wolle. Dann ist die Bühne bereitet für die Etablierung eines Regelkreises der gegenseitigen negativen Beeinflussung von Mutter und Kind. Nehmen wir an, eine Mutter befiehlt etwas. Das Kind reagiert oft mit einer ausweichenden Aktion oder produziert eine Störung. Die Wahrscheinlichkeit ist groß, daß die Mutter, wenn sie erschöpft ist, nicht insistiert, weil sie Kraft sparen oder die Störung möglichst schnell beenden will. Mit jeder Wiederholung dieses Zyklus wird das gegenseitige Verhalten verstärkt – das Verhalten des Kindes wird durch den Rückzug der Mutter ermutigt, genau wie das Verhalten der Mutter durch die gewonnene Zeit der Ruhe. Das Kind wird dann eher wieder eine Störung inszenieren wollen, und die Mutter wird eher nachgeben. Nach und nach werden beide glauben, die Mutter sei dem Tauziehen nicht gewachsen. Gelegentlich mag die Mutter mehr Standhaftigkeit zeigen. Das Kind, das wegen seiner oder ihrer vorherigen Erfolge zunehmend machtbewußt ist, eskaliert das unangenehme Verhalten: Nörgeln verwandelt sich in Schreien, Drohen in Schlagen. Selbst wenn die Mutter eine Zeitlang Paroli bietet, wird sie am Ende häufig nachgeben. Das Resultat ist eine Intensivierung des Zyklus.

Nach und nach, wenn höhere Ebenen der Störung erreicht sind, wird die Mutter sich an niedrigere gewöhnen; vielleicht hört sie überhaupt auf, sie wahrzunehmen. Das ist in der Tat eine Überlebenshilfe: »Wenn du es nicht kontrollieren kannst, dann nimm es nicht wahr!« Diese Anpassungsblindheit weitet sich schrittweise auf andere Gebiete aus, etwa nicht mehr zu sehen oder zu wissen, mit wem das Kind befreundet ist oder was es tut. Diese selektive Blindheit und Lähmung vertieft sich mehr und mehr, bis die Mutter praktisch im Leben des Kindes nicht mehr anwesend ist. Wenn dann ein Vater kaum anwesend oder gar nicht vorhanden ist, ist das Kind praktisch *elternlos* geworden.

Diese Beschreibung spiegelt aus unserer Sicht die Lage der Mutter empathisch wider: Sie wird fast unausweichlich dazu geführt, sich so zu verhalten, wie sie es tut. Das Ergebnis ist tragisch, und es ist überflüssig, in diesem Muster die Frage der Schuld zu stellen.

Verhaltenstherapeutische Programme (z. B. Miller u. Hahlweg 2001) versuchen, diesem Zyklus durch eine Reihe von Maßnahmen zu begegnen:

- Belehrung der Eltern über die Prinzipien der Konditionierung (Belohnung und Strafe),
- Schulung der Eltern in der Beobachtung und Skalierung des Mißverhaltens des Kindes,
- Formulierung neuer Verstärkungsbedingungen,
- enges Begleiten und Unterstützen der Eltern, so daß sie sich an das Programm halten.

Die Programme zielen darauf ab, die Eltern aus dem Zustand der selektiven Blindheit und aus ihrer erlernten Hilflosigkeit zu lösen. Sie werden darin trainiert, wie man sehen und handeln kann. Schrittweise, während sie die Prinzipien und Techniken verinnerlichen, lernen die Eltern ihre eigenen Fähigkeiten zu entwickeln und sie in reales Verhalten zu überführen. Verhaltenstherapeutische Programme sind erwiesenermaßen erfolgreich: Gewalt und andere disziplinäre Probleme werden erheblich reduziert, das mütterliche Selbstwertgefühl verbessert sich, und diese Effekte können auf andere Situationen übertragen werden (wie z. B. die Schule). Umfangreiche Nachuntersuchungen zeigen, daß die Veränderungen oft nachhaltig beibehalten werden. Es gibt jedoch auch Probleme, nämlich beträchtliche Abbrecherraten auf seiten der Eltern, geringere Erfolgsraten bei älteren Kindern, besonders bei Adoleszenten, und das Zögern vieler Praktiker, eine strikte therapeutische Linie einzuhalten (Dishion u. Patterson 1992).

Das Konzept der elterlichen Präsenz ist kein verhaltenstherapeutisches Programm. Doch können vor allem Pattersons Erkenntnisse sinnvoll in ein Vorgehen integriert werden, das zur Einsetzung von elterlicher Präsenz dient. Wir hoffen zeigen zu können, daß durch das Konzept der elterlichen Präsenz gerade die skizzierten Probleme wie das Abbrechen durch die Eltern, die professionelle Akzeptanz und die geringeren Effekte bei Adoleszenten vermieden werden können.

Der systemische Ansatz und die »allgegenwärtige« dritte Partei

Elterliche Präsenz ist zunächst ein dyadisches Konzept, das sich auf die wechselseitigen Erfahrungen von einem Elternteil und Kind bezieht. Der wichtigste Beitrag zu unserem Verständnis elterlicher Hilflosigkeit von seiten der systemischen Therapie (v. Schlippe u. Schweitzer 1996) ist der Blick auf die »dritte Partei«, um die Dynamik in der elterlichen Dyade zu verstehen. Die typischen Fragen, die aus der systemischen Perspektive untersucht werden, sind: Welche Parteien befördern oder verringern elterliche Präsenz? Wie gut kooperieren die beiden Eltern, welche Art von offenem oder verdecktem Boykott schwächt die Präsenz (also: der andere Elternteil als »der Dritte«)? Welche Perspektiven anderer »Dritter« (Schwiegermütter, Nachbarn, frühere Ehepartner usw.) können bedeutsam sein, um die Lähmung eines Elternteils zu verstehen? Können wir Lecks in der Präsenz »abdichten«, indem wir die Beziehung dieser dritten Partei zu der Eltern-Kind-Dyade beeinflussen? Wie können wir daran arbeiten, daß aus dem negativen Einfluß der dritten Partei eine positiv gefärbte Kooperation entstehen kann?

Ein recht häufig zu beobachtendes triadisches Muster ist das folgende: Ein Elternteil versucht, dem Kind eine Grenze zu setzen, der andere tut das Gegenteil und verhält sich besonders permissiv gegenüber dem Kind. Das Ergebnis ist, daß der grenzensetzende Elternteil schwächer wird und entweder resigniert oder seine Bemühungen um Kontrolle verstärkt, zum Teil auch mit unangemessenen Maßnahmen. Gleichzeitig wird so das Kind stärker und die Kluft zwischen den Eltern vergrößert sich. Ähnliches gilt für die Einflüsse von Verwandten, Freunden und Nachbarn, die auf subtile Weise die elterliche Präsenz schwächen können (»Mach dir keine Sorgen, mein Kleiner, daß deine Mama dir kein Geld fürs Kino gibt, komm, hier hast du fünf Mark von Oma!«, »Asthma, wie schrecklich! Aber das ist ja psychosomatisch, das ist dann die Schuld der Mutter. Vielleicht klammern Sie sich zu sehr an Ihr Kind!«). Die dritte Partei muß dabei nicht unbedingt eine individuelle Person sein. Die

Eltern-Kind-Beziehung ist eingebettet in ein Gewebe außerfamilialer Systeme, die ihr Funktionieren modifizieren:
- Die Beziehung zwischen Eltern und der *Schule* kann charakterisiert werden als gegenseitige Unterstützung oder gegenseitige Sabotage. Jeder weiß, daß die Autorität der Schule oft durch die elterliche Unterminierung geschwächt wird. Das Gegenteil ist jedoch nicht weniger wahr: Eltern, die es daran fehlen lassen, mit dem Lehrer oder dem Direktor zusammenzuarbeiten, können erfahren, daß ihre Autorität beschnitten ist, zumindest weil sie einen wichtigen Teil des Lebens ihres Kindes aus dem Blick verlieren.
- Der Einfluß der *Gleichaltrigen (Peergruppe)* wächst mit dem Alter des Kindes und beeinflußt zunehmend die Beziehung zu seinen Eltern. Während der Adoleszenz ist es möglich, daß die Bedeutung der Eltern buchstäblich von der Gnade und Beurteilung der Peergruppe abhängt.
- Der Einfluß verschiedener Sektoren in dem *gesellschaftlichen Umfeld*, wie Kirche, Polizei und die verschiedenen Bezugsgruppen der Eltern, kann weitreichend sein; zum Beispiel wenn verwitwete Mütter viel mehr Unterstützung durch die Gemeinschaft erhalten als geschiedene oder alleinerziehende – mit den voraussehbaren Folgen. Hierzu gehören auch die Möglichkeiten, die das nähere Umfeld (Schneewind 1991) bietet, also ob Unterstützungs- und Entlastungsstrukturen dort repräsentiert sind (von Schwimmbad und Kino bis Beratungsstelle und Frauenhaus). Und schließlich gehören allgemeine Faktoren wie die wirtschaftliche Situation der Familie in diesen Bereich; ganz sicher jedenfalls ist Armut ein Faktor, der die Eltern in ihrer Präsenz schwächt (Walper 2001). So wird immer wieder berichtet, daß in den Untersuchungen zu »Parent battering« viele alleinerziehende Eltern, Familien mit Langzeitarbeitslosigkeit und ähnliche überproportional häufig vertreten sind (du Bois 2000, S. 170).
- Es gibt kaum einen Austausch zwischen Elternteil und Kind, der nicht von den *Medien* dargestellt worden ist. So kommt es, daß wann immer ein Kind droht, jammert, überredet oder schlägt, wann immer ein Elternteil die Kontrolle verliert, sich kämpfend wehrt oder nachgibt, sowohl Elternteil als auch

Kind unter dem Einfluß von Bildern stehen, die die aktuelle Interaktion unmittelbar beeinflussen. Diese Bilder sind »schon immer« dagewesen – durch die Übermittlung der Helden und Heldinnen im Kino und im Fernsehen. Daß Kinder heute zunehmend auch selbst behördliche Infrastrukturen wahrnehmen (eigentlich ein Aspekt des gesellschaftlichen Umfelds), ist sicher auch ein Resultat der Medien, der Möglichkeiten, die ein Kind zum Teil erst daraus erfährt. Für viele Fälle von Mißbrauch und Mißhandlung kann dieser Weg ein Segen sein. Es kann jedoch auch die elterliche Präsenz massiv lahmlegen, wenn ein Kind in der Auseinandersetzung beispielsweise mit Anzeige beim Jugendamt droht.

Jedes dieser Systeme kann zum Brennpunkt der therapeutischen Intervention werden. Bei der Suche der Eltern, ihre Präsenz wiederzufinden, kann es passend oder sogar notwendig sein, mit der erweiterten Familie, der Schule, den Peers des Kindes (oder deren Eltern), mit dem Gericht, der Polizei oder der Kirche Kontakt aufzunehmen. Medien können natürlich nicht direkt beeinflußt werden, aber bestimmten Fernsehprogrammen kann durchaus die Kraft der Expertenmeinung entgegengesetzt werden.

Tiefenpsychologische Positionen und Positionen der Humanistischen Psychologie: Der Elternteil als Person

Es ist wohl keine Übertreibung zu sagen, daß die Eltern als Individuen erst vor kurzem »entdeckt« worden sind. Über Eltern an und für sich zu sprechen, ging den Autoren verschiedener therapeutischer Schulen so gegen den Strich, daß eins der ersten Bücher über Eltern als menschliche Wesen mit einer Entschuldigung beginnt: »Obgleich wir Kinder herzlich lieben, wird hier nicht viel über Kinder gesagt werden – die Bibliotheken sind voller Bücher über sie« (LeMasters u. DeFrain 1989, S. 3). Die »Entdeckung« des Elternteils begann mit einem Verständnis dafür, daß sie oft ungerecht und unrealistisch beurteilt worden waren, indem er oder sie für alles verantwortlich gemacht wurde, was bei den Kindern schiefging. Besonders Mütter sind beschuldigt worden, ihre Kinder hyperaktiv, schizophren, asthmatisch oder transsexuell gemacht zu haben (Caplan 1986). Dazu kommt, daß Eltern sich nicht nur dem Urteil ihrer Peers (anderer Eltern) unterwerfen mußten, sondern auch dem von Therapeuten, Lehrern, Ärzten, Kindergärtnerinnen und Richtern. Diese wachsenden Forderungen fielen darüber hinaus in die historische Periode der nachlassenden Unterstützung durch die Großfamilie. Um all dem noch die Krone aufzusetzen, werden Eltern, die es wagen, um Hilfe von außen zu bitten, auch heute noch mit kritischen Augen betrachtet.

In gewisser Weise leidet unsere gegenwärtige Kultur an einer Idealisierung der Kindheit und an einer zu massiven Kindzentrierung. Die elterliche Kraft wird gelähmt durch die Idee, durch irgendeine falsche Handlung dem Kind irreversiblen Schaden zuzufügen (vgl. Kapitel 1) und daß es ihre ausschließliche Pflicht sei, für das sorgen zu müssen, »was Kindern zusteht« (wie der Titel eines populären Buchtitels lautet, zit. nach Bastian u. Bastian 1996) und damit ihre individuellen Interessen und Bedürfnisse denen des Kindes unterzuordnen. Gerade ein Ansatz wie der tiefenpsychologische, in dem die seelischen Probleme und Nöte von Menschen auf das zurückgeführt werden, was ihnen in der frühen Kindheit angetan wurde, kann in einer undifferenzierten Rezeption zu der Anschauung verleiten, es sei ungeheuer wichtig, sich als Eltern »immer richtig« zu verhalten, um das Kind nicht unwiderruflich zu schädigen.

Es gibt in der tiefenpsychologischen Literatur jedoch auch Stimmen, die argumentieren, gerade die sehr menschlichen Schwächen von Eltern seien bedeutsam für die Entwicklung des Kindes, ein Beispiel dafür ist Winnicott. Er vertritt die Position, ein Kind entwickle sich gar nicht so gut, wenn die Mutter völlig auf seine Bedürfnisse eingestellt ist. Glücklicherweise, bemerkt Winnicott, garantieren die »kleinen« individuellen Bedürfnisse der Mutter, daß diese ideale Einstellung auf das Kind unterlaufen wird, und so bietet sie als »good enough mother« eine »durchschnittlich annehmbare Umgebung« für das Kind (Winnicott 1989). Winnicott schlägt starke Töne an, wenn es um

Aggression geht: Der Gewalttätigkeit des Kindes muß voll und emotional gegenübergetreten werden, oder das Kind kann nicht empfinden, daß die anderen Menschen wirklich lebendig sind. Wenn die Wut des Kindes nicht auf wirkliche elterliche Wut trifft, mag es fürchten, die Liebe der anderen sei auch nicht ganz wirklich (Winnicott 1958). Um jeglichen Zweifel zu beseitigen, ob Winnicotts Aussage etwa metaphorisch gemeint ist, brauchen wir nur seine eigene Reaktion auf das wütendmachende Verhalten eines elternlosen Neunjährigen zu zitieren, den er während des Kriegs in seinem Haus aufnahm: »Habe ich ihn geschlagen? Die Antwort ist nein, ich habe ihn nie geschlagen. Aber ich hätte es tun müssen, wenn ich nicht alles über meinen Haß gewußt hätte und wenn ich ihn das nicht hätte wissen lassen. Bei Krisen pflegte ich ihn mit körperlicher Gewalt hochzuheben ... und ihn vor die Haustür zu setzen, gleich welches Wetter es war oder welche Tageszeit. ... Jedesmal wenn ich ihn vor die Tür setzte ... sagte ich ihm, das, was geschehen sei, habe mich dazu gebracht, ihn zu hassen. Das war leicht, weil es so wahr war« (Winnicott 1958, S. 200).[1]

Er schreibt weiter, die tief verwurzelte Beziehung des Jungen zu den Winnicotts sei eines der wenigen stabilen Dinge in seinem Leben geblieben. Das mag damit zu tun haben, daß Winnicott sich dem Jungen in all seinen menschlichen Gefühlen und Schwächen präsent gemacht hat; selbst bitterer Haß wurde nicht übergangen oder verniedlicht. Solche Ausbrüche dürfen natürlich nicht in gewalttätiges Handeln münden. Seinen eigenen Zorn im Zaum zu halten ist eine der lebenswichtigen Herausforderungen in der frühen Zeit der Elternschaft – auch Winnicott betont ja, das Kind nie geschlagen zu haben. Und doch, der »ideale« Elternteil, dem die Aufgabe der Selbstkontrolle zu gut gelingt, wird das Kind einer vitalen Entwicklungserfahrung berauben. Wenn das geschieht, fügt Winnicott hinzu, bleibt das Kind infantilisiert. In ganz ähnlicher Weise plädiert Carl Whitaker, ein wichtiger Vertreter einer humanistisch-tiefenpsychologischen Orientierung (zugleich auch einer der Wegbereiter der Familientherapie), dafür, daß Eltern sich mit ihren Gefühlen

---
1 Aus dem Englischen von uns übersetzt.

nicht zu sehr zurückhalten: »Die Entdeckung, daß das Temperament der Mutter völlig mit ihr durchgehen kann, erlöst das Kind von der alptraumhaften Angst, es könne selbst einen Menschen umbringen, oder daß es ein ganz schlechter Mensch sei, weil es schlecht über andere Menschen gedacht hat« (1991, S. 80f.).

Ein weiteres elterliches Gefühl, das in jüngster Zeit von psychoanalytischen Autoren rehabilitiert worden ist – nachdem es lange Zeit als schädlich angesehen worden ist –, sind die elterlichen Wunschphantasien. In der Vergangenheit wurde oft angenommen, daß solche Phantasien ausbeuterische, »parasitäre« Beziehungsformen darstellten, in denen narzißtische elterliche Bedürfnisse wirksam sind, die die Entwicklung des Kindes beeinträchtigen könnten. Heute werden dagegen elterliche Phantasien nicht nur zugelassen, sondern sogar empfohlen (Elson 1984). Natürlich ist es offensichtlich, daß Kinder leiden, wenn ihre Eltern starre Ehrgeizvorstellungen verfolgen. Und doch – könnte es nicht sein, daß ein Kind auch unter dem *Mangel* an solchen Phantasien nicht weniger leiden kann? Bei den Familien, die wir in diesem Buch diskutieren, ist die uneingeschränkte Antwort: Ja. Hilflose Eltern sind gewöhnlich so hoffnungslos, daß sie nicht die geringsten Erwartungen zu hegen wagen, was ihre Kinder anbelangt. Es ist, als ob sie Hoffnung als ein gefährliches Virus ansähen: Hoffen bedeutet versuchen, versuchen bedeutet fordern, und fordern bedeutet scheitern – mitten in einem Aufruhr gegenseitiger Anschuldigungen; oft geht das mit der verspäteten Klage der Kinder einher: »Warum hast du mich damals nicht mehr gefordert!«

Schließlich sind noch die pädagogischen Konzepte zu erwähnen, die aus der tiefenpsychologischen Schule von Alfred Adler stammen. Hier wird betont, wie wichtig es ist, daß Kinder sich erst an Frustrationen und dem Umgang damit entwickeln, und daß sie ebenso nötig Herausforderungen brauchen, wie sie selbst ihre Eltern herausfordern (Dreikurs 1993). Der Adler-Schüler Dreikurs wendet sich vehement gegen die vorherrschende Tendenz, Kinder übertrieben zu beschützen: »Verwöhnte Kinder sind im allgemeinen unglückliche Kinder. Sie lernen nicht, sich auf ihre eigene Kraft zu verlassen und damit das einzig mögliche

Sicherheitsgefühl zu erlangen. ... Ein unerzogenes Kind ist immer auch herrschsüchtig« (Dreikurs 1972, S. 111f.).

Dem neuen sympathisierenden Blick auf die Eltern folgt auch eine Hinterfragung von beliebten Mythen. Zum Beispiel ist der Glaube, »in den alten Zeiten« seien Eltern insgesamt erfolgreicher gewesen, hätten seltener Kinder mißbraucht und so weiter, auf kluge Weise durch die Forschung hinterfragt worden (LeMasters u. DeFrain 1989; Straus u. Gelles 1986). Kritisch wird heute auch die Frage gesehen, ob die Kindheit tatsächlich in einem deterministischen Sinn das »Schicksal« eines Menschen unwiderruflich bestimmt (Hemminger 1982, vgl. hierzu auch Kapitel 8). Auch das »Empty-Nest-Syndrom«, demzufolge es mit dem Verlassen des letzten Kindes aus dem Familienhaushalt zu einer existentiellen Ehekrise kommt, scheint eher nicht die Regel zu sein. Studien zeigen, daß die eheliche und persönliche Zufriedenheit nach der Geburt von Kindern abnimmt, aber wieder zunimmt, sobald die Kinder unabhängiger geworden sind. Die Spitze jedoch ist erreicht, wenn die Kinder das Haus verlassen. Wenn das »leere Nest« dann wieder gefüllt wird, weil ein Kind nach Hause zurückkehrt, nachdem es bei dem Versuch, allein zu leben, versagt hat, sinkt die eheliche Zufriedenheit auf den niedrigsten Stand (Glenn u. McLanahan 1982; White et al. 1986).

Neuere Bücher, Elternkurse und unterstützende Gruppen konzentrieren sich mehr und mehr auf die Rechte der Eltern als Menschen und auf die Verzerrung, die eine ausschließlich kindzentrierte Perspektive ins Familienleben gebracht hat. Neue Metaphern und Bilder werden im Dienst eines neuen Gleichgewichts formuliert. In einer solchen wird das Zuhause nicht mehr als ein Kreis mit einem einzigen Zentrum – dem Kind – angesehen, sondern als eine Ellipse mit zwei Zentren – dem Elternteil und dem Kind. Eine Geschichte, die typisch für diesen neuen Geist ist, wird von einer Mutter erzählt, die vom Markt zurückkommt und von ihren Kindern überfallen wird, die nach Essen schreien. Sie schließt sich in der Küche ein und bereitet sich ein gutes Mahl. Auf die Frage, wie sie so egoistisch sein könne, erwidert sie: »Ich bereite eine starke und gesunde Mutter für sie vor!« (Amit 1997). Ein Elternselbsthilfebuch trägt den Untertitel: »Überlebenstraining für Eltern« (Weikert 1994). Von allen Stimmen, die Eltern bestärken wollen, kann jedoch keine mit der emotionalen Wucht von Selbsthilfegruppen wie »Parents Anonymous« und »Toughlove« konkurrieren (Everts 1990; York, York et al. 1997). Sich einer solchen Gruppe anzuschließen, führt unmittelbar dazu, daß sich Eltern von dem Räderwerk der Schuld, des Vorwurfs und vor allem der Scham befreien, an das sie gekettet sind. Eltern können lernen, daß ihre Pein und Schwierigkeiten nicht beschämend und einzigartig sind. Sie können lernen, daß es kein Luxusbedürfnis ist, ein lebenswertes Zuhause haben zu wollen, daß sie ein Recht auf einen gewissen Abstand von dem ständigen Kampf haben und daß ihre eigene Stimme gehört werden kann und soll. Sie haben auch die Gelegenheit, wirkliche Unterstützung zu erhalten und zu geben. Diese Gruppen haben vielen Eltern geholfen, ihr beinahe ausgelöschtes Bewußtsein wiederzuerlangen, ethisch und persönlich etwas wert zu sein.

Elternpräsenz als integrativer Ansatz

Die verhaltenstherapeutischen, systemischen und tiefenpsychologisch-humanistischen Perspektiven haben drei Wege zur elterlichen Abwesenheit markiert:
- Lerntheoretisch wird der fortschreitende Verlust der Fähigkeit zu handeln seitens der Eltern beschrieben, wobei gleichzeitig das Kind immer zuversichtlicher in seiner Macht wird, durch Störungen, Krankheitssymptome oder offenen Druck zu herrschen.
- In der systemischen Perspektive wird das Austrocknen der Elternpräsenz durch bedeutsame Dritte skizziert. Das Kind lernt, mit diesen Faktoren – Personen, Institutionen – zu spielen, um die Eltern zu neutralisieren.
- Aus einer humanistisch-tiefenpsychologischen Sicht wird die Person der Eltern und die Bedeutung einer klaren und kongruenten Kommunikation akzentuiert, was auch den Ausdruck negativer Affekte mit einbezieht. Eltern müssen nicht einem perfekten Elternideal entsprechen.

Das Coaching für Eltern mit dem Ziel der Wiederherstellung der elterlichen Präsenz im Sinn einer Autorität ohne Gewalt ist ein Versuch, diese verschiedenen Einsichten zu integrieren – sowohl konzeptuell als auch praktisch. Konzeptuell sehen wir Perspektiven verschiedener Schulen nicht als sich gegenseitig ausschließend an, vielmehr lassen sie sich durch das vereinigende Prisma der elterlichen Präsenz als komplementär verstehen. Praktisch besteht unser dreifaches Ziel darin, den Eltern zu helfen, vollständig präsent zu sein,
– indem sie ihre Fähigkeit zu agieren wiedererlangen,
– indem systemische Lecks abgedichtet werden und
– indem sie ihre persönliche Stimme wiedererlangen.

Dieses dreifache Ziel kann auch aus dem Blickwinkel des Kindes formuliert werden. Es geht darum, das Kind vor einem Vakuum an elterlicher Führung und Schutz zu bewahren, ein Chaos gegenseitig disqualifizierender Einflüsse (wieder) in Kooperation zu überführen. Nicht zuletzt tut es dem Kind einfach gut, eine individualisierte Elternfigur mit einer prägnanten und kongruenten eigenen Stimme zu haben.

Kapitel 5:
Für Handeln gibt es keinen Ersatz – Coaching für Eltern

Es lassen sich viele Faktoren beschreiben, die mit dazu beitragen, die elterliche Präsenz verlorengehen zu lassen. Viele Eltern lassen sich vor allem durch ihre Schuldgefühle lähmen, durch das Gefühl, etwas (oder gar »alles«) falsch gemacht zu haben, und daß daher ihr Kind ihr Mitleid und ihre Nachgiebigkeit verdiene – zumindest das. Sie lassen sich durch Furcht und Horrorphantasien lähmen über all das, was geschehen kann oder wird, und manchmal auch, weil sie viel auf die Meinung anderer Menschen geben – sie lesen Ratgeberbücher, hören auf das, was Freunde, Nachbarn und Verwandte sagen, oder sie glauben einfach zu viel an Spezialisten und zu wenig an sich selbst.

Im Rahmen der Beratung einer Familie mit einem asthmakranken Kind waren die alleinerziehende Mutter, die dreizehnjährige Patientin Anna und die Oma, Mutter der Mutter, eingeladen. Es zeigte sich ein generationenübergreifendes Muster, in dem jeweils die Tochter ihrer Mutter die Schuld dafür gab, selbst unglücklich zu sein: »Du hast so viel falsch gemacht bei mir!«. Zwei Mütter, die sich schuldig fühlten, zwei Töchter, voller Ressentiments gegenüber ihren Müttern. Zwischen Mutter und Patientin hatte dieses Muster eine besondere Form gefunden. Die Mutter fühlte sich an der Krankheit der Tochter schuldig, und diese hatte dazu passend die Einstellung entwickelt, sich an nichts halten zu müssen, was ihr die Mutter vorschrieb, das betraf auch das eigene Krankheitsmanagement: Sie war sehr nachlässig mit den vorgeschriebenen Inhalationen und dem Umgang mit Dosieraerosolen, die Mutter wagte nicht, sie darauf anzusprechen. Im Gespräch wurde über die Schuld als »zusätzliches Familienmitglied« gesprochen.[1] Herr Schuld hatte sich offenbar schon sehr lange in Mutter-Tochter-Beziehungen eingemischt. Was hatte er der Mutter angetan, was der Tochter? Er hatte die Beziehungen »vergiftet«, Oma und Mutter, Mutter und Tochter konnten sich nicht wohl miteinander fühlen, wenn Herr Schuld im Raum war. Die Mütter erlebten sich dank seiner Einflüsterungen als Versagerinnen. Herr Schuld hatte auch dafür gesorgt, daß die Möglichkeiten, wie ihre Beziehung auch sein könnte, zwar in ihnen schlummerten, sich aber nur selten zeigten. Doch gab es auch Momente, in denen mal die Oma, mal die Mutter, mal Anna sich entschieden hatten, den Verlockungen von Herrn Schuld nicht zu folgen, sich gegenseitig negativ zu beschreiben, mißtrauisch gegeneinander zu sein? Gab es Beispiele solcher Ausnahmen? Wie sahen sie aus?

Glücklicherweise gab es auch diese, und in ihnen wurde besonders deutlich, welche Qualitäten und Chancen die Mutter-Tochter-Beziehungen in dieser Familie noch entwickeln könnten. Spielerisch wurde überlegt, wie es wäre, wenn Herr Schuld öfter einmal »frei« habe oder vielleicht sogar seinen »lang verdienten Urlaub« antreten würde? Herr Schuld wurde in Form eines Kissens vor die Tür geschickt, er saß dort wartend auf einem Stuhl. Was ergibt sich, wenn er nicht mehr da ist? Wie wird dann vielleicht anders über Asthma gesprochen? Schnell entspann sich ein heftiger Streit zwischen Mutter und Tochter, in dessen Verlauf die Mutter klare Forderungen stellte, verbunden mit ebenso klaren Konsequenzen. Das mündete in entsprechende Vereinbarungen, die die Familie mit nach Hause nahm. Tage später rief die Mutter an, ihre Einzeltherapeutin habe ihr gesagt, Asthma sei »aber doch« eine psychosomatische Krankheit, »also bin ich doch Schuld an Annas Zustand!«. Es war schwierig, diese absolute Wahrheit in das rückzuverwandeln, was sie war: eine Beschreibung und in diesem Fall überhaupt keine hilfreiche.

---

[1] Dieses Vorgehen wird als »Externalisierung« bezeichnet, eine Methode der systemischen Therapie (White u. Epston 1990; v. Schlippe u. Schweitzer 1996, s. auch Kapitel 10).

In diesem Kapitel untersuchen wir Wege, wie man die Prozesse der Lähmung der elterlichen Kraft aufspüren und umkehren kann. Unser Ziel ist es, Eltern wieder ins Handeln zu bringen, selbst solche Eltern, die Beraterinnen nicht selten als »unmotiviert«, »ihrer Aufgabe nicht gewachsen« oder »erziehungsunfähig« bezeichnen. Tatsächlich sind solche negativen Charakterisierungen von Eltern mehr ein Spiegel der Hilflosigkeit der Therapeuten als der wirklichen Verfassung der Eltern. Wir Therapeuten sind nicht unwesentlich verantwortlich für unsere eigenen negativen Ansichten. Sie zu korrigieren und eine Einstellung des Respekts vor den Eltern hervorzubringen, kann sehr wohl der erste entscheidende Schritt in einer Behandlung sein.

Respekt vor den Eltern

Wie schon in der Einführung erwähnt, sind die helfenden Berufe nicht selten blind, wenn es darum geht, Eltern als menschliche Wesen zu betrachten, als Individuen mit eigenen Rechten. Um dieses Vorurteil zu korrigieren, müssen wir es nicht nur als solches sehen, wir müssen auch neue Wege finden, wie wir über Eltern nachdenken und wie wir mit ihn sprechen, anders ausgedrückt: wie wir Eltern respektieren und wie wir unseren Respekt ausdrücken. Das Denken in Kausalzusammenhängen ist tief in uns verwurzelt, und gerade in der Arbeit mit Eltern geraten Berater schnell in eine Position, implizit oder explizit kausale Zuschreibungen zu machen, in der Form, die Eltern seien in irgendeiner Weise verantwortlich für oder gar schuldig an dem beklagten Zustand. In der systemischen Therapie wird hier versucht, mit dem Begriff des *Musters* der Falle auszuweichen, einen der Beteiligten als »schuldig«, den anderen als »unschuldig« zu definieren. Zwischen den Beteiligten hat sich ein Muster herausgebildet, das irgendwann eine verhaltenssteuernde Qualität entwickelt hat, das heißt, das Muster bestimmt die Grenzen der Möglichkeiten der Verhaltensoptionen der Beteiligten – mit der Gefahr der immer stärkeren Eskalation. Und es ist ein folgenschwerer Irrtum, einem der Beteiligten an diesem Muster einen größeren Anteil zuzuschreiben als einem anderen (Bateson 1981).

In klinischen Fällen sind solche Muster oft gerade dadurch gekennzeichnet, daß sich sowohl die Eltern als auch die Kinder hilflos fühlen und das Gefühl haben, »mit dem Rücken zur Wand« um ihr psychisches Überleben zu kämpfen. Stierlin et al. (1979) haben diese Situation in der Familie als »malignen Clinch« bezeichnet. Alle Beteiligten am Konflikt erleben sich festgefahren und sind in gewisser Weise »Opfer« des Musters, das sie selbst zu erzeugen halfen. *Warum* es zu diesem Muster kam, ist letztlich irrelevant, es mag hilfreich sein, sich die Familie in mehrgenerationale Verstrickungen eingewoben vorzustellen (Satir u. Baldwin 1988), oder, wie es de Shazer (1989, S. 38f.) vorschlägt, die quälende Suche nach der Ursache etwa eines Symptoms mit der lapidaren Antwort, es sei »nichts als Pech«, abzuschließen und sich danach der Suche nach Lösungen zu widmen. Ein Muster als Muster zu bezeichnen, dem alle Beteiligten unterworfen sind, bedeutet nicht, nicht die Eltern als diejenigen zu sehen, die mehr Möglichkeiten und Bewegungsfreiheit hätten, wenn es um das (Er-)Finden von Lösungen geht.

Die Beratung konzentriert sich daher zunächst auf die Eltern und ihre Situation. Dabei sollte der therapeutische Respekt zuallererst dem Leid, den Werten und den Leistungen der Eltern gelten. Das *Leid* der Eltern zu respektieren bedeutet zu zeigen, daß die Ängste und Verletzungen, die Eltern wegen ihrer Kinder oder durch sie erleiden, als legitim und wichtig anzusehen sind. Diese Regel scheint trivial zu sein, doch wird sie oft außer Kraft gesetzt. Eine Reaktion auf die Klagen der Eltern im Sinn von »So unverdient ist das sicher nicht, irgend etwas müssen Sie falsch gemacht haben«, ist völlig inakzeptabel. Es hilft, eine neue Einstellung zu den Eltern zu finden, wenn man sie *auch* als wie auch immer mißbrauchte Menschen ansieht. Glücklicherweise wächst das Bewußtsein von dem Schaden, der durch schuldzuweisende Haltungen angerichtet wird, wo Menschen als Opfer betroffen sind, seien es geschlagene oder vergewaltigte Frauen oder mißbrauchte Kinder. Unglücklicherweise werden Eltern weniger in diese neue Sichtweise einbezogen, das Phänomen der »Elternmißhandlung« (»Battered Parent Syndrom«) steht bislang meist noch im Schatten der professionellen Aufmerksamkeit. Die ersten uns bekannten Arbeiten dazu datieren vom Ende der siebziger Jahre (Steinmetz 1978; Harbin u. Madden 1979), doch auch danach sind Hinweise in der Fachliteratur (Bastian u. Bastian 1996; du Bois 2000) oder gar eingehendere Studien selten (z. B. Trott et al. 1993). Irgendwie scheint der Schmerz der Eltern weniger beachtenswert zu sein als der Schmerz anderer Opfertypen. Deshalb sind Eltern oft überrascht, wenn eine Therapeutin ein echtes Interesse an ihren Verletzungen zeigt, sich weigert, Schuldzuweisungen an sie anzunehmen und ihnen Hilfe zur Selbsthilfe anbietet. Diese Form von empathischer Parteilichkeit muß weder dazu führen, eine Opferrolle der Eltern zu »betonieren« und die Eltern so in einer Position von Ohnmacht festzuhalten, noch dazu, sich dauerhaft auf eine Position festzulegen, in der das Kind oder der Jugendliche in der Position des »bösen« Täters festgeschrieben wird. Worum es uns geht, ist vordringlich, die Situation der Eltern nachzuvollziehen und sie dabei auch in ihren *Werten* zu achten.

Eine weiterer Aspekt des Respekts für sie bezieht sich auf die Leistungen der Eltern. Es ist schon viel über die Neigung von Therapeuten gesagt worden, das Negative und Pathologische überzubetonen. In der Tat sehen wir oft Eltern von vornherein als Versager und übersehen die Tatsache, daß ein Kind, das zu Hause als unkontrollierbar beschrieben wird, das durchaus nicht *immer* sein muß, daß es auch hier Ausnahmen gibt, die sich sowohl für die Wertschätzung für die Eltern und ihre Familie als auch als Ansatzpunkte für Veränderungen nutzen lassen. Ein Kind mag sich etwa gut in der Schule verhalten, oder die Eltern haben die anderen Kindern der Familie erfolgreich aufgezogen. Es kann nicht genügend betont werden, daß ein Hervorheben von erfolgreichen Erfahrungen sehr bedeutsam für die Eltern sein kann.

Es mag sich die Frage aufdrängen, wie wir den Eltern helfen können, sich zu ändern, wenn wir sie in ihrer Position empathisch bestätigen. Wir sagen, wir können Eltern am besten unterstützen, untaugliche Muster umzukrempeln, wenn sie sich durch uns überzeugend bestätigt fühlen in ihrem Leid, in ihren Werten und in ihren Leistungen. Herausforderung und Unterstützung sind so die beiden Seiten der selben Medaille: Je stärker unsere empathische Unterstützung der Eltern ist, um so größer unsere Fähigkeit, mit ihnen gemeinsam an der Erarbeitung neuer Möglichkeiten zu arbeiten. Für die Beratung von Eltern sehr kleiner Kinder prägte die holländische Therapeutin Maria Aarts den Begriff des »Child of special needs«, des Kindes »mit besonderen Herausforderungen« (Sirringhaus-Bünder et al. 2001). Das scheint uns ein Begriff zu sein, der gut zu unserer Arbeit paßt. Es geht nicht um die Defizite der Eltern, es geht darum, die vorhandenen Fähigkeiten zu nutzen, um sich einer besonderen Herausforderung, die sich – warum auch immer – bei diesem Kind stellt, gewachsen zu zeigen.

Die therapeutischen Botschaften in diesem Buch werden so fast immer dialektisch sein, wenn sie mit einem starken empathischen Ausdruck von Respekt beginnen und mit einer gleicherweise kraftvollen Herausforderung enden (Omer u. Alon 1997; Omer 1998). Beide Teile dieser Botschaft verstärken sich gegenseitig: Die Herausforderung ist annehmbarer wegen der vorhergehenden Unterstützung, und die Unterstützung ist glaubwürdiger wegen der nachfolgenden Herausforderung. Gewissermaßen spiegelt das Spiel zwischen Unterstützung und Herausforderung auf der therapeutischen Ebene die Botschaft der elterlichen Präsenz wieder, denn in ähnlicher Weise wird der Elternteil in seinem neuen Verhalten dem Kind vermitteln: »Ich bin bei dir, deshalb kann ich dich davor bewahren, dich zerstörerisch zu verhalten!«. Genauso kann der Therapeut zu den Eltern sagen: »Ich bin bei dir und respektiere deinen Schmerz, deine Werte und Leistungen, deshalb kann ich dir helfen, deine Handlungen zu ändern.«

Körperliche Präsenz

Eltern werden ihren Kindern am frühsten und elementarsten präsent durch den Körper. Ein Elternteil ist gegenwärtig im Halten, im Umarmen und beim körperlichen Umgang mit dem Baby. Wenn das Kind größer wird, wird die körperliche Präsenz sporadischer, es entwickeln sich neue symbolische Ausdrucksweisen, die elterliche Präsenz zu zeigen. Das Verlangen nach körperlicher Präsenz verschwindet jedoch nicht. Wenn das Kind anfängt, den Raum zu erkunden, eine Leiter erklimmt oder auf der Schaukel sitzt, sind die schützenden und zurückhaltenden Hände der Eltern lebensnotwendig. Bei all diesen Aktivitäten kann gerade der Größenunterschied zwischen Elternteil und Kind zutiefst bedeutungsvoll sein. Wenn das Kind zum Beispiel unkontrolliert schreit, ist es die umfangende Umarmung, die das Weinen und Schreien nach und nach stillt. Tatsächlich, wenigstens bei einem kleinen Kind, können alle Gefühlsausbrüche in den großen Armen von Mutter oder Vater einen sicheren Hafen finden. In gewisser Hinsicht bleibt dieser emotionale »Gebrauch« der elterlichen Arme ein Leben lang von Bedeutung. Wir glauben aber eher, daß mit dem Älterwerden des Kindes zwar eine tröstende Umarmung weiterhin in guter Weise eingesetzt werden darf, nicht aber eine, die zurückhält. Aber können wir sicher sein, daß die beiden so unterschiedlich sind? Das zweite Fallbeispiel in Kapitel 2 (»Die Bärumarmung«) spricht gegen eine solche deutliche Unterscheidung.

Der Körper ist der Ort unserer Wirklichkeit. Deshalb kneifen wir uns in den Arm, um uns zu versichern, daß wir nicht träumen. Von einem Kind, dessen Eltern praktisch abwesend geworden sind, können wir annehmen, daß die neue Erfahrung der *körperlichen* Präsenz der Eltern zum stärksten Erlebnis in ihrer eigene Existenz wird. Wenn die Körper der Eltern da sind, dick und unerschütterlich, dann träumt das Kind wirklich nicht mehr. Wenn Kinder auf die ersten Versuche der Eltern, auf die Familienbühne zurückzukehren, mit Skepsis reagieren, dann bringt nichts ihre Zweifel so gut zum Verstummen wie die physische Anwesenheit der Eltern.

Für ein kleines Kind ist kaum etwas ein so unmittelbarer Beweis für die unerschütterliche Gegenwart der Eltern wie ihr Festhalten. Wir haben es bei Dutzenden von Fällen eingesetzt, die mit Wutanfällen und heftigen Ausbrüchen einhergingen. Die meisten Kinder waren jünger als zehn Jahre. Obgleich wir gewöhnlich vorschlagen, daß die Bärumarmung eine Stunde dauern soll, machen es viele Eltern spontan kürzer, ohne einen bemerkenswerten Verlust an Wirkung – es sei denn, sie verkürzen sie auf ein paar zögerliche und schuldbewußte Minuten. Die meisten Eltern sind bereit, die Bärumarmung zu machen, wenn der Therapeut sich die Mühe gemacht hat zu erklären, welche Botschaften dadurch übermittelt werden: »Ich bin hier!«, »Ich werde dich nicht verlassen!«, »Ich gebe nicht auf, ich gebe dich nicht auf!«, »Ich bin stärker als du!«, »Ich kann deiner Wut und deinen Verletzungen widerstehen!«, »Ich werde bei dir bleiben so lange, wie es dauert!«. Eltern verstehen sehr wohl den enormen Unterschied in den Botschaften, die durch die Bärumarmung übermittelt werden im Vergleich zu, sagen wir, einem Klaps.

Das Territorium

Bei älteren Kindern kann der direkte Kontakt, wie er durch die Bärumarmung vermittelt wird, durch Maßnahmen ersetzt werden, die in die Persönlichkeitsentfaltung dringen. So kann ein Elternteil den Ausgang aus der Wohnung mit Körpereinsatz verhindern, wenn ein Teenager das elterliche Verbot offen hintergeht, das Haus zur verbotenen Stunde zu verlassen. Die Botschaft »Ich bin hier, ich werde nicht nachgeben, und ich werde mich nicht von der Stelle rühren!« ist bei weitem stärker als eine, die nur durch Worte übermittelt wird. Die Wirkung ist um so größer, wenn der Elternteil eine lange Zeit an der Tür bleibt, wenn möglich viele Stunden, wie ein mythischer Wächter. In einem Fall, nach einer stürmischen Szene, wachte ein Teenager um 3 Uhr nachts auf und fand seinen Vater noch immer auf seinem Posten. Aber was ist, wenn es dem Teenager gelingt, der elterlichen Wache zu entwischen? Ist die Unternehmung vereitelt? Nicht unbedingt. Die bloße Tatsache, daß ein Entwischen nötig geworden ist, zeigt zu einem gewissen Grad Elternpräsenz (anders als bei einem Teenager, der annimmt, daß Vater oder Mutter nichts unternehmen). Darüber hinaus kann der Elternteil den räumlichen Dialog ausdehnen, indem er eine Suche nach dem Flüchtigen einleitet und persönlich an Stellen auftaucht, die für Eltern tabu sind. So haben wir unsere Klienten ermutigt, Überraschungsbesuche an Straßenecken, Videoshops, Fixertreffs und Clubs zu machen. Das Erscheinen zweier Eltern mittleren Alters in einem Club, die ihre Tochter suchen und jedermann fragen, ob sie sie kennen oder gesehen haben, kann ein ziemlich »konstruktives Trauma«[2] sein.

Die Wucht dieser Interventionen speist sich aus dem tiefsitzenden Raumgefühl der Menschen. Schon ganz früh sorgen sich Kinder zutiefst um Zeichen ihrer Privatsphäre: »Das ist *mein Spielzeug, mein Becher, mein Bett, mein Zimmer*!«. Eltern neigen dazu, diese Ansprüche anzuerkennen, selbst wenn sie zur gleichen Zeit versuchen, dem Kind beizubringen, daß es auch die Ansprüche anderer respektiert und eine Bereitschaft entwickelt, mit anderen zu teilen. Tatsächlich sind Besitztum und Territorium wichtige Grundlagen zur Entwicklung einer Individualität. Aber das Territorium ist nicht nur die Basis persönlicher Macht, es ist auch eine Machtquelle. Deshalb kämpfen territoriale Tiere am heftigsten, wenn sie am dichtesten am Zentrum ihres Territoriums sind. Viele Adoleszente verhalten sich so, als ob das auch für sie gelte: Wenn die Heiligkeit ihres Territoriums auf dem Spiel steht, können sie mit einer Wut kämpfen, zu der sie anderswo nicht fähig sind. In einem unserer Fälle reagierte ein fünfzehnjähriger Junge, der niemals gegenüber seiner Mutter gewalttätig gewesen war, darauf, daß sie sein Zimmer ohne Anklopfen betreten hatte, indem er sie hinauswarf, ihre Kehle mit seinen Fingern umschloß und sie zu töten drohte, wenn sie das jemals wieder tue. Es gibt auch die Geschichte von einem Teenager, der seinen Jagdhund trainierte, jeden anzugreifen, der es wagte, seinen Raum während seiner Abwesenheit zu betreten (Içami Tiba 1996). Viele Adoleszente verbarrikadieren sich richtiggehend in ihren Zimmern und verlassen sie nur nachts für Plünderexpeditionen durchs ganze Haus. In vielen solchen Fällen würden wir behaupten, daß es sich oft als ein Wendepunkt in der Behandlung erweist, gegen den absoluten territorialen Anspruch des Kindes anzugehen.

Die Mutter eines siebenjährigen Mädchens bat um Hilfe wegen einer Reihe von zwanghaften Forderungen, die ihre Tochter ihr

---

[2] Der Begriff »Trauma« wird hier natürlich metaphorisch verwendet. Gemeint ist eine bedeutsame und existentielle Erfahrung, die tiefe Erinnerungsspuren hinterläßt, in diesem Fall eben konstruktive.

auferlegte. Jede Nacht mußten die Schlösser aller Türen und Fenster des Hauses von dem Mädchen und seiner Mutter inspiziert werden. Die Mutter mußte dann alle Puppen im Zimmer des Mädchens mit den Augen zur Wand drehen, begleitet von einer hochritualisierten Gute-Nacht-Routine.

Der Therapeut schlug ein Gegenritual vor. Die Mutter solle das Mädchen durch alle Zimmer des Hauses führen, alle verschiedenen Gegenstände benennen und zu ihrer Tochter (und sich selbst) sagen, daß das alles ihren Eltern gehöre. Bei jedem Ding sollte sie genau ausführen, wann es gekauft worden war und wieviel es gekostet hatte. Das Ritual sollte mit dem folgenden Statement beschlossen werden:

»Dieses Haus und alles in ihm gehört mir und Vati. Dein Zimmer gehört uns, weil wir es gekauft und dafür bezahlt haben. Alle Türen und Fenster gehören uns. Also sind deine Puppen unsere Gäste. Auch wenn sie dir gehören, gelten für sie die Regeln unseres Hauses. Natürlich ist es auch dein Zuhause, weil du unsere Tochter bist. Aber wir sind die Besitzer von allem. Von jetzt an kümmern *wir* uns um das Abschließen des Hauses und werden kein weiteres Wort von dir hinnehmen. Mehr noch, in unserem Hause schläft keine Puppe mit den Augen zur Wand. Wenn wir sie am Morgen in dieser Stellung finden, stecken wir sie für eine Woche lang in unseren Schrank. Gute Nacht.«

Die Intervention hatte eine sofortige Wirkung. Die nächtlichen Rituale hörten auf und wurden durch keine neuen ersetzt. Das Mädchen wurde auch während des Tages ruhiger. Es war, als ob es vorher das Gefühl gehabt hätte, allein in einem großen Haus zu sein, aber jetzt waren die Eltern zurückgekommen. Erst damit zeigte das Mädchen, welche Angst es ihm gemacht hatte zu glauben, es müsse die nicht spürbare Präsenz seiner Eltern durch kontrollierende Maßnahmen ersetzen. Der Vorschlag des Therapeuten war von der einfachen Heuristik der lösungsorientierten Therapie getragen: »Wenn etwas nicht funktioniert, mach etwas anderes!«

Eine grundsätzliche raumgreifende Intervention, die besonders nützlich bei Adoleszenten ist, ist das Sit-in. Die Eltern betreten das Zimmer des Kindes und bleiben stundenlang darin, wenn nötig Tag für Tag. Das Kind wird daran gehindert, wegzugehen oder sie rauszuwerfen. Viel Reden ist nicht nötig. Alles, was wir den Eltern empfehlen, ist zu sagen, daß es nicht so bleiben kann, wie es ist. Viel Reden ist von seiten der Eltern oft sogar unangebracht, denn das Ziel ist, das Kind dazu zu bringen zu verhandeln, ernsthaft zu verhandeln. Das Sit-in ist tatsächlich eine sehr vielseitige Intervention, mit vielen anderen Anwendungsmöglichkeiten neben der raumgreifenden (s. a. Fall 1: »Der Vertrag« in Kapitel 2 und Fall 6: »Das wiedergekaufte Motorrad« in Kapitel 6).

Kinder können für sich auch andere Arten von persönlichem Raum schaffen außer dem realen Raum. So würden viele Eltern zustimmen, daß das Taschengeld von dem Kind so verwendet werden sollte, wie es selbst es für richtig hält; und gewöhnlich ist die Eltern-Kind-Erfahrung einverständlich, wenn dem Kind diese Freiheit zugestanden wird. Gelegentlich jedoch kann die Freiheit des Kindes die Eltern in vitalen Bereichen lähmen. In einem unserer Fälle fühlten sich die Eltern eines diabetischen Jungen nicht berechtigt, dem Jungen Einhalt zu gebieten, wenn er von seinem Geld Berge von Süßigkeiten kaufte, was ihm wiederholt hyperglykämische Zustände einbrachte.

Wir schlagen den Eltern vor, der Regel zu folgen, den persönlichen Raum der Kinder zu respektieren, aber nur soweit er in legitimer Weise beansprucht wird. Wenn jedoch die räumliche Unversehrtheit zum Anspruch des Kindes wird, wird nichts helfen, wenn die Eltern nicht bereit sind, einen tatsächlichen Kampf um diesen Raum zu führen.

Der Zeitfaktor

Der Zeitfaktor bildet zusammen mit dem Raumanspruch die Grundlage der elterlichen Präsenz. »Ich nehme Zeit und Raum ein, folglich bin ich!« Die Kontrolle über den Faktor Zeit geht über Geduld und Ausdauer hinaus. Es geht auch um die Frage der Bereitschaft, Zeit zu investieren – sie damit auch für das Kind einzusetzen, etwa wenn man statt länger zu arbeiten, sich Zeit dafür nimmt, im Zimmer des Kindes zu sitzen und darauf zu warten, daß es beginnt zu verhandeln. Die Zeit kann für die Eltern arbeiten, sofern sie zum rechten Zeitpunkt die Initiative ergreifen. Eltern, die nur auf das Tun des Kindes reagieren, scheinen oft ihres eigenen Willens beraubt zu sein. Dagegen gibt das Wiedererlangen der Initiative ihnen den Status autonomer Wesen zurück. Bei dem Fall »Ich bin deine Mutter!« (Kapitel 2) verwandelte die Bereitschaft der Mutter, sich zu ihren eigenen Bedingungen zu verhalten, anstatt nur auf die Provokation ihrer Tochter zu reagieren, sie von einer invaliden Nichtanwesenden zu jemandem, mit dem man rechnen muß. Ihre Reaktionen waren unvorhersehbar geworden. Und das ist in der Tat eine sehr gute Art, im Kopf eines anderen präsent zu werden, denn unser Nervensystem reagiert stärker auf das Ungewöhnliche und Unerwartete. Konstruktive Unvorhersehbarkeit sollte jedoch vorher gut geplant werden!

Die Eltern zweier Jungen (sieben und neun Jahre alt) beklagten sich, daß ihre Kinder jeden Familienausflug zu einer Belastungsprüfung machten, indem sie endlos kreischten und stritten. Der Vater hielt dann meistens den Wagen an und drohte, sie nie wieder mitzunehmen. Die Jungen blieben dann eine Weile ruhig, fingen aber den nächsten Krach an, sobald die Fahrt fortgesetzt wurde. Auf den Vorschlag des Therapeuten sagten die Eltern den Kindern, daß sie alle Kanu fahren wollten. Die Jungen zogen vorher ihre Badesachen an, um beim Ankommen keine Zeit zu verlieren. Als das Auto die Landstraße erreicht hatte, die für die Jungen »Ferien« signalisierte, begannen sie zu schreien. Der Vater sagte zur Mutter, er habe keine Lust mehr zum Kanufahren, und die Mutter stimmte zu. Sie drehten um und fuhren wieder nach Hause. Dieses »positive Trauma« wurde zwei Monate später durch ein weiteres verstärkt.

Wieviel freier als ihre Eltern sich Kinder verhalten können, zeigt sich oft im Timing ihrer Störungen. So fällt es Kindern viel leichter, ihre Eltern zu beschämen, als umgekehrt. Es gibt natürlich gute kulturelle Gründe, warum das so ist – schließlich sind es gewöhnlich die Eltern, die den Kindern die Regeln des guten Benehmens beibringen. Dennoch, wenn Kinder, um ihre Forderungen anzubringen, sich nicht nur frei fühlen, ihre Eltern peinlichen Situationen auszusetzen, sondern sogar genau die Situationen wählen, wo die Eltern am meisten fürchten, eine Szene zu machen, dann ist es am Platz, über *das Recht zu beschämen* nachzudenken.

Eine Frau, die Gewichtsabnehmegruppen durchführte, war von ihrer Tochter wiederholt gedrängt worden, unwahre Entschuldigungsschreiben an ihren Lehrer zu schreiben, in denen es hieß, ihre Tochter habe wegen Migräne ihre Hausaufgaben nicht machen können. Bei einer Gelegenheit, als die Mutter sich geweigert hatte nachzugeben, tippte das Mädchen den Brief und brachte ihn der Mutter zum Unterschreiben mitten in eine Gruppensitzung. Da sie eine Szene fürchtete, unterschrieb die Mutter wortlos. Aber am nächsten Morgen, als das Mädchen den Brief abgab, sagte der Lehrer ihr, die Mutter habe ihn angerufen und gesagt, der Brief sei erzwungen worden, das Mädchen habe nie an Migräne gelitten.

Fall 4: Das Sit-in

Als sie siebzehn war, hatte Amelie angefangen, sich mehr und mehr zurückzuziehen. Sie hörte auf, mit der Familie zu essen, mit ihren Eltern zu reden und ihre Freunde zu treffen. Ihr täglicher Stundenplan beschränkte sich auf einen Englischkurs, Teilzeitarbeit in einer Bibliothek, eine Busfahrt zur Arbeit und endlose Stunden in ihrem Zimmer. Sie entwickelte merkwürdige Eßgewohnheiten. Manchmal aß sie einen ganzen Tag über nur Bohnensprossen und trank Mineralwasser. Die Mutter fürchtete, sie könnte magersüchtig werden. Da Amelie nur aß, wenn ihre Mutter nicht da war, verließ die Mutter immer sofort die Küche in dem Augenblick, wenn sie Amelies Zimmertür hörte, weil sie hoffte, daß Amelie doch etwas aß. Wenn sie gegessen hatte, warf Amelie den Abfall aus dem Fenster. Bald fing sie an, auch andere Sachen hinauszuwerfen – sogar ihre Unterwäsche, die von Menstruationsblut befleckt war.

Manchmal verließ Amelie in der Nacht ihre Höhle, um auf

Plünderexpeditionen durchs Haus zu gehen. Bald vermißte die Mutter einzelne Wäschestücke. Eine Uhr und ein Armband verschwanden auch. Als Amelie bei der Arbeit war, durchsuchte die Mutter ihr Zimmer und fand die fehlenden Sachen. Als sie Amelie mit ihrem Fund konfrontierte, machte diese nur eine Geste der Geringschätzigkeit und verschanzte sich in ihrem Zimmer. Die Eltern konsultierten einen Psychiater, der sagte, Amelie sei wahrscheinlich schizophren. Als Amelie, die jetzt zwanzig war, auch noch ihren Beruf aufgab, besprachen sich die Eltern mit einem Familientherapeuten. Amelie lebte jetzt völlig zurückgezogen. Ermutigt durch den Therapeuten, wagte die Mutter ihre ersten vorsichtigen Schritte beim Zurückgewinnen des verlorenen Territoriums. So verließ sie nicht mehr die Küche, wenn Amelie die Tür öffnete. Amelie stellte sich auf die neue Situation ein und aß, wenn die Mutter weg war. Die Eltern fühlten sich durch diese kleine Veränderung ermutigt.

Im Lauf verschiedener Sitzungen wurden neue Tatsachen ans Licht gebracht: Amelie war schon immer sehr eigen gewesen, was ihre persönlichen Sachen anbelangte. Schon als sie sehr klein war, durfte niemand ihre Sachen anrühren. Oft brachte sie Stunden damit zu, ihr Zimmer zu arrangieren, und wurde wütend, wenn etwas nicht am richtigen Platz stand. Als sie heranwuchs, wurde diese Eigenschaft immer hervorstechender. Selbst ihre Gesten vermittelten den Eindruck, daß alles glatt und unter Kontrolle war. Das Bild, das so entstand, wich erheblich von dem ab, was der Psychiater gemeint hatte: Amelie schien an einer Zwangsstörung zu leiden. Die Eltern reagierten positiv auf dieses neue, etwas hoffnungsvollere Etikett. Der Therapeut sagte ihnen, die beste Art damit umzugehen sei, Amelie in ihrem eigenen Territorium herauszufordern. Wenn sie an obsessiver Zwanghaftigkeit leide, würde sie auf einen starken initialen Angstschock vielleicht positiv reagieren. Die Eltern waren bereit, das zu versuchen.

Der Therapeut wies die Eltern an, Amelies Zimmer gemeinsam zu betreten und dort jeweils drei Stunden zu bleiben. Die Mutter könnte dabei den Raum säubern (Amelie hatte längst ihren Ordnungssinn aufgegeben, ihr Zimmer war ein völliges Durcheinander). Wenn Amelie gewalttätig werden würde, sollte der Vater sie davon abhalten, sie zu schlagen. Der Therapeut wollte sich rund um die Uhr für Telefonanrufe bereithalten. Das Ziel war, Amelies unhinterfragte territoriale Unangreifbarkeit herauszufordern und sie zu Verhandlungsgesprächen zu bringen.

Die Reaktion kam unglaublich schnell. Die zerkratzte Wange des Vaters und das blaue Auge der Mutter waren die einzigen Unfälle in der Schlacht. Als der Vater sie zurückhielt, fing Amelie an zu schreien. Sie schrie eine Stunde lang. Dann fing sie an zu wimmern und hielt das während zweier weiterer Sit-ins durch. Gegen Ende des dritten Sit-ins fing Amelie an zu reden. Zuerst versuchte sie eine Koalition mit dem Vater auf Kosten der Mutter. Als das fehlschlug, entschied sie sich zu verhandeln. Keine weiteren Sit-ins waren notwendig. Amelie aß auch wieder mit der Familie. Nach einer Woche ging sie mit ihrer Mutter einkaufen (das hatte sie nicht mehr getan, seit sie fünfzehn war). Sie nahm auch ihre Teilzeitarbeit wieder auf und entschloß sich, die Universität zu besuchen. Sie hat während der letzten zwei Jahre erfolgreich studiert. Eingeschlossen hat sie sich nicht wieder.

Information und Aufsicht

Während das Kind heranwächst, verändert sich die elterliche Präsenz ständig. Statt weiter die meiste Zeit physisch anwesend zu sein, signalisieren jetzt die Eltern ihre Dazugehörigkeit und Besorgnis dadurch, daß sie jederzeit wissen, wo ihr Kind sich befindet und was es tut. Und das Kind weiß, daß sie es wissen. Im weiteren Heranwachsen müssen sich sowohl das Kind als auch die Eltern von dieser engen »Supervision« lösen. Mehr und mehr verwandelt sich die elterliche Präsenz zu einer Qualität von persönlicher Zugehörigkeit, die als Teil der Beziehung zwischen zwei eng verwandten Personen meist ein Leben lang bestehen bleibt. Vielleicht äußert sie sich am deutlichsten in angelegentlichen Nachfragen. Aspekte von Kontrolle, »Supervision« und Autorität treten mehr und mehr in den Hintergrund, es bleiben die anderen Aspekte von Präsenz: Interesse für und am anderen, Anteilnahme und Freundschaft. Fragen dieser Art von Präsenz können etwa sein: »Wie stellst du dir dein Leben vor?«, »Hast du eine Idee, wie ich dich unterstützen könnte?«, »Bist du wirklich sicher, daß das Studium, das du dir ausgesucht hast, eine gute Wahl war?«, »Bist du eigentlich zufrieden mit deinem Leben?« Die große Frage ist, wie schnell und in welchem Ausmaß sich die elterliche Präsenz ändert. Das Ganze ist ein sehr sensibles Prozeßgeschehen, bei dem es – wir sagen es nochmals – keine Orientierung an »richtig« oder »falsch« geben kann, sondern immer nur den Diskurs der Betroffenen untereinander oder zwischen den Betroffenen und der Beraterin. Es ist auch eine Frage der persönlichen Präsenz von Berater oder Beraterin, auf welche Weise er oder sie den eigenen Eindruck verdeutlicht, daß Eltern, die beispielsweise ihrem zweiundzwanzigjährigen Sohn vorschreiben: »Nein, du studierst nicht Politikwissenschaften, du studierst Medizin wie dein Vater und dein Großvater!«, sich eher auf einer Ebene der Präsenz bewegen, wie sie einem Alter vor der Pubertät angemessen wäre, weil eine solche Haltung gravierend in die persönlichen Angelegenheiten eines jungen Erwachsenen eingreift.

Die Privatsphäre ist ein wesentlicher kultureller Wert der westlichen Welt. Die Privatsphäre wächst mit dem Kind, eine fortwährende Frustration in der Privatsphäre kann die Entwicklung des Kindes stören. Kinder mit akuten Verhaltensproblemen leiden allerdings oft eher an einem Mangel als an einem Übermaß elterlicher Aufsicht (Chamberlain u. Patterson 1995). Eltern können es dennoch schwierig finden, die nötige Aufsicht genau zu dosieren, wegen des hohen Wertes, der der Privatsphäre kulturell zugeschrieben wird. Obgleich man von vielen Teenagern weiß, daß sie bei bedenklichen Unternehmungen mitmachen, können sie sich ihre Eltern vielfach dadurch vom Hals schaffen, daß sie ihnen von den größeren Freiheitsspielräumen ihrer gleichaltrigen Freunde erzählen. Viele Eltern brauchen diese Hinweise nicht einmal; sie halten sich in ihrer Aufsicht spontan zurück – aus Respekt vor der geheiligten Privatsphäre. Diese Haltung des Sich-Zurücknehmens zu modifizieren ist für manche Eltern ein erheblich schwerer Schritt. Dabei kann ihnen der Verweis auf Untersuchungsergebnisse helfen, wonach elterliche Aufsicht das Risiko von

Drogenproblemen und Delinquenz verringern kann (Kolvin et al. 1988).

Ein Junge im Teenageralter, der sich mit einer Straßenbande eingelassen hatte, machte seine Eltern handlungsunfähig, indem er ihnen drohte, er würde von zu Hause weglaufen, wenn sie sich in seine Angelegenheiten einmischten. Beim ersten therapeutischen Interview kamen die Eltern zu dem Schluß, daß ihre Strategie der Nichteinmischung die Lage nur verschlechterte. Der Vater entschloß sich, den Jungen zu beschatten und alle Informationen einzuholen, die er über ihn bekommen konnte. Er verbrachte drei Wochen damit, herumzutelefonieren und dem Jungen auf den Fersen zu bleiben. Nach einer Woche sagte der Junge zu seiner Mutter, daß der Vater ein ganz guter Detektiv sei. Diese Beschattungsaktivität gab dem Jungen einen einfachen Vorwand dafür, daß er sich weniger mit der Bande abgab: Schließlich wollte er ja nicht ungewollt zum Informanten werden! Man könnte vermuten, daß unter den neuen Bedingungen die Bande auch froh war, ihn loszuwerden.

Wie bei den anderen Maßnahmen zur Festigung der Autorität ist das Ziel der *elterlichen Aufsicht* nicht einfach nur Kontrolle, sondern die Übermittlung von Präsenz. Manchmal zeigen die Aufschlüsse, die bei der elterlichen Suche ans Licht gebracht werden, daß ihr Kind schließlich gar nicht so schlimme Dinge tut. Bei einem unserer Fälle erwies sich die geheime Tätigkeit des Jungen sogar als durchaus positiv. Was auch immer ans Tageslicht kommt, die Botschaft, die durch die Aufsicht übermittelt wird, ist nicht: »Big Daddy is watching you!«, sondern viel mehr: »Wir sind dicht bei dir! Wir haben dich nicht aufgegeben!«

Worte

Eine Begleiterscheinung des »Austrocknens« der Elternpräsenz ist oft das endlose Reden der Eltern. Hilflose Eltern drohen, erklären, raten, flehen, beschuldigen und entschuldigen ständig. Dieses Reden wird zu einem Hintergrundgeräusch, das die Eltern in den Augen des Kindes weniger und weniger wert sein läßt und natürlich auch in ihren eigenen. Es führt nicht nur das Kind, sondern auch die Eltern zu der Überzeugung, daß letztlich nichts unternommen werden kann. Es steigert höchstens die Spannung in der Familie, vergrößert den Haß und die Verachtung. Die Frage ist, wie man dieses Geräusch unterbinden und den Eltern helfen kann, weniger zu sprechen, und wenn, dann mit Worten, die Bedeutung haben.

Manchmal hilft es, wenn man im Coaching den Eltern aufzeigt, wie sehr das Reden ihrem Wert schadet. Auf die Frage, ob das Kind jemals versuche, sie in einen Streit hineinzuziehen, um sie daran zu hindern, tätig zu werden, lächeln sie oftmals verlegen. Viele Eltern wissen, daß das Kind sich über ihre Vorhaltungen lustig macht. Einige Teenager sind Meister im Karikieren des elterlichen Sprechstils, darin wird besonders deutlich, wie perfekt die Eltern für das Kind schon vorhersagbar geworden sind. Manchmal mag das für das Kind sogar einen liebevollen Aspekt haben – »Mami ist eben so!«. Doch wenn – wir erinnern an den Begriff des Musters – sich die Interaktion zwischen Eltern und Kindern auf eine Form von Wiederholungen reduziert, in der höchstens Negativität entsteht und ansonsten keinerlei Bewegung erkennbar ist, dann kann der Wert der elterlichen Worte schrittweise erneuert werden durch Schweigen, ungewöhnliches Verhalten und den vernünftigen Einsatz neuer Wege in der Kommunikation. Diese Prozesse verstärken sich gegenseitig.

Die Mutter eines gewalttätigen Jungen beschrieb, wie sie sich entschloß, alle Bemühungen für ihren Sohn einzustellen, nachdem er sie in Gegenwart seiner Freunde aus seinem Zimmer geworfen hatte. Was sie am meisten an ihrem eigenen Verhalten überraschte, war, daß sie für die Dauer ihres Streiks zu reden aufhörte, ohne sich das vorgenommen zu haben. Sie empfand, daß das Schweigen ihren Entschluß stärker machte. Als die Kommunikation zwischen ihnen wieder aufgenommen wurde, war sie für beide anders.

Der Rückzug ins Schweigen, besonders wenn er von anderen präsenzzeigenden Schritten begleitet wird, kann ein kraftvolles Verhalten sein, sofern es nicht nur ein Rückzug in die Beleidigung mit demonstrativem Charakter darstellt. Es mag so aussehen, als ob Schweigen gegen das Prinzip der Elternpräsenz stünde, denn es ist ja zunächst eine Form der Unterbrechung der Interaktion. Das ist jedoch nicht so: Es ist gerade der endlose verbale Fluß, der die Abwesenheit kennzeichnete, da die Worte schließlich nichts mehr bedeuteten. Schweigen kann dann als Kontrast die Bedeutung übermitteln, daß der Elternteil wieder da ist! Wem das irgendwie verwirrend erscheint, kann ein wohlbekanntes Phänomen bedenken: Wann immer jemand einem ständigen physischen Stimulus unterworfen ist, hört er oder sie nicht nur auf, darauf zu reagieren, man hört auch auf, ihn bewußt wahrzunehmen. Der Reiz hört sogar auf, irgendeine manifeste neurale Antwort hervorzurufen. Dieses Phänomen wird Habituation genannt. In dem Augenblick jedoch, in dem der fortwährende Stimulus entzogen wird, reagiert das Gehirn (und die Person) wieder. Auf diese Weise kann Schweigen in ein Signal verwandelt werden, wenn es einen Unterschied darstellt zur gewohnten Art des Umgangs miteinander: Wird das unaufhörliche Reden der Eltern plötzlich unterbrochen, kann das Kind die Eltern als anwesend wahrnehmen.

Neues Verhalten kann den Worten der Eltern Leben einhauchen, aber manchmal werden die alten Worte stärker und können die entschiedensten Schritte schwächen. Ein Elternteil etwa, der die Bärumarmung einsetzt und sie gleichzeitig erklärt, Ratschläge gibt und sich entschuldigt, schwächt die Kraft der Handlung des Haltens: Der »alte« Elternteil, der durch den verbalen Fluß hervorkommt, radiert die Wahrnehmung des »neuen« und präsenten Elternteils aus.

Worte können auch zu einer neuen Form von Leben erweckt werden, indem sie in neuen Kontexten und Modalitäten ausgedrückt werden:

Ein adoleszentes Mädchen, dessen Eltern sich hatten scheiden lassen, weigerte sich, den Vater zu treffen oder mit ihm zu telefonieren. Der Therapeut überredete den Vater, ihr jede Woche einen Brief zu schreiben. Er sollte jede Woche eine Stunde für diese Aufgabe festsetzen und das durchhalten, ungeachtet der Reaktion des Mädchens. Der Therapeut warnte ihn, daß es eine sehr lange Zeit dauern könnte, Monate oder sogar Jahre, bevor er eine Antwort bekäme. Der Vater behielt eine Kopie von jedem Brief, den er abschickte. Das Mädchen zerriß die ersten Briefe.

Jedoch nach einem Monat zerriß sie sie nicht mehr und ließ sie statt dessen ungeöffnet auf dem Bord liegen. Ein Jahr später, während einer Zeit, in der sie schlimme Auseinandersetzungen mit ihrer Mutter hatte, fing sie an, sie zu lesen. Sie brauchte noch ein weiteres Jahr, bis sie anfangen konnte, sich mit ihrem Vater zu treffen. Sie erzählte ihm, daß die Briefe eine starke Quelle des Trostes für sie gewesen seien. Sie sagte, daß schon bevor sie sie dann schließlich gelesen hatte, ihr regelmäßiges Eintreffen und die bloße physische Anwesenheit auf dem Regal ihr als starkes Zeugnis seiner andauernden Sorge gedient hätten.

Wann immer wir Eltern eine Schreibaufgabe vorschlagen, versuchen wir ihnen zu helfen, ihre Briefe frei von den negativen Elementen zu halten, die ihre »Face-to-face«-Kommunikation mit dem Kind »infiziert« hatten. Ratschläge, Drohungen, Anschuldigungen, Anflehen und Entschuldigungen sollten sorgfältig vermieden werden. Wir lesen die Briefe während der Sitzungen oft genau durch, um die Eltern für diese Elemente zu sensibilisieren. Nach und nach lernen sie nicht nur als Eltern, sondern auch als Individuen zu schreiben, die ihre täglichen Ereignisse erzählen, ihre Sorgen und Pläne für die Zukunft. Einige Eltern schreiben über frühere Zeiten mit dem Kind oder über ihre eigene Kindheit. Einige fügen den Briefen Photographien bei. Ein Vater erzählte mir, daß sein Schreiben viel dazu beigetragen hatte, seine mündlichen Unterhaltungen mit seinem Kind auf ein besseres Niveau zu heben.

Furcht

Um Eltern aus ihrer Hilflosigkeit herauszuholen, ist es wesentlich, ihre Ängste anzusprechen. Eltern sind in der Situation, sich gleichzeitig auf zwei Seiten zu ängstigen. Sie sind um ihre eigene Seite besorgt (daß das Kind sie zurückweisen oder gar angreifen könnte) und um die des Kindes (daß sie ihm Schmerz oder

Schaden zufügen könnten oder es zu gefährlichen Extremen veranlassen könnten). Diese doppelte Front kann zutiefst schwächen. Und dennoch, alle therapeutischen Bemühungen werden auf schwachen Füßen stehen, wenn die Eltern nicht ein gewisses Gefühl des Einflusses auf ihre am meisten gefürchteten Auswirkungen erhalten. Deshalb müssen die elterlichen Befürchtungen direkt ins Zentrum des therapeutischen Dialogs gebracht werden. Es kann dann möglich werden, diese Ängste zugunsten der Therapie zu kanalisieren. Der erste Schritt ist, sie explizit zu machen. Die Therapeuten sollten die Eltern nach ihren erschreckendsten Vorstellungen fragen. Ihre schlimmsten Phantasien sollten Worte bekommen: »Was ist Ihre extremste Befürchtung, was geschehen wird, wenn es so weiter geht wie bisher?«

Die Ängste der Eltern sind niemals trivial. Diejenigen, die so erscheinen, sind oft nur eine Projektionswand für viel bedrohlichere. Im Sinn und in den Herzen der Eltern lauern Geschichten über schockierende Fälle, die ihren Katastrophenvorstellungen Nahrung geben. So zeigen unsere Erfahrungen aus der Arbeit mit Familien mit chronisch kranken Kindern, daß die Eltern oft durch über Generationen weitergegebene Schreckensgeschichten gelähmt werden (Theiling et al. 2000). Ängste um Kinder erweisen sich zäher als die Befürchtungen, die man um sich selbst hat. Der Berater oder die Beraterin sollte sich die Mühe machen, sie ans Tageslicht zu bringen, und den Mut aufbringen, sich mit ihnen zu konfrontieren. Nicht daß das bloße Aussprechen schon die Kraft hätte, sie aufzulösen, vor allem dann nicht, wenn die Schreckensgeschichten auf bestimmte narrative Traditionen in der Familie verweisen, wenn die Ängste also ein Form der Familienloyalität darstellen. Die Aussicht, ein Kind könne in eine Nervenheilanstalt gesteckt werden, drogenabhängig werden oder Suizid begehen, klammert sich im Geist fest. Das Aufrufen der elterlichen Ängste sollte deshalb ein erster Schritt für die Mobilisierung der Eltern zu einem Verhalten sein, das sich auf ihre Präsenz gründet.

Wenn die schlimmsten Befürchtungen erst einmal explizit gemacht worden sind, erreichen wir, was vielleicht der Brennpunkt der ganzen Therapie ist: Berater und Eltern wenden ihre Aufmerksamkeit genau dem Punkt der elterlichen Kapitulation zu.

Es sind oft tatsächlich die Ängste der Eltern, die sie zwingen, selbst den inakzeptabelsten Forderungen und Verhaltensweisen des Kindes nachzugeben. In diesem Licht betrachtet, ist das Verhalten der Eltern völlig verständlich. Was als elterliche Rückgratlosigkeit angesehen werden könnte, wird als Ausdruck elterlicher Sorge erkannt – ein Ansatzpunkt für eine Verschiebung ins Positive.

Der Therapeut sollte mit den Eltern besprechen, warum Nachgeben zu diesem Zeitpunkt wahrscheinlich die gefährlichste Option ist. Nachgeben enthält die Botschaft der Verzweiflung. Es kommt einem Abdanken der Eltern gleich. Das Kind kann nicht umhin, sich beim Höhepunkt des Sturms aufgegeben zu fühlen. Was von Eltern und Kind gleichermaßen gebraucht wird, ist eine klare Manifestation der Elternpräsenz – nicht nachzugeben, nicht zu schlagen, nicht wegzulaufen und nicht gehen zu lassen, sondern bei dem Kind zu bleiben, mit Körper und Geist und auf eine Weise zu handeln, die ausdrückt: »Wir sind hier!«, »Wir werden dich nicht aufgeben!«, »Wir können nicht abgeschüttelt werden!«

Die Eltern sollten wissen, daß diese Arbeit möglicherweise Monate dauern kann. Die Therapeutin sollte sie fragen, ob sie bereit seien, der Aufgabe oberste Priorität einzuräumen. Das Ziel sollte jedoch in sehr klaren und positiven Worten festgestellt werden: Ihre Abwesenheit in Präsenz umzuwandeln, damit sie ein realer, positiver Faktor im Leben ihres Kindes werden könnten.

Je extremer die Ängste der Eltern, desto stärker wird die Wirkung und desto mehr Kräfte mobilisiert diese Botschaft. Das wird am deutlichsten, wenn die Furcht, das Kind könnte Suizid begehen, jeden Gedanken der Eltern verfolgt, vom Augenblick des Aufstehens am Morgen bis zu den letzten schlaflosen Stunden in der Nacht. Die Arbeit an der Präsenz ist dann ein möglicher Weg, das Kind nicht im Vakuum zu belassen und auch keine Botschaft der Verzweiflung zu übermitteln. Eltern sehen das Kind, das mit Suizid droht oder ihn versucht, als am Rand des Abgrunds wandelnd. Wenn das so ist, ist es wichtig für sie, um ihr Recht zu kämpfen, präsent zu bleiben, eben damit sie das Kind nicht allein am Abgrund lassen. In diesem Kampf gibt es eine Hoffnung: Der Elternteil, der präsent bleibt, kann dichter am Kind dran sein und so vielleicht mehr helfen, den Sprung zu verhindern, als der, der sich in Verzweiflung und Hilflosigkeit zurückzieht. Darüber hinaus hilft der Elternteil dem Kind, indem er bei ihm bleibt, sich nicht allein und hoffnungslos zu fühlen.

Jedoch viele Eltern fürchten, daß gerade dieser Kampf um Präsenz dem Kind den letzten Stoß geben könnte, der das Kind springen läßt. Aber Suizid ist ein Akt der Vereinsamung und Verzweiflung, und die Übermittlung einer entschiedenen Sorge ist so eine starke antisuizidale Maßnahme. *Es ist das Gefühl, aufgegeben und alleingelassen zu sein, das schließlich tötet.* Eltern verstehen das sehr wohl. Das therapeutische Unternehmen, das unter diesem Vorzeichen eingeleitet wird, wird niemals unter einem Mangel an Motivation leiden.

Fall 5: Angst und Entfremdung überwinden

Mona war nach ihrer Geburt adoptiert worden. Sie kam von einem anderen Kontinent und sah völlig anders aus als ihre Eltern. In ihrem ersten Lebensjahr war sie schwächlich und litt an zahllosen Krankheiten. Die Eltern mußten sie wiederholt ins Krankenhaus bringen. Als sie jedoch anfing zu laufen, wurde sie plötzlich außergewöhnlich gesund, stark und hübsch. Es war, als hätte sie eine Art biologische Anpassung an ihre neue Umgebung durchgemacht.

Jeder Entwicklungsschritt forderte jedoch einen hohen Preis. Es dauerte Monate, bis sie sich an den Kindergarten gewöhnt hatte, und der Übergang zur Grundschule war noch schlimmer. Obgleich sie höchst intelligent war und keine Lernschwierigkeiten diagnostiziert werden konnten, empfand Mona alle Schulfächer als extrem schwer. Der Schulpsychologe war ratlos und konnte sich ihre abgrundtiefen Schwierigkeiten nicht erklären. Das verstärkte das Gefühl der Eltern, Mona sei wirklich ein »Geschöpf einer anderen Ordnung«, das sich den üblichen Einschätzungen entzog. Dennoch war das Leben mit Mona schön, da die Freuden bei weitem die Schwierigkeiten überwogen. Sie schien wie eine üppige tropische Pflanze zu sein, die alles bereicherte und verschönte. Doch die Besorgnisse wuchsen in ihren frühen Teenagerjahren erheblich.

Mona blieb nachts wach und beschäftigte sich mit Musik und Telefonaten mit einer Freundin, die ebenfalls zu ungewöhnlichen Stunden schlief. Sie begann zu lügen; es fing mit kleinen Schwindeleien an, die bald zu größeren wurden. Die Eltern hatten das Gefühl, daß sie fast nichts von ihrem Tun mitbekamen. Sie bekamen so sehr Angst vor dem, was sich hinter ihrem Rücken abspielen mochte, daß sie ihr Telefon anzapfen ließen und jeden Tag Stunden damit verbrachten, sich die Tonbänder anzuhören. Um diese Zeit hatte sie schon etliche Nächte außer Haus verbracht. Der Versuch der Eltern, das zu unterbinden, wurde mit Sturzbächen von Beschimpfungen beantwortet. Sie lachte sie unverschämt aus: »Reden, reden, reden! Das einzige, was ihr könnt, ist reden!« Sie wurde zu einem Psychologen geschickt, und als sie nach der Sitzung befragt wurde, sagte sie in demselben abschätzigen Ton: »Worte, Worte, Worte!« Die Lähmung der Eltern wurde vervollständigt durch Suiziddrohungen, die Mona durch solche Anstalten bekräftigte, wie sich zum Beispiel auf das Geländer des Balkons im 5. Stock zu setzen.

Mona hatte viele Ängste, einige waren klar, einige verschwommen. Sie fürchtete sich vor der Schule und weigerte sich oft hinzugehen, besonders wenn Prüfungen und Klassenarbeiten anstanden. Eine andere ihrer ständigen Ängste war, ihre Eltern könnten sich scheiden lassen – eine reale Möglichkeit. Manchmal jedoch verfiel Mona in Panik, ohne sagen zu können, warum. Die Eltern hatten das Gefühl, daß die Ängste aus ihrer dunklen inneren Welt kamen, von der sie sich ausgeschlossen fühlten. Da sie hofften, ein Psychologe würde das Mysterium enthüllen, versuchten sie, sie zu überreden, eine Therapie anzufangen. Sie boten ihr Vergnügungsausflüge an, Disneyland und dann die Olympischen Spiele, wenn sie anfangen würde. Mona ging zu ein paar Sitzungen, hörte aber sofort nach dem Ausflug wieder auf. Sie stimmte auch einer psychiatrischen Untersuchung zu (was die Eltern eine Stereoanlage kostete). Der Beitrag des Psychiaters war die Aussage, daß Mona ernsthaft suizidgefährdet sei.

Mona hatte den tiefen Wunsch dazuzugehören. Sie ging auch noch – selbst auf der Höhe ihrer Ängste – zur Schule, nur um in Verbindung mit ihren Freunden zu bleiben. Trotz ihres guten Willens entwickelte sie jedoch nach und nach den Ruf, merkwürdig zu sein, und wurde immer isolierter. Schließlich blieb ihr nur die eine Freundin, mit der sie sich nachts unterhielt und die auch ihrerseits als merkwürdig galt. Es waren die Unterhaltungen mit dieser Freundin, die die Eltern anzapften. Aber all ihr Belauschen erhellten die Situation nicht. In einem ihrer Gespräche schlug Monas Freundin vor, sich gemeinsam in einem Luxushotel zu prostituieren. Die Eltern konnten nicht entscheiden, ob der Vorschlag ernst gemeint war. In der Tat fühlten sie sich, trotz ihres endlosen Belauschens, so sehr im dunklen, was Monas »wirkliche« Welt anging, wie zuvor.

Die Eltern kamen zu unserem Programm in einer Verfassung tiefer Niedergeschlagenheit. Mona blieb fast jede Nacht weg und schlief fast den ganzen Tag. In jüngster Zeit weigerte sie sich beinah ganz, mit ihnen zu reden, außer wenn sie ihren Sarkasmus ausdrücken wollte. Die Eltern erzählten dem Therapeuten, daß sie alles versucht hätten, einschließlich eines radikalen Wechsels in ihrer Einstellung zu Mona. Der Vater, den die Mutter als »weich wie geschmolzene Butter« beschrieb, hatte völlig die Orientierung verloren, einmal griff er zu physischer Gewalt, als er Mona in ihr Zimmer stieß und sie stundenlang einschloß. Er war über seine eigene Reaktion überrascht und sogar noch mehr über Monas: Ein paar Tage lang benahm sie sich ganz respektvoll. Auf der anderen Seite versuchte die Mutter, die immer strenger und fordernder gewesen war, den sanfteren Kurs. Ironischerweise schienen die Anstrengungen der Eltern wie berechnet, sich gegenseitig aufzuheben. Keiner der Eltern glaubte, daß diese Veränderungen irgendeine Verbesserung bewirken könnte. Sie waren sich sicher, daß neuerliche Versuche, wie die vorhergehenden, an Monas geheimnisvollen Kern zerschellen würden.

Die Eltern bereiteten sich auf das Schlimmste vor – Mona zu verlieren. Der Vater hoffte nur, daß sie sich nicht selbst zerstörte als letzten Weg aus ihrem und der Eltern Leben. Es schien, als ob die Geschichte sich vollendete: Mona war aus einer anderen

Welt in ihr Leben getreten und glitt zurück in eine andere Welt. Das war der Anhaltspunkt für die Botschaft des Therapeuten zur Elternpräsenz.

Ich habe ganz stark das Gefühl, genau wie Sie an dem schwarzen Loch in ihrem Leben leiden, das durch Monas zunehmende Abwesenheit zurückgelassen worden ist, leidet auch Mona an Ihrer Abwesenheit. Ich glaube, Mona wünscht mehr als irgend etwas anderes auf der Welt, daß Sie da sind. Nur Ihre unerschütterliche Gegenwart kann ihr die Sicherheit geben, die sie so verzweifelt braucht. Sie haben sich sehr bemüht, ihr zu zeigen, wie Sie sich um sie sorgen: Sie haben ihr zugehört, mit ihr argumentiert und ihr gesagt, daß Sie sie lieben. Als das nicht ausreichte, das Problem zu lösen, sind Sie zu professionellen Beratern gegangen. Auch die haben mit ihr geredet und haben versucht, sie zum Reden zu bringen. All dies war jedoch nicht genug, weil Worte in ihren Augen keine Präsenz bedeuten. Vielleicht sogar das Gegenteil, es ist dazu gekommen, daß sie sie wie Abwesenheit erlebt. Sie sagt das selbst: »Worte, Worte, Worte! Reden, reden, reden! Das ist alles was ihr könnt!«

Was wir statt dessen benötigen, ist, die Worte durch Taten zu ersetzen, die ihr beweisen, daß Sie konkret anwesend sind. Wenn Sie dem zustimmen, werden Sie viel Zeit investieren müssen. Aber es wird Zeit sein, die damit verbracht wird, wirklich Dinge zu tun, nicht Bandaufnahmen im Dunklen anzuhören. Dadurch, daß Sie konkret anwesend sind, können Sie Monas Ängste reduzieren. Es wird manchmal hart für Sie sein, und ich möchte, daß Sie alle Hilfe in Anspruch nehmen, die ich Ihnen geben kann, also zögern Sie nicht, für die Dauer der Behandlung, mich zu welcher Zeit auch immer anzurufen. Wenn Sie bereit sind, sich dieser Aufgabe zu widmen und ihr für die kommenden Monate oberste Priorität zu geben, können wir uns den Einzelheiten zuwenden.

Nachdem der Therapeut die volle Zustimmung von den Eltern erhalten hatte und sie beide deutlich gemacht hatten, daß sie bereit seien, sehr viel Zeit und Energie zu investieren, fuhr er fort:

Ihre erste Aufgabe wird sein herauszufinden, wo sie die Zeit verbringt, wenn sie nicht zu Hause ist. Wenn sie dann nicht zur festgelegten Stunde heimkommt, dann gehen Sie und holen sie. Gehen Sie, um sie zu holen, wo immer sie sein mag. Wenn Sie wieder zu Hause sind, bleiben Sie bei ihr, bis sie anfängt, mit Ihnen zu verhandeln. Lassen Sie sie nicht allein, und wenden Sie sich nicht Ihren üblichen Verrichtungen zu, selbst wenn es Tage dauert. Sie können sich abwechseln, um notwendige Sachen zu erledigen, aber einer von Ihnen muß bei ihr bleiben, immer. Das beste ist jedoch, wenn Sie beide bleiben. Sie können praktische Hilfe von Freunden und Verwandten bekommen. Jeder von ihnen sollte über den Plan Bescheid wissen.

Dies wird der erste Schritt Ihrer elterlichen Rückkehr sein. Sie wird dann einen ersten Geschmack Ihrer erneuerten Präsenz erleben. Sie werden sehr bald sehen, daß sie anfangen wird, sich etwas von Ihrer Stärke zu leihen, um ihre Ängste zu bekämpfen. Erwarten Sie jedoch keine schnelle Lösung. Es wird viele Schwierigkeiten geben, aber die Schwierigkeiten werden Ihnen neue Gelegenheiten bieten, sich präsent zu machen.

Die Mutter fragte, was sie bei Monas verbalen Verunglimpfungen tun sollten. Ermutigt durch den Therapeuten, entschlossen sie sich, darauf zu reagieren, indem sie ihre Stereoanlage für drei Tage konfiszieren würden. Bald ergab sich die Gelegenheit für die Sanktion, und die verbalen Ausbrüche verschwanden. Die Eltern fühlten sich durch diesen ersten Erfolg ermutigt: Sie konnten also doch handeln!

Das wahre Drama fing jedoch an, als Mona nicht zur festgesetzten Stunde von einer Disko zurückkehrte. Da die Eltern sie in der Menge nicht finden konnten, baten sie den Geschäftsführer, sie über den Lautsprecher auszurufen. Mona war wie vom Donner gerührt, als sie sah, daß ihre Eltern da waren. Sie bestieg das Auto der Familie mit zwei anderen Freunden, die die Eltern bereit waren nach Hause zu bringen. Sobald sie wieder zu Hause waren, erklärte Mona, sie würde ausziehen, und fing an zu packen. Sie besann sich dann jedoch, und ging, um sich auf das Geländer des Balkons zu setzen, wie gesagt, die Wohnung lag im 5. Stock. Als die Eltern sich ihr näherten, drohte sie zu springen. Die Mutter rief den Therapeuten an, der ihr sagte, sie sollten bei ihr bleiben und ihr sagen, daß sie sie nicht aufgeben würden. Nach einer Weile machte Mona bedrohliche Bewegungen. Der Vater, der um Armeslänge entfernt war, ergriff sie, umarmte sie eine Sekunde lang kraftvoll und brachte sie in ihr Zimmer. Er legte Mona auf ihr Bett und saß wortlos bei ihr. So verblieben sie fast vier Stunden lang. Dann sagte Mona sanft: »Vati, laß mich allein, ich möchte schlafen!«

Mona schlief noch, als die Eltern sich früh am Morgen mit dem Therapeuten trafen. Er bestätigte die Eltern in ihrem Handeln. Für ihn war der Akt des Zu-sich-Ziehens, Umarmens und dann bei ihr im Zimmer zu bleiben, eine kraftvolle Weise ihr zu sagen: »Wir holen dich zurück! Du gehörst zu uns!«

Der Sturm hatte jedoch gerade erst angefangen. Die Eltern gingen nach Hause, völlig entschlossen, die Dinge nicht wieder entgleiten zu lassen, bis ein Vertrag aufgesetzt worden war, der neue Regeln des Betragens einführte. Der Therapeut ermutigte sie, Mona so lange zu Hause zu behalten, wie das dauern würde. Dazu sollten sie Verwandte und Freunde einladen, um ihnen bei der Verhandlung zu helfen. Sie schlossen zwei Ausgänge der Wohnung, schraubten das Badezimmerschloß ab und warteten darauf, daß Mona aufwachte. Mona schrie, dann drohte sie, dann fing sie an, mit Gegenständen um sich zu werfen. Sie versetzte sich so in Wut, daß sie ein Fenster und den Spiegel zerschmetterte. Der Vater ergriff sie und umarmte sie, bis sie aufhörte zu kämpfen. Dann fing sie wieder an zu schreien. Die Nachbarn beschwerten sich, aber niemand rief die Polizei. Mona wurde erst wieder ruhig, als die Freunde der Eltern und die Verwandten eintrafen. Sie weigerte sich jedoch zu sprechen, bis sie spät am Abend erklärte, sie wolle das Haus verlassen. Sie riefen den Therapeuten an, der sie alle zu einer Sitzung am nächsten Morgen einlud.

Mona kam übelgelaunt zu der Sitzung. Befragt, was sie wollte, sagte sie, sie wolle ausziehen. Der Therapeut bot ihr an, sich mit einem Internat in Verbindung zu setzen. Mona sagte, sie würde nicht in ein Internat gehen, aber ins Haus ihrer Großmutter. Die Eltern sagten, sie könne nicht zur Großmutter gehen. Da drohte Mona, den Therapeuten zu töten. Überhaupt sei ihr alles ganz egal, weil sie sich sowieso bald umbringen würde. Der Therapeut sagte den Eltern, daß sie bei ihr bleiben müßten, bis sie sicher seien, daß sie nicht mehr suizidgefährdet sei. In diesem Sinn wurde die Sitzung beendet.

Am Nachmittag erklärte Mona, sie habe sich entschlossen, zu Hause zu bleiben. Die Eltern erwiderten, daß das eine Reihe von Regeln voraussetze: Sie würden keine physischen oder verbalen Mißhandlungen dulden, sie würde sie fortwährend darüber informieren müssen, wo sie sich aufhielt, sie könne nur mit Erlaubnis ausgehen, und sie würde private Nachhilfe bekommen, um aufzuholen, was sie in der Schule verpaßt hatte. Mona erreichte ihrerseits einige Zugeständnisse, was ihre Ausflüge anbelangte. Die Verhandlungen waren gegen Abend abgeschlossen. Als die Eltern am nächsten Morgen aufwachten, waren sie überrascht, den Frühstückstisch für sie beide gedeckt zu finden. Mona sagte, sie habe schon gegessen. Sie saß auf einem Sofa und sah zufrieden zu, wie ihre Eltern aßen. Sie war noch immer irgendwie entrückt, aber nicht länger in einer anderen Welt. Es waren noch immer Schwierigkeiten zu erwarten, aber Monas Eltern hatten das Gefühl, sie wüßten jetzt besser, wie sie reagieren sollten.

Belohnung und Bestrafung

Trotz eindrucksvoller Ergebnisse sind verhaltenstherapeutische Programme, die sich auf Belohnung und Bestrafung konzentrieren, manchmal unattraktiv für Eltern und Therapeuten. Einige sehen sie als eine Art Bestechung an, während andere sich an dem mechanischen Ablauf stoßen. Jedoch können Belohnung und Strafe zu mächtigen Trägern der Elternpräsenz gemacht werden, wenn sie mit einer neuen Betonung eingesetzt werden.

»Time-in«

Man denke zum Beispiel an die verhaltenstherapeutische Technik des »Time-out«. Die Prozedur besteht aus einem verhaltensspezifischen Anlaß (z. B. Wutanfälle) und einer Time-out-Prozedur (z. B. das Kind immer dann für fünf Minuten ins Badezimmer zu schicken, wenn das Problemverhalten auftritt). Wenn dieser Ablauf erst einmal definiert ist, kann sich das Programm im Prinzip ganz unpersönlich entfalten: Jedes Auftreten des Zielverhaltens verlangt die darauf folgende Time-out-Prozedur. Es spielt keine Rolle, wer die Bestrafung vornimmt. Anstatt nun das Kind wegzuschicken, bleiben die Eltern nach unserem Konzept bei dem Kind so lange, bis das gewünschte Ergebnis erreicht ist. Mehr noch, nur die Eltern können die Prozedur durchführen, da die zu übermittelnde Botschaft ist: »Wir sind hier!«. Obgleich diese Prozedur auch eine Art Bestrafung ist, ist ihre interpersonale Wirkung völlig anderer Art. Um den Unterschied zum verhaltenstherapeutischen Time-out zu unterstreichen, könnten wir dieses Vorgehen »Time-in« nennen.

»Der Pfandleiher«
Die Verwendung von Belohnung und Bestrafung als ein Instrument der Elternpräsenz wird auch in einer Strategie gezeigt, die den Spitznamen »der Pfandleiher« (Price 1997) trägt. Die Eltern setzen eine Summe Taschengeld fest, die dem Kind jede Woche gegeben wird, wenn es sich an die Regeln hält. Das Geld wird in ein Glas getan (oder eine Zahl, die der Summe entspricht, wird sichtbar hingestellt), und die Regeln werden dem Kind erklärt. Mit jeder Regelverletzung wird die Summe um eine festgelegte Menge verringert. Das Kind kann nicht nur die ganze Summe verlieren, sondern sogar Schulden machen; in diesem Fall nehmen die Eltern dem Kind etwas weg, was ihm gehört, und tauschen es gegen einen »Pfandschein« ein. Das Kind kann den Gegenstand zurückhaben, aber nur indem es seine Schulden bezahlt.

Es sieht so aus, als ob diese Prozedur die Eltern in anonyme Buchhalter verwandelte. Aber nicht unbedingt. Erst einmal sind es die Eltern, die entscheiden, was das Vergehen zu einem solchen macht. Wenn Streitereien anfangen, können die Eltern sagen: »Ich sehe das so, und deshalb ist es auch so!« Das Urteil der Eltern wird so wieder in die Mitte der Bühne gestellt. Das elterliche Verhalten des Beobachtens, Beurteilens, Belohnens und Bestrafens wird auf diese Weise nicht weniger wichtig als die Belohnungen und Bestrafungen selbst. Auf diese Weise können wir den Eltern sagen: »Es ist nicht die Belohnung oder Bestrafung allein, die die Wirkung bringt, sondern vielmehr, daß Sie die Regeln festsetzen und Sie die Schiedsrichter sind.« Statt daß sie sich hinter einer anonymen Technik verstecken könnten, schützt das Programm in Wirklichkeit die Eltern vor Anonymität.

Die Mutter von Zwillingen (neun Jahre alt) konfiszierte die Puppen der Mädchen, als diese Schulden in Höhe der Hälfte ihrer wöchentlichen Belohnung gemacht hatten. Nach einer Woche gelang es den Mädchen, ihre Spielzeuge vom »Pfandhaus« wieder einzulösen. Sie umarmten und küßten die Puppen, trösteten sie und sagten zu ihnen, sie würden sie nie wieder allein lassen. Die Mädchen spielten diese »Familienzusammenführung« in der Gegenwart der Mutter. Obgleich der Oberflächentext des Ereignisses von Belohnung und Strafe spricht, handelt der darunterliegende Text von elterlicher Abwesenheit und erneuerter Präsenz.

Wahrscheinlich kann es nicht oft genug betont werden, daß wir alle die hier beschriebenen Instrumente und Maßnahmen nicht als Regelfall guter Erziehung ansehen. Eltern, die ihre Kinder über ihre ganze Kindheit hinweg mit einem »Pfandleihsystem« erziehen, sind für uns kein erstrebenswertes Ideal. All die vorgestellten Maßnahmen sollten als Interventionen gesehen werden, als Möglichkeiten, mit Eltern gemeinsam Ideen zu entwickeln, wie eine verlorengegangene elterliche Präsenz wiedererlangt werden kann.

Kapitel 6:
Ein Gespräch

Fall 6: Das wiedergekaufte Motorrad

In diesem Kapitel geben wir ein leicht gekürztes und sprachlich bearbeitetes Interview wieder, das Haim Omer im Rahmen eines Workshops in Süddeutschland mit den Eltern der Familie G. im Februar 1999 geführt hat.[1] Das Gespräch zeigt eine Reihe der im Buch besprochenen Themen in der konkreten Umsetzung auf eine Beratungssituation. Zugleich zeigt der Schluß, daß Menschen, Paare und Familien als selbstorganisierte Systeme die Realisierung der besprochenen Anregungen auf eigene, und oft auch auf eine ganz andere als ursprünglich intendierte, gleichwohl sehr kreative und konstruktive Weise vornehmen können.

Die beiden Eltern, Ursula und Martin, sind beide in zweiter Ehe verheiratet. Jeder der beiden brachte zwei Kinder im Alter von zwölf bis fünfzehn Jahren mit in die Ehe. Von Herrn G. stammen zwei Söhne, Manfred und Mario, von Frau G. ein Sohn, Rolf, und eine Tochter, Sophie (die jüngste der vier). Eine fünfjährige gemeinsame Tochter, Annika, lebt mit in der Familie. Anlaß zur Vorstellung in der Beratungsstelle waren Sorgen der Eltern über die drei großen Söhne, die sich zusammengetan hatten und sich mehr oder weniger nichts sagen ließen. Die Therapeutin hatte die Eltern zu dem Gespräch eingeladen. Sie verfolgte das Gespräch als Beobachterin.

---

1 Namen und Daten, die zur Identifizierung führen könnten, wurden geändert.

Die Gesprächsteilnehmer: Mutter (Mu.), Vater (Va.), Haim Omer (HO)

HO: Sie haben Sorgen mit Ihren Söhnen?
Mu.: Ja, wir haben das Problem, daß sie sich so gar nichts sagen lassen, nicht hören.
HO: Sie wehren Sie beide ab, ja?
Mu.: Ja, und jetzt in diesem Alter, in dem sie jetzt sind, kommt es immer mehr durch: »Seine Kinder – meine Kinder – unser Kind«.
HO: Das ist das Jüngste, das Kind von Ihnen?
Mu.: Ja, und das Schlimme ist: Es kommt so automatisch.
HO: Ja, da gibt es Reibungen? – Und gibt es einen Unterschied zwischen Ihnen, inwieweit die Kinder Sie provozieren oder aufregen können?
Va.: Also »meine« Kinder können das ganz extrem, daß sie Ursula ärgern, vor allem Manfred, der kann sie sehr stark provozieren. Bei mir ist es einmal der Rolf von ihr, der provoziert mich, und der Manfred von mir, der provoziert sie.
HO: Ah, es gibt sozusagen eine Überkreuz-Situation. Aber jetzt eine schwere Frage: Wer von Ihnen beiden leidet mehr?
Mu.: Ich!
HO: Ja und wie, wie geht das auf Ihre Nerven?
Mu.: Daß ich eigentlich immer perfekt sein will mit den Kindern, daß ich so, wie ich in meinem Alltag bin, so wie mit meinem Haus, meiner Wohnung, meinen Kindern, ich möchte gern alles perfekt haben, und das geht immer mehr daneben. Martin ist wesentlich ruhiger als ich und sieht das auch gelassener. Ich meine, daß ich eher den Weitblick habe und einfach Angst habe, daß es immer mehr aus dem Ruder läuft, immer schlechter wird, und daß – was weiß ich – Drogen und Alkohol und was weiß ich, noch dazukommt.
HO: Sie sehen also die möglichen schlechten Auswirkungen im voraus. Und was wäre das schlimmste Drehbuch, das Sie im Kopf haben? Was wäre das Schlimmste, was passieren könnte, über das Sie sich Sorgen machen?

Mu.: Einmal die Schule, daß sie, wenn sie so weitermachen, keine Lehrstelle kriegen, wenn es weiterhin heißt: Schule – nein danke. Und dann weiter dieses Abrutschen zum Beispiel in Alkohol oder in Drogen – einfach dieses Abdriften.
HO: Verstehe ich das richtig, daß auch schon Diebstähle vorgefallen sind?
Mu.: Also wir vermuten auch, Geld innerhalb unserer Familie, das können wir nicht hundertprozentig beweisen, aber wir ahnen das. Es ist auch schon in Läden gestohlen worden, sie haben schon Strafanzeigen bekommen, zwei von den drei Jungs – zwei von den drei Jungs wurden schon von der Polizei erwischt.
HO: Das ist schon keine Kleinigkeit mehr.
Mu.: Ja, und die Schule, beide haben schon einmal die Schule verlassen, sie sind jetzt auf der gleichen Schule wie die beiden anderen.
HO: Ah, jetzt sind die drei zusammen, auch mit der großen Tochter, wie hieß sie noch – Sophie?
Mu.: Ja, Sophie ist auch auf der Schule. Aber die macht uns keine Sorgen. Es ist einfach so, daß besonders die Jungen sich seit etwa zwei Jahren nicht mehr an Regeln halten können. Sie sind aus den Sportvereinen heraus, weil es dort Regeln gab – bis auf einen. Sie machen im Sportverein nicht mehr mit, in der Schule halten sie die Regeln nicht ein, es gibt kein Wochenende oder Freitag, an dem sie nicht nachsitzen müssen oder Extraaufgaben haben.
HO: Es gibt schon deutliche Zeichen, daß sie abdriften, es ist nicht nur eine Einbildung, sondern es gibt schon deutliche Hinweise.
HO: (zum Vater) Und Sie haben ähnliche Sorgen?
Va.: Ich sehe das nicht so ernst, nicht so überspitzt wie sie, ich sehe das ein bißchen lockerer.
HO: Ein bißchen optimistischer, ja?
Va.: Ich denke immer an meine eigene Kindheit, meine eigene Schulzeit, wir haben uns da auch irgendwie zusammengerauft, irgendwelche Sachen produziert, Blödsinn gemacht, und deswegen bin ich trotzdem nicht abge-

rutscht. Das gehört so ein bißchen mit dazu zum Erwachsenwerden, würde ich sagen.
HO: Also, es geht so weit, daß Sie denken, Ursulas Sorgen sind ganz eingebildet?
Va.: Oh nein, vom Tisch weisen tue ich sie nicht, ich sehe es nur ein bißchen lockerer, nicht ganz so ernst. Ich denke, das gehört ein bißchen mit dazu. Ich teile die Sorgen schon, daß wir sagen, wir müssen da etwas dran tun, daß die Jungen nicht so abdriften, wir haben vielleicht ein bißchen zu spät »Stop« gesagt.
HO: Gibt es etwas, was Sie versucht haben, was einige gute Auswirkungen gehabt hat?
Mu.: (lacht resigniert, kleine Pause)
Va.: Das Gute ist, daß wir die Kinder jetzt auf *einer* Schule haben, daß sie Schularbeitenbetreuung haben, das heißt, wenn sie nach Hause kommen, sind die Schularbeiten gemacht, und wir haben damit keine Probleme mehr. In der Vergangenheit gab es nur Streß und Theater, wenn sie von der Schule nach Hause kamen und erst noch ihre Schularbeiten machen mußten, dann wurden keine Schularbeiten gemacht und so weiter.
HO: Und jetzt?
Va.: Und jetzt haben sie dann die Schularbeiten in der Schule gemacht, wenn sie kommen.
HO: Ich verstehe, dann machen sie jetzt mehr Schularbeiten, und es gibt weniger Ärger. Seit wann in das so?
Va.: Beinahe zwei Jahre.
Mu.: Bei Mario und Manfred seit etwas mehr als einem Jahr, seit sie die Schule gewechselt haben, Rolf seit drei Jahren, und Sophie ist jetzt auch seit einem Jahr auf der Schule.
HO: Also gibt es jetzt weniger Durcheinander zu Hause, seit das so ist, aber wie geht es dann abends, wenn sie zurückkommen? Ist es dann immer noch schwer?
Mu.: Es ist, es ist so, daß die Kinder untereinander sprechen und untereinander etwas unternehmen. Sie haben mich nicht als Ansprechpartner, sondern ihre eigenen Geschwister. Das heißt, alles, was in der Schule gelaufen ist

oder was unter Freunden abläuft oder was passiert ist, machen sie untereinander aus, und wir erfahren eigentlich nur, wenn alles zu spät ist. Wir werden überhaupt nicht mit einbezogen.
HO: Und Sie bekommen Informationen, die Sachen kommen zu Ihrer Kenntnis, aber spät. Sie sind die letzten, denen etwas mitgeteilt wird. Das ist besorgniserregend, weil man weiß nicht, was da los ist.
Mu.: Ja.
HO: Sie können nicht sicher sein, ob nicht etwas Schlechtes droht. Und ich verstehe, daß es schon Zeichen von Abrutschen gibt. So könnte man sagen, daß so etwas wie eine langsame »Korruption« entsteht, also Zeichen, daß die Werte der Kinder ein bißchen verfallen sind? Oder nicht?
Mu.: Ja, eindeutig!
Va.: Nun ja.
Mu.: Sie sind sehr aggressiv.
HO: Wie zeigt sich das?
Mu.: Durch die Wortgebung, wie sie mit uns sprechen, der Respekt ist sehr weit runter, das kann Frau M. aus der Beratungsstelle bestätigen, daß da auch in der Beratungsstelle – daß da überhaupt keine Achtung da ist!
HO: Fehlt der Respekt Ihnen beiden gegenüber, oder gibt es da einen Unterschied?
Mu.: Da gibt es einen Unterschied. Das ist das, was ich vorhin meinte: Es wird schwieriger. *Seine* Kinder akzeptieren mich weniger, und *meine* Kinder akzeptieren ihn weniger.
HO: Ach ja, da geht es über Kreuz. Aber zwischen Ihnen beiden, Sie können eine solche Sache einschätzen: Wer leidet mehr an totalem Mangel an Respekt?
Va.: (zeigt auf seine Frau.)
HO: Es ist mehr so, daß Sie, Frau G., mehr an der Front stehen, und Sie leiden auch mehr an den Reibungen? Nicht nur an der Versorgung, sondern auch an dem Mangel an Respekt, habe ich das richtig verstanden?
Mu.: Ja.

HO: Hat diese ganze Situation auch Ihre eheliche Kommunikation, ihr Eheverhältnis beeinflußt?
Mu.: Bislang nicht. Wir haben es immer versucht, es aufzufangen, aber es wird immer schwieriger.
HO: Es wird immer schwieriger, wie eine Drohung, wie ein Schatten. Daß es möglich wäre, daß ein Erdbeben kommt?
Mu.: Ja, da ist es einfach so – mein Mann ist cooler und sieht uns beide als erstes, und ich sehe die Gesamtfamilie als erstes. Wenn in der Gesamtfamilie Spannungen sind, dann ist es klar, daß es auch irgendwo zwischen uns Spannungen gibt.
HO: Auch für Sie (zum Vater), Sie haben die Ansicht, daß die Ehe als erstes kommt.
Va.: (nickt.)
HO: Aber Sie haben es bislang geschafft, Ihre Beziehung geschützt zu halten.
Mu.: Ja.
HO: Ich habe Sie gesehen, als Sie kamen. Sie sahen aus wie ein ganz liebendes Paar!
– die Eltern lachen –
Va.: Was es einfach immer wieder ist, es ist dieses Geballte. Es ist nicht einer, um den es dann geht, wo man sagt, heute abend bist du drinnen, sondern es sind dann gleich drei beziehungsweise fünf. Und dann wird es gleich laut. Der eine ist schon ein bißchen größer als meine Frau, die Situation müssen Sie sich vorstellen.
HO: Aber wie ist es mit der freien Zeit? Ich habe verstanden, daß Sie es geschafft haben, Ihre eheliche Interaktion gut aufrechtzuerhalten unter den Bedingungen, die im Moment sehr schwer sind. Und wie ist es mit den anderen, zum Beispiel mit der Freizeit. Wird das durch den Notstand beeinträchtigt, die Freizeitgestaltung der Familie?
Mu.: Sagen wir, die freie Zeit ist schon beeinträchtigt, vor allen Dingen ist es so, daß ich, immer wenn ich zum Beispiel mir etwas Gutes tue – oder uns etwas Gutes tue, daß ich dann der Familie gegenüber ein schlechtes Gewissen habe. Wir sind zum Beispiel allein, ohne die Kinder in

Urlaub gefahren und haben vom Urlaub aus angerufen und dann gesagt: »Hört mal, den nächsten Urlaub machen wir wieder gemeinsam!« Und jetzt habe ich für die ganze Familie Urlaub gebucht, und jetzt ist Theater hoch drei, die Jungen wollen gar nicht mit uns in Urlaub! Weil es ist da einfach so, daß ich gesagt habe, ich möchte über Ostern weg, weil ich Angst habe, daß die drei allein etwas über Ostern anstellen. Dem wollte ich aus dem Weg gehen und habe einen gemeinsamen Urlaub gebucht. Das ist natürlich nicht richtig gewesen, auch für unsere Kinder.

HO: Was war nicht richtig?

Mu.: In den Augen der Jungen war es nicht richtig. Die Kinder wollen allein entscheiden, was sie Ostern machen.

HO: Und was ist schließlich entschieden worden?

Mu.: Wir haben gebucht, und wir machen das auch. Aber ich weiß jetzt schon, es wird Streß.

HO: Sie haben die Panzer schon bestellt?

– Lachen –

Va.: Dazu muß man sagen, die Kinder haben bei den anderen Eltern, also unseren geschiedenen Partnern, mehr Freiheiten, alle vier. Wollen wir sagen, da gehen sie ja zum Teil hin, das war ja so geplant, daß sie Ostern auch dahin gehen, sie wären also nicht ohne Aufsicht über Ostern, und deswegen wollen sie nicht mit uns in Urlaub.

HO: Also wenn sie nicht mit Ihnen fahren würden, dann wären sie bei den anderen Elternteilen? Und dann wären sie getrennt?

Mu.: Und dann hätte ich keine ruhige Minute gehabt.

HO: Kommen sie dann zusammen, also treffen sie sich dann?

Va.: Nein, nein, ja gut, sie können sich treffen. Das ist so: Sie gehen jeweils zu ihren Eltern, bringen ihre Taschen dahin und dann wieder raus, und dann treffen sie sich. Eine Stunde später sind sie schon wieder zusammen, also die Jungs jetzt vor allem.

HO: Einerseits ist das gut, andererseits ist es sehr furchterregend, weil man nicht absehen kann, wohin diese Verbindung führt. Es kann gut sein, es kann aber auch sehr schlecht sein. Ich verstehe sehr gut, warum Sie sich so bedroht fühlen. Ich verstehe auch Ihr Gefühl, daß Ihre Selbstachtung ein bißchen erniedrigt worden ist, weil die ganze harmonische Familie nicht so gut und perfekt ist, wie Sie sich das gewünscht hätten. Ich denke, daß Ihre Sorgen inhaltlich wirkliche Sorgen sind. Ich kann jetzt natürlich nicht sagen, daß Ihre Sorgen genau angemessen zur Wirklichkeit sind, das kann ich ja nicht beurteilen, aber so, wie Sie es beschreiben, ist es sehr wichtig, etwas zu tun. Und ich möchte Ihnen sagen, ich bin daran interessiert, daß aus dieser Sitzung etwas Praktisches folgt. Ich werde mit Ihnen einige Möglichkeiten probieren, aber ich will Ihnen zunächst einmal sagen, was ich von Ihnen verstanden habe: Sie sind jetzt an den Rand der Familie gerückt, Sie sind nicht mehr im Zentrum der Familie. Das, was sich im Zentrum der Familie ereignet, ist das, was zwischen den drei Großen passiert, und Sie, Sie sind ein bißchen am Rand der Familie und schauen hinein, und die Jungen sind die, die wissen worum es geht. Und ich glaube, daß die Kinder das auch so fühlen, daß das so ist, daß das Zentrum, der Schauplatz, jetzt ihnen gehört. Gibt es Zeichen, daß sie sich als Herrscher des Hauses fühlen?

Va.: Sie versuchen es. Wir versuchen natürlich auch sofort dagegen zu arbeiten und dem einen Riegel vorzuschieben.
HO: Zum Beispiel, wie versuchen Sie das?
Mu.: Wir versuchen eigentlich, klar zu machen – also eine ganze Zeit haben sie versucht, uns auseinanderzubringen vom Gefühl her, also sie haben gegen uns gearbeitet – und das müssen wir ihnen immer wieder klarmachen, daß das unser Heim ist, unser Haus ist, unsere Ehe ist, und daß – bevor es uns schlechtgeht, bevor bei uns eine Trennung ins Haus steht, sagen wir: Eher geht ihr! So weit, daß wir sie ganz gewiß in die Schranken weisen. Wir sagen: Bis hierhin und nicht weiter.
HO: Aber dieses Gefühl, daß Sie versuchen, die Dinge klarzustellen, gibt es solche Versuche, machen Sie das zum

Beispiel in Wörtern oder in Taten, woran kann man das merken?
Mu.: Womit wir arbeiten, das ist Hausarrest oder Stubenarrest.
HO: Sie arbeiten mit Hausarrest?
Mu.: Ja, es gibt einen Unterschied von Hausarrest und Stubenarrest. Hausarrest heißt, daß sie im Haus bleiben müssen, aber sie können in andere Zimmer gehen. Stubenarrest ist die Steigerung, daß sie dann den Abend in ihrem Zimmer bleiben müssen.
HO: Jeder hat ein eigenes Zimmer?
Mu.: Ja, jeder hat ein eigenes Zimmer.
HO: Und wenn Sie einen Hausarrest oder Stubenarrest verhängen, bleibt das dann so?
Va.: (nickt)
HO: Sie sorgen dafür (zum Vater), Sie müssen das sein als Vollstrecker? Und wie reagieren die Kinder dann?
Mu.: Manchmal, wenn sie wissen, es ist wirklich gerechtfertigt, dann ist es okay, aber sobald sie sich etwas ungerecht behandelt fühlen, ist es ganz schlimm.
HO: Und was tun sie, wenn sie das Gefühl haben, daß das ungerecht ist?
Mu.: Dann werden sie sehr aggressiv.
HO: Und was tun Sie dann?
Mu.: Das ist ja eine Redewendung, die Millionen von Eltern lahmlegen kann: »Das ist nicht fair«.
Va.: Also ich versuche eigentlich, daß man dann über die Situation spricht, was vorgefallen ist, und ihnen auch noch mal klarzumachen, warum man das ausgesprochen hat.
HO: Also Sie versuchen, es zu erklären! Gibt es dann immer eine längere Diskussion?
Va.: Ja.
HO: So daß es dann eine Tendenz gibt, Sie in eine Diskussion hineinzuziehen? Die Jungen sind also sehr klug und haben eine Technik, die Eltern in Diskussionen zu verwickeln? Was viele Eltern nicht verstehen ist, daß, wenn schon eine Diskussion entstanden ist, daß es dann ganz egal ist, wie die Diskussion ausgeht. Die Kinder haben

schon gesiegt, wenn es eine Diskussion gibt, denn das ist ihr Gebiet – die Diskussionen verlaufen immer alle gleich.

Mu.: Aber wir können nur einzeln mit ihnen diskutieren, gemeinsam geht überhaupt nichts.

HO: Vielleicht wäre es sogar besser, wenn Sie gar nicht mit ihnen diskutieren würden, das glaube ich jedenfalls im Moment. Sind Sie die größte Diskutiererin?

Mu.: Nein, also ich diskutiere wohl ein bißchen, aber dann ist Schluß – und dann mache ich auch den Fehler, dann gehe ich. Dann rennen sie hinter mir her, wie ein junger Hund, und versuchen, mich in ein Gespräch zu verwickeln.

HO: Ich habe einen Vorschlag, eine Idee, daß Sie beide wieder in den Brennpunkt, in den Mittelpunkt der Familie kommen, daß Sie Ihre elterliche Präsenz wiederherstellen. Es sind einige Maßnahmen, mit denen Sie sagen: »Wir sind da, und wir bleiben da!« Ich glaube jedenfalls, daß die besorgniserregenden Bilder, mit denen Sie sich beschäftigen, eine viel größere Möglichkeit haben, wirklich und wahr zu werden, wenn Sie am Rand der Familie sind. Wenn diese Vertreibung von Ihnen beiden an den Rand der Familie gelingt, dann wird die Möglichkeit viel größer sein, daß die Kinder tatsächlich abrutschen. Und wenn es Ihnen gelingt, daß Sie zum Zentrum der Familie zurückkommen und sehr klar sagen: »Wir bleiben da, ihr könnt uns nicht abschütteln, wir werden sehen, was passiert, ihr werdet uns nicht zerstören, ihr werdet uns nicht trennen!« – wenn Ihnen die Wiederherstellung Ihrer elterlichen Präsenz gelingt, dann glaube ich, daß Sie die Wahrscheinlichkeit einer negativen Entwicklung sehr viel kleiner machen können. Es handelt sich um Ihre elterliche Autorität, Ihr elterliches Dasein. Und je mehr Sie sich außen fühlen, um so mehr sind Sie besorgt. Und Sie werden weniger und weniger Ruhe haben. Aber damit Sie Ihre elterliche Präsenz wiederherstellen, daß Sie ganz klar sagen können: Ich bin da – dafür wird es nötig sein, daß Sie einige Zeit investieren. Und die Frage ist, ob Sie sich bereit fühlen, dieser Aufgabe jetzt die höchste Priorität zu geben. Es geht um Ihre persönliche Ehre, um Ihre elterlichen Fähigkeiten. Ich frage mich, ob Sie bereit sind, in den nächsten sagen wir sechs Monaten dieser Aufgabe die höchste Priorität zu geben. Die ersten drei Monate werden wahrscheinlich die schwersten sein. Die Frage ist, ob Sie bereit sind, jetzt einen guten Kampf einzugehen. Es wird sicher keine leichte Sache werden. Es wird mehrere Stunden brauchen. Denken Sie, daß das realistisch ist?

Mu.: Das ist ja das, was wir uns gewünscht haben, deswegen haben wir in der Beratungsstelle den Anlauf genommen.

HO: Aber wenn ich Ihnen zum Beispiel eine Maßnahme vorschlage, und Sie werden verstehen, daß sie erfolgreich sein wird, und eine Maßnahme, die mehrere Stunden verlangen wird, glauben Sie, daß Sie dann bereit sind, eine solche Anstrengung auf sich zu nehmen? Mein Vorschlag wird für Sie mehrere Stunden intensiver Arbeit bedeuten. Glauben Sie, daß Sie jetzt bereit sind, das auf sich zu nehmen? Sie werden schnell verstehen, daß die Maßnahmen wirksam sind. Glauben Sie, daß Sie jetzt bereit sind, eine solche Anstrengung auf sich zu nehmen?

Va.: Ich glaube, je länger man wartet, desto schlimmer wird es. Je länger man wartet, jetzt Schritte einzuleiten, desto schwieriger wird es auf Dauer.

HO: Haben Sie jemand in Ihrer Familie und unter Ihren Freunden, der Ihnen helfen könnte? Nichts Großes, aber manchmal braucht man jemanden, der einem die Hand zur Hilfe reichen könnte – nichts Großes –, aber haben Sie da jemanden? Freunde oder Verwandte? Auf die Sie zählen könnten? Sie brauchen ein gutes Verhältnis zu ihnen.

Va.: Ja, da hätten wir jemanden.

HO: Es kann manchmal sehr hilfreich sein, denn wir werden ein paar Maßnahmen mit Ihnen diskutieren, und ich werde dann mit den Beratern aus der Beratungsstelle noch weitere Vorschläge besprechen – also es gibt ein oder zwei Personen, die zum Beispiel hereinkommen

könnten und dabeisein könnten. Ich frage das deswegen, weil, wenn die Eltern ganz einsam sind, dann sind sie schlecht dran, und manchmal ist es so, daß der Versuch der Eltern, ihre Sorgen geheimzuhalten, sie also innerhalb der Familie zu halten, daß das die Eltern schwächt. Das Geheimhalten wirkt immer gegen die Opfer, und Sie sind in diesem Fall die Opfer! Das ist immer so: Wenn ein Kind ein Opfer von Mißbrauch ist, dann wirkt die Geheimhaltung gegen das Kind, wenn die Eltern Opfer von jugendlicher Gewalt sind, dann wirkt die Geheimhaltung gegen die Eltern. Und auch wenn Sie optimistisch sind, ist es gut, wenn Sie nicht allein optimistisch sind. Wir werden später in unsere Überlegungen diese anderen Freunde oder Verwandten – sind es Freunde oder Verwandte?
Va.: Freunde.
HO: Diese Freunde dann mit einbeziehen und schauen, wie sie Ihnen helfen können. Es ist wichtig, Sie können später mit Ihren Freunden diese Vorschläge diskutieren.
Gut, ich werde Ihnen jetzt einen ganz praktischen Vorschlag machen, er wird mehrere Stunden verlangen. Ich werde es Ihnen genau erklären. Ich schlage ein Verfahren vor, das jedesmal, wenn etwas Schlechtes passiert ist, ob eines oder zwei Kinder, das macht nichts aus, jedenfalls irgend etwas, womit Sie nicht zufrieden sind, irgend etwas, was Ihnen Sorgen gemacht hat oder was Sie sehr aufgeschreckt hat, sehr irritiert hat, irgend etwas Derartiges, auch wenn irgendwelche Frechheiten vorgefallen sind, Worte, mit denen Sie nicht einverstanden sind, oder auch wenn es sich um einen Diebstahl handelt und so weiter, all solche Sachen, dann schlage ich vor, wenn Sie, Vater, nach Hause zurückkommen ...
Va.: Ja, ich komme meistens noch vor den Kindern.
HO: ... und dann bleiben Sie zu Hause? Um wieviel Uhr kommen Sie?
Va.: Halb vier.
HO: Und dann, wann essen Sie Abendbrot?
Mu.: In letzter Zeit leider nicht mehr gemeinsam. Wir haben

eine ganze Zeit um fünf Uhr zusammen gegessen, aber auch das kriegen wir zur Zeit überhaupt nicht hin.
HO: Das ist auch ein Zeichen des Verfalls des Familienlebens?
Mu.: Ja, das ist für mich, weil ich abends berufstätig bin, für mich ist das sehr schade und traurig, daß wir das nicht mehr schaffen, eineinhalb Stunden zusammenzusitzen.
HO: So, das könnte auch ein sehr wichtiges Ziel sein, das gemeinsame Abendessen wiederherzustellen?
Mu.: Ja, das haben wir einfach abgeschafft, weil es nur Streit gibt beim Abendessen.
HO: Aber wenn wir einige von den Maßnahmen, die wir noch besprechen werden durchführen, und es wird sich etwas bessern, dann werden Sie es wieder schaffen, eine solche gute Sache – und ich bin sicher, daß das eine sehr gute Sache gewesen ist. Also eins kann ich Ihnen sagen: Wenn Sie wieder das gemeinsame Essen haben, dann wissen Sie, daß ein wichtiger Schritt nach vorwärts gemacht worden ist. Es wäre ein gutes Zeichen, wir werden ein Kriterium für eine Entwicklung haben. Ihnen ist es weniger wichtig, Herr G.?
Va.: Das ist schon besser, daß dann der Zusammenhalt wieder da ist, daß man dann mehr ins Gespräch kommt, daß man über Sachen spricht. Jetzt ist es so, die kommen um halb vier nach Hause, zwischendurch schnell was essen, und dann sind die weg bis abends neun Uhr. Da gibt's gar keinen Bezug mehr auf die Kinder, was die machen, was die tun, was in der Schule gewesen ist, alles wird nur so zwischen Tür und Angel erzählt, wenn überhaupt. Das fehlt eigentlich.
HO: Können Sie es schaffen – ich bin sicher, daß Sie es können, denn Sie schaffen es ja auch, die Kinder zu Stubenarrest zu verdonnern –, können Sie es schaffen, daß alle drei zusammen um den Tisch herumsitzen mit Ihnen, wenn Sie sagen, daß Sie mit ihnen etwas besprechen möchten? Können Sie es schaffen, daß dann alle da sind?
Va./Mu.: (gemeinsam) Ja, ganz klar!
HO: Was ich vorschlage, ist, daß Sie alle drei, wenn irgend etwas passiert ist, mit dem Sie unzufrieden sind, es muß

nur etwas sein, was Ihre Stimmung beeinträchtigt, das ist schon genug, wenn Sie das Gefühl haben, daß etwas nicht in Ordnung ist, sich etwas Schlimmes ereignet hat, Sie sind der Maßstab. Wenn Sie als Eltern lernen, wieder zu sagen: Ich bin da, dann sind die Eltern das Kriterium. Wenn ich mich schlimm fühle, dann ist etwas Schlimmes passiert! Es ist nicht die Frage, ob objektiv etwas Schlimmes geschehen ist. Wenn Sie sich schlecht fühlen, ist das genug. Das ist ein sehr wichtiger Schritt: Mein Schlechtfühlen ist wichtig genug, daß wir ein Ritual durchführen. Das ist eine Änderung – es geht nicht mehr um Objektivität, sondern um Ihr Gefühl, weil Ihr Gefühl wieder zum Zentrum des Schauplatzes der Familie wird. Sie haben es verdient. Sie haben die Kinder gut erzogen von klein auf bis heute, und erst jetzt, seit zwei Jahren, sind die Probleme ausgebrochen, so wie ich das verstanden habe. Und es ist wichtig, daß Sie sich daran immer wieder erinnern: Meine Gefühle zählen! Für Sie beide, auch Ihre Ehegefühle zählen. Dann können Sie es schaffen. Gut, dann rufen Sie also die drei zusammen, wann gehen die Mädchen schlafen? Und die anderen?

Mu.: Annika gegen sieben, Sophie geht meist gegen halb neun in ihr Zimmer. Die Jungs – neun, halb zehn.

HO: Ja, dann ist es vielleicht am besten, daß Sie sich mit den drei Jungen dann um acht Uhr abends treffen, besser die Kleine schläft dann schon – obwohl es nicht nötig ist, sie kann auch dabeisitzen, denn da wird ja nichts Schlechtes passieren, auch die Große kann dabeisein. Aber die Frage hat mit den drei Jungen zu tun, und es ist vielleicht besser, daß sie nicht abgelenkt werden. Also, Sie sitzen alle zusammen, und Sie stellen eine Frage: Heute gab es unangenehme Ereignisse! Die Mutter hat sich schlecht gefühlt, weil ... – und Sie geben keine Einzelheiten! Es waren einfach unangenehme Ereignisse! Wir wollen wissen, wer von euch da etwas Unartiges, etwas Ungehöriges getan hat! Das ist alles. Nach 15 Minuten können Sie diese Frage wiederholen, und wenn keiner ein Bekenntnis macht, dann bleiben Sie da zwei Stunden sitzen.

Ich werde Ihnen erklären, warum zwei Stunden: Die Zeit ist sehr wichtig! Zwei Stunden ist ja eigentlich eine absurde Länge.

Va.: Damit sie ans Nachdenken kommen die Kinder! Daß sie sich auch wirklich Gedanken machen.

HO: Ja. Das erste Mal besteht eine große Wahrscheinlichkeit, daß keiner ein Bekenntnis macht. Das erste Mal werden sie versuchen, es irgendwie zu überstehen. Nach zwei Stunden, Sie sagen nichts im voraus. Beim zweiten Mal werden sie schon wissen, daß es sehr lange ist. Es werden zwei Stunden sein, wenn sie kein Bekenntnis machen. Wenn die Jungen ein Bekenntnis machen, einer von ihnen, dann fragen Sie nach Einzelheiten: Was genau ist passiert, was hast du da getan, nur eine Beschreibung, keine Rüge, nur eine sehr genaue Beschreibung. Und wenn es sehr genau beschrieben ist, in Einzelheiten, so daß es als ein Bekenntnis zählt, dann stellen Sie noch eine Frage: Was schlägst du vor, damit das morgen nicht wieder passiert? Was willst du tun, um zu garantieren, daß das morgen nicht wieder passiert? Wenn Sie dann ein solches Bekenntnis haben, mit einem Vorschlag, mit einem detaillierten Vorschlag, daß das morgen nicht wieder passieren wird, dann ist die Sitzung zu Ende. Das kann eine Stunde dauern, eineinhalb Stunden oder 20 Minuten. Aber wenn die Jungen es dann nicht ernst nehmen, also ihre eigenen Vorschläge nicht ernst nehmen, dann setzen Sie sich am nächsten Tag wieder hin und sagen: Dieser Vorschlag gestern hat nicht funktioniert. Heute haben wir das Gefühl, daß der Vorschlag nicht eingehalten wurde.

Mu.: Darf ich dazu etwas fragen oder sagen? Diese Diskussionen am Tisch haben wir schon probiert, nicht so extrem, wie Sie es uns jetzt erklärt haben, aber das Problem ist, daß die immer für den anderen sprechen. Wenn Manfred was gemacht hat, dann wird nicht Manfred antworten, sondern Rolf oder Mario, und die werden auch sagen, was er dann zu machen hat. Also derjenige, der etwas gemacht hat, wird nicht sprechen, sondern alle anderen werden für denjenigen sprechen, für ihn die Lösung finden und ihn unterbuttern.

HO: Wie finden Sie die Idee, daß Sie dann sagen: »Wir bedauern, aber das können wir nicht akzeptieren. Das geht nicht, daß du deinen Bruder anzeigst!« Und dann warten Sie wieder einfach. Die Zeit ist ein sehr mächtiger Verbündeter von Ihnen. Die Jungen können Sie nicht abschütteln in diesen zwei Stunden – oder auch weniger, wenn ein Bekenntnis dabei herauskommt. Sie können Lärm machen, sie können schimpfen – aber sie bleiben dort, sie können Sie nicht abschütteln. Und am Ende der zwei Stunden, wenn es keine befriedigende Lösung gibt oder eine Wiedergutmachung oder einen Vorschlag, dann, Sie sind die Richter, wenn ein Vorschlag kommt, Sie brauchen nicht zu drohen, Sie werden nur sagen: Wir wollen mal schauen, wie es morgen aussieht, vielleicht kommt dann am zweiten oder dritten Tag irgendein Vorschlag, vielleicht werden Sie eine Woche jeden Abend zwei Stunden lang sitzen. Das erste Mal, als ich dieses Vorgehen probiert hatte, das war eine Familie mit zehn Kindern. Das Familienleben sah aus wie Hiroshima und Nagasaki, es war das totale Chaos. Und wenn ich mich recht erinnere, gab es schon in der zweiten Sitzung erste Vorschläge, von dem, der eigentlich immer der Aufhetzer war – und es war gut, daß es diese Initiative gab, und die Eltern haben gesagt: »Gut, daß du diesen Vorschlag machst, und morgen werden wir sehen, was dabei herauskommt!« Es geht also für die Kinder nicht einfach nur darum, einen Vorschlag zu machen, sondern am nächsten Tag sieht man das Ergebnis, man sieht die Einzelheiten. Sehen Sie, und diese Familie mit den zehn Kindern, die haben das drei Monate lang gemacht, nicht jeden Tag, es war nicht jeden Tag nötig. Ich glaube, die ersten beiden Wochen waren es jeden Tag zwei Stunden, dann wurde es allmählich kürzer, weil die Kinder lernten, daß sie die Sitzungen verkürzen konnten, indem sie etwas von dem eingehalten haben, was sie am Vortag vorgeschlagen hatten. Die Zeit arbeitet für Sie, und dann sind Sie schon zu dritt: Sie, Sie und die Zeit! Die Zeit ist Ihre Verbündete. Die Tatsache, daß Sie dasitzen, bringt Sie sofort in das Zentrum der Familie zurück. Das ist eine so schwerwiegende Maßnahme, einfach wegen der Tatsache, daß Sie bereit sind zu sitzen. Allein dadurch bekommen Sie Einfluß. Es bleibt den Kindern gar nichts anderes übrig, als sich anzupassen, wenn sie Zeit für sich haben wollen.

Mu.: Ich habe jetzt schon Angst.

Va.: Komm, jetzt nicht negativ darangehen, das bringt nichts.

HO: Aber die Angst ist wichtig, was ist Ihre Angst?

Mu.: Ich habe Angst vor der Reaktion, wenn wir uns da jetzt an den Tisch setzen, da ist schon Angst, weil da sofort negativ und unter der Gürtellinie an mich – wie soll ich das sagen –, ich bin da die absolut Schuldige, die böseste Stiefmutter und was weiß ich, das Monster hoch drei in der Familie, daß ich mich jetzt mit ihnen an den Tisch setzen möchte.

HO: Und die Angst ist, daß die Kinder Sie nicht liebhaben? Daß sie schlecht von Ihnen denken?

Mu.: Die Angst, daß die drei – also wenn sie da mit uns am Tisch sitzen, daß ich es nicht schaffe, es durchzuhalten zwei Stunden. Es reicht vielleicht eine Viertelstunde, weil sie dermaßen ...

HO: Können Sie es mir erklären: Ihre Furcht ist, daß sie Sie hassen werden oder daß Sie schuldig sind, was ist das genau?

Mu.: Es interessiert die Kinder nicht, wenn es mir schlechtgeht. Sie halten es nicht für nötig, und schon gar nicht am Tisch zu sitzen und noch darüber zu reden, das ist eine Einschränkung ihrer Freiheit, die sie gar nicht wollen. Das ist so eine starke Einschränkung, daß zwei Stunden von ihrer Freizeit weggehen, daß sie dann dementsprechend reagieren werden.

HO: Ich möchte Sie gern etwas fragen: Haben Sie das Gefühl, daß Sie es sich verdient haben, daß die Kinder zwei Stunden mit Ihnen zusammensitzen müssen, weil sie Sie geärgert haben? Haben Sie es nicht verdient? Ist es nicht Ihr Recht? Daß mindestens eine solche Sache dabei her-

auskommt, daß sie Sie nicht nur so geärgert haben, sondern auch so besorgt gemacht haben?
Mu.: (betroffen und leise) Ich habe schon das Recht!
HO: Ich glaube, ich glaube, daß Sie vielleicht Ihr Gefühl hier aussprechen, daß Sie es nicht wert sind, und das ist genau das Problem: Sie haben das Gefühl, ich bin es nicht wert, daß die vier Kinder – oder die drei Kinder – so viel leiden, so viel Langeweile haben. Die Vermutung, die ich habe, ist, daß Ihr Selbstwert, Ihre Selbstachtung zu niedrig geworden ist, daß Sie sich sagen, ich kann es nicht schaffen, ich habe nicht das Gefühl von Wert. Es ist zuviel, ich habe Mitleid mit den Kindern. Ist es so vielleicht?
Mu.: Mm!
HO: Es geht genau um diese Frage! Daß Sie nicht nur Ihre Fähigkeiten wiederherstellen, sondern auch Ihre Selbstachtung, Ihre Ehre – ein altes Wort –, und es geht um die Frage: Können Sie Martin erlauben, daß er mitsorgt, daß Sie es schaffen können? Wenn Sie alles auf sich nehmen, werden Sie es nicht schaffen. Ich sage nicht: »Seien Sie die Heldin, gehen Sie an die Front, und kämpfen Sie den Kampf gegen die drei Rassisten!« Das sage ich nicht. Sie müssen keine Heldin sein. Deswegen habe ich Sie auch nach Leuten gefragt, die Ihnen vielleicht helfen können. Ich bin nicht daran interessiert, daß Sie beide sich als Helden fühlen. Ihr Gefühl von Schwäche ist so wichtig, weil es genau um dieses Gefühl geht, um die Verringerung Ihrer Stimme. Sie haben Ihre Stimme vergessen, verloren, Ihre eigene persönliche Stimme, sie wurde geschrumpft. Daß Sie nun sagen: »Ich kann es nicht schaffen, ich werde es nicht durchhalten, wie kann ich zwei Stunden von diesen drei armen Kindern verlangen, nur weil ich ein bißchen nervös bin – ich habe nicht das Recht ...« Aber genau um dieses Gefühl geht es. Ich verlange nicht von Ihnen, daß Sie eine solche Heldin sind, aber die Frage ist, ob Sie sich zugestehen können, daß Sie es wert sind.
Va.: Allein wird es für Ursula schwierig, so was durchzuziehen, aber ich stehe hinter ihr und mache da auch mit.

HO: Genau, Sie müssen es beide tun, und wenn Sie sich sehr schlecht fühlen, sprechen Sie überhaupt nicht. Sie können auch ein bißchen früher abbrechen, Sie müssen nicht strenger sein als der Papst. Wenn ein erster Vorschlag kommt und Sie das Gefühl haben, das ist ein Schritt, dann können Sie abbrechen. Würde Ihnen das helfen?
Mu.: Ja, das würde mir helfen.
HO: Das ist sehr wichtig, daß Sie sich ganz gut und behaglich fühlen. Sie müssen das Gefühl von Behaglichkeit wiedererlangen. Sie können elterliche Maßnahmen treffen und sich dabei behaglich fühlen. Sie haben auch das Recht, früher zu beenden, dann haben Sie eine Kontrolle über Ihre eigene Behaglichkeit. Ich will Ihnen ein bißchen mehr erzählen, was die Botschaft ist, die durch dieses Ritual den Kindern vermittelt wird. Die erste Botschaft ist: Wir sind eine Familie! Die Tatsache, daß Sie um den Tisch herumsitzen, alle zusammen, vermittelt die Botschaft: »Wir sind eine Familie«. Sie werden sehen, daß es nach und nach mehr gemeinsames Essen geben wird und weniger Bekenntnissitzungen. Es wird eine Zeit, in der es beides zusammen gibt, gemeinsames Essen und Bekenntnis, aber das ist die erste Botschaft. Die zweite Botschaft: »Wir stehen im Zentrum der Familie«. Der Tisch ist das Zentrum heute, und wir als Eltern herrschen über die Frage, mit wem und wann setzen wir uns an diesen Tisch, also wir sind das Zentrum der Familie. Die dritte Botschaft: »Wir geben als Eltern nicht auf, und wir geben auch euch nicht auf – euch als Kinder«. Das ist sehr wichtig, dieser Teil der Botschaft. Es ist unmöglich, uns als Eltern abzuschütteln. Und es gibt noch eine Botschaft, und die ist: Wir werden nicht zuviel erklären. Wir bleiben hier, bis wir zufrieden sind. Und wenn wir nicht zufrieden sind, treffen wir uns morgen wieder. Diese Botschaften sind alle höchst wichtig, denn die sind Ihre wirkliche Sorge. Ihre wirkliche zentrale Sorge ist ja nicht: Wie kann ich weniger leiden, wie kann ich besser nachts schlafen? Sondern Ihre Sorge geht um die Zukunft der Kinder.

Jetzt noch ein wichtiger Punkt: Ich glaube, daß es im ersten Stadium nicht zu einer freundlichen Atmosphäre kommen wird, das ist sehr wichtig, daß Sie das verstehen. Das erste Stadium ist, Ihre Präsenz wiederherzustellen, und Jugendliche, die sich schon fast als Herrscher der Familie fühlen, werden sehr natürlich versuchen, ihre Herrschaft beizubehalten. Deswegen wird im ersten Stadium die Freundschaft, die freundliche Kommunikation zwischen Ihnen nicht sofort besser werden. Es wird besser werden, das kann ich Ihnen sagen. Schon nach zwei Wochen werden Sie einen Unterschied feststellen, es wird nach und nach weniger schlimme Ereignisse geben. Das kann ich Ihnen versprechen, und daß die Möglichkeit zum Zusammenessen wahrscheinlicher wird. Sie werden irgendwann einmal sagen: Warum essen wir nicht zusammen, ich will, daß es so ist. Wissen Sie dann, warum sie das dann sagen?

Mu.: Ja.

HO: Weil diese Sitzungen nicht nur die Kinder ändern werden, sondern auch Sie. Sie werden sich anders fühlen, Sie werden mehr Gewicht bekommen, und Sie werden sich sagen: Ich habe genug Gewicht, das Abendbrot mit meiner Familie einzunehmen.

Mu.: Aber, kann ich jetzt, wenn ich jetzt mich sehr schlecht fühle und dann abwarte, bis alle da sind, und dann sage, ich möchte mich heute mit euch an einen Tisch setzen, und der eine sagt: »Ich habe Fußball, ich hab' mich verabredet, ich will da und da hin«, soll ich dann einfach sagen: »Ich möchte das, und ihr handelt danach!«?

HO: Ich schlage vor, daß Sie Martin als denjenigen benutzen, der das einberuft. Er beruft die Sitzung ein, und Sie haben die Möglichkeit, die Sitzung früher zu beenden. Auch wenn nur wenig herausgekommen ist, wenn Sie zum Beispiel Kopfschmerzen haben, dann können Sie nach 15 Minuten die Sitzung beenden, auch wenn kein großer Vorschlag gekommen ist. Ich glaube, wenn Sie diese Freiheit haben, werden Sie sie sehr klug nutzen. Und ich bitte Sie, Martin, Ursula nie zu kritisieren, weil sie eine Sitzung zu früh abgebrochen hat. Sie können zum Beispiel einfach sagen: Heute war alles in Ordnung! Sie brauchen keine langen Erklärungen abzugeben, Sie befreien sich von allem Drang, Erklärungen abzugeben. Sie sind nicht in der Rolle derer, die sich erklären muß, wenn Sie sich zu Erklärungen genötigt fühlen, dann ist es, weil die Kinder es geschafft haben, Ihnen diese Rolle anzuziehen.

Mu.: Ganz genau!

HO: Das ist sehr wichtig. – Natürlich, Sie werden ein bißchen rutschen und Fehler machen, das ist natürlich, das muß so sein, es wird etwas nicht klappen. Aber die Zeit arbeitet für Sie, auch wenn die Dinge nicht perfekt laufen. Es ist ein Vorschlag für den Beginn, aber vielleicht könnte er für Sie entscheidend sein, vielleicht wird das der Wendepunkt sein. Ich habe das schon einige Male erlebt, daß das ein Wendepunkt gewesen ist, und ich hatte schon mit Familien zu tun, die waren schon weiter fortgeschritten in die schlimme Richtung. Sie können sich nicht vorstellen, was für eine mächtige Maßnahme das ist! Wissen Sie, wir stammen alle von den Affen ab, und alle Affen sind territoriale Wesen, und in der Affensippe ist der der Chef, der das Zentrum des Territoriums hält, und ich will nicht weniger für Sie, als daß Sie die Chefs sind in Ihrer Familie. Sie werden Chef, oder Sie werden geschlagen – okay, noch irgendwelche Fragen, die Sie klären möchten?

Va.: Mit Ihren Ausführungen und dem ganzen Hintergrund könnte ich mir schon vorstellen, daß das ein Punkt wäre, wo man ansetzen könnte oder sollte. Also was Sie so geschildert haben, mit dem gemeinsamen Essen, ich glaub' schon, daß man daran anhebeln könnte.

Mu.: Das wäre auch eine Möglichkeit, daß wir beide wieder deutlicher zusammenstehen auch am Tisch, weil wir auch kaum noch zusammen sind.

HO: Ich bin ganz sicher, wenn Sie das ein paarmal gemacht haben, werden Sie auch gemeinsam wieder zu Abend essen. Sie werden sich sagen: Ich habe die Fähigkeit, eine solch unangenehme Sitzung herzustellen, habe ich dann nicht auch die Fähigkeit, ein Abendessen herzustellen?

Das Gespräch endete hier. Die Eltern erklärten ihr Interesse, das Projekt zu versuchen, und wurden vom Interviewer verabschiedet in dem Bewußtsein, daß sie ja in der Beratungsstelle eine Anlaufstelle für die weitere Betreuung hätten. Der nächste Termin in der Beratungsstelle war etwa vier Wochen später. Die Eltern kamen wie verabredet allein und erzählten, daß sie sehr zufrieden seien. Die Mutter berichtete, daß sie am Tag nach dem Interview sich wieder ein Motorrad gekauft habe. Vor acht Jahren, als sie und ihr Mann zusammengekommen waren, hatte sie es verkauft, weil sie das Bild hatte, daß nun, da sie Mutter von (damals noch) vier Kindern geworden sei, ein Motorrad nicht mehr paßte. Jetzt habe sie zu sich gesagt: »Ich bin es wert!« Auch ansonsten berichtete sie von markanten Veränderungen: »Sonst habe ich, zum Beispiel wenn die Spülmaschine nicht ausgeräumt wurde, ironisch gesagt: ›Dankeschön, daß du die Maschine ausgeräumt hast!‹ – Und nun habe ich gesagt: ›Wenn bis acht Uhr die Spülmaschine nicht leer ist, passiert was!‹ – und dann hat der Rolf gefragt: ›Was denn?‹ und da habe ich gesagt: ›Dann ziehe ich dir fünf Mark vom Taschengeld ab!‹« Ganz begeistert fügte sie hinzu: »Und es klappt!«

Gefragt, ob sie die vorgeschlagenen Maßnahmen durchgeführt hätten, antworteten die Eltern, daß sie dies nicht mehr für nötig hielten. Sie wollten lieber das in der Beratungsstelle vorher besprochene Vorgehen beibehalten, mit den Kindern intensiver in Einzelkontakte zu treten – »und das geht natürlich mit dem Motorrad besonders gut!« Die Mutter hatte die Kinder nacheinander auf den Soziussitz genommen und mit ihnen eine Tour mit einem langen anschließenden Spaziergang gemacht – das hatte natürlich auch das Bild der Mutter in den Augen der Söhne verändert. Und so entschied das Paar, die Beratung zu beenden.

Bis hierhin ist es eine gute Geschichte. Doch um, wie angekündigt, nicht nur die Erfolgsseite zu erzählen: Etwa ein Jahr später meldeten sie sich erneut. In der Beratungssituation war das Thema »Einmischung durch Dritte« nicht oder nur in einem Nebensatz angesprochen worden, dies stellte sich nun als Versäumnis heraus. Der erste Mann von Ursula hatte immer wieder in die Familie interveniert, und erst im nachhinein wurde deutlich, unter welchem Loyalitätskonflikt die gemeinsamen Kinder Rolf und Sophie gestanden hatten. Nach einer längeren entspannteren Phase nach dem Interview hatte es dann eine relativ kurze, aber heftige Konfliktphase gegeben, die damit endete, daß das Jugendamt entschied, die Kinder von Ursula zum Vater zu geben. Gleichzeitig waren Ursula und Martin durch wirtschaftlichen Druck in eine sehr angespannte Finanzlage geraten, die beide zwang, ungefähr zwölf Stunden am Tag zu arbeiten (Martin hatte sich nach vielen Querelen im Beruf selbständig gemacht und kam nun nicht mehr um halb vier, sondern oft erst todmüde um neun Uhr abends heim, Ursula hatte ihre Arbeit und half oft danach noch im Betrieb, der in Konkurs zu gehen drohte). So sahen sie sich auch nicht in der Lage, mit der Energie um die Kinder zu kämpfen, wie sie es eigentlich gewollt hätten. Und so zeigt sich hier ein weiterer der in Kapitel 4 angesprochenen Faktoren der Schwächung der elterlichen Präsenz: die wirtschaftliche Lage.

Kapitel 7:
Systemische Präsenz

Elterliche Präsenz hat auch eine systemische Qualität, da die Eltern sich selbst als Menschen erleben können, die von anderen unterstützt und bestätigt werden, und die auch von ihren Kindern so erfahren werden. Schließlich handeln Eltern nicht in einem sozialen Vakuum, sondern beeinflussen sich gegenseitig und werden beeinflußt von Leuten, Institutionen und im weitesten Sinn von der Kultur, in der sie leben. Elternpräsenz kann geschwächt werden durch Konflikte, Sabotage, durch bedeutsame andere oder durch Gleichgültigkeit, aber auch genährt durch Bestätigung und Unterstützung. Die Aufgabe des Therapeuten ist es, mit den Eltern gemeinsam systemische »Lecks« der Elternpräsenz zu erkennen und zu stopfen und Wege zu finden, wie ein systemischer Austausch (wieder) in Gang gesetzt werden kann.

Elterliches Alleinsein und Mangel an Unterstützung

Unter Eltern, die sich mit ihren Kindern in einem Muster verstrickt haben, in dem sie ihre Stimme verloren haben, gibt es einen hohen Anteil an alleinlebenden, geschiedenen und verwitweten Müttern. Eine Mutter, die ihre Kinder allein aufzieht, mag gute Gründe dafür haben, sich schwach zu fühlen. Sie kann ihren Söhnen und Töchtern physisch unterlegen sein, bis zur Erschöpfung überarbeitet sein oder an der chronischen Unsicherheit der Einsamen leiden. Ein Mangel an Unterstützung kann aber auch Paare charakterisieren, die formal intakt sind, denn ein fortwährender Ehekrieg mit ständig erfahrener Entwertung kann manchmal schlimmer sein als Einsamkeit.

Damit Unterstützung hilfreich ist, muß sie so geartet sein, daß sie den vereinzelten Elternteil aufrechterhält und nicht ersetzt. Jede Hilfe, die impliziert, der Elternteil könne inkompetent sein, egal wie gut sie gemeint ist, vertieft nur die elterliche Abwesenheit. Das kann genau so für eine Sozialpädagogische Familienhilfe gelten, die vom Jugendamt als Ersatz für die vermeintlich inkompetente Mutter in ein Haus eingeführt wird, wie für eine Spieltherapie durch einen Psychotherapeuten, der für die seelische Gesundheit des Kindes sorgen will. In beiden Fällen kann die erfahrene Hilfe eine negative Seite haben.

Die Schwächung der Eltern kann dabei manchmal auch von diesen selbst aktiv mit organisiert sein – aus verschiedenen Gründen:

In einer Supervision stellte ein Therapeut den Fall eines Jugendlichen dar, der nach dem Tod der Mutter vom Vater allein großgezogen wurde. Das Kind war noch zu Lebzeiten der Mutter in der Erziehungsberatungsstelle vorgestellt worden und seitdem, also seit mehr als acht Jahren – manchmal mit großen Abständen –, immer wieder. Der Therapeut war unzufrieden mit dem Verlauf. Jahrelange Spiel- und Einzeltherapie hatten zwar immer wieder eine gewisse Stabilisierung mit sich gebracht, doch alle Versuche, die Beratungsbeziehung zu beenden, wurden vom Vater mit Panik beantwortet. Nein, sein Sohn sei noch nicht so weit, und: »Sie sind doch für ihn der Wichtigste! An wen soll ich mich denn sonst wenden, wenn Sie sich jetzt zurückziehen?« Im Supervisionsgespräch erinnerte sich der Therapeut an eine Schlüsselszene: Kurz vor ihrem Tod hatte die Mutter ihm die Verantwortung für das Kind übergeben. Seitdem fühlte er sich in Loyalität an sein damals gegebenes Versprechen gebunden. Der Vater war gleichzeitig selbst so überzeugt davon, unfähig zu sein, für seinen Sohn zu sorgen, daß er ein ganzes Netz von Helfern – mit dem Therapeuten in der Mitte – organisiert hatte. Der erste wichtige Schritt war hier die Erkenntnis des Therapeuten, daß er dieses Vermächtnis nicht hätte annehmen dürfen, der zweite bestand darin, genau diese Verstrickung mit dem Vater zu besprechen und ihm die Verantwortung zurückzugeben, verbunden mit einem Signal der Unterstützungsbereitschaft für den Vater. Nach anfänglichem Erschrecken begann der Vater erst zögerlich, dann immer engagierter, seinen Platz als Vater wieder einzunehmen.

Einsame Eltern verfangen sich oft in einem lähmenden Kreis von Selbstbeschreibungen:
Ich bin hilflos und allein.
Niemand liebt Leute, die hilflos und allein sind.
Deshalb bleibe ich hilflos und allein.

Ein klares Unterstützungsangebot durch die Beraterin an die Eltern ist hier oft ein wichtiger Schritt, damit sie es wagen, aus dem Gefühl von Verzagtheit herauszutreten. In unserem Programm beginnen wir, indem wir uns für Notrufe erreichbar machen. Für den vereinzelten Elternteil kann die Möglichkeit, aktuell brennenden Fragen schnell besprechen zu können, eine unschätzbare Hilfsquelle sein. Die Erreichbarkeit des Therapeuten wird jedoch nur als eine partielle und vorübergehende Maßnahme angesehen, die durch die Hilfe anderer Quellen ersetzt wird.

Um diese negative Spirale zu unterbrechen, ist es nötig, sich aktiv auf die Suche nach Unterstützung in der familialen und außerfamilialen Umgebung zu machen. Der Therapeut kann seine Hilfe für das Einladen und Überreden möglicher Helfer anbieten. Die meisten Eltern lehnen diese Hilfe ab und ziehen es vor, das selbst zu tun. Manchmal ist schon das Hilfsangebot des Therapeuten ausreichend, daß sie sich entscheiden, allein zu suchen. Wenn der Wunsch um Hilfe erst einmal klar ausgedrückt worden ist, wird die Unterstützung oft erreichbar. So kann oft ein Freund oder Verwandter gefunden werden, der bereit ist, einer alleinstehenden Mutter zu helfen, die in körperlicher Angst vor ihrem Kind lebt. Wir bitten dann darum, daß der Helfer während der kritischen Phasen der Behandlung bei der Mutter bleibt (manchmal nur ein paar »heiße« Stunden lang am Tag) und zugunsten der Mutter eingreift, wenn sie physisch angegriffen wird. Die bloße Anwesenheit einer anderen Person hat einen hemmenden Effekt auf die Aggression des Kindes. Die Mutter kann dann doppelt ermutigt sein: Sie ist einer Hilfe wert befunden und erleichtert, was die Furcht vor dem Angriff angeht. Eine Aktion, die bis dahin undurchführbar schien, kann dann eingeleitet werden. Natürlich besteht die Gefahr, daß in dem Augenblick, wenn der Beschützer weggeht, die Situation wieder ähnlich ist wie vorher. Doch etwas ist anders – es gibt die Erfahrung, daß da jemand war, der auf der Seite der Mutter stand. So wird die Mutter sich vielleicht schon weniger hilflos fühlen und dem Kind in einem neuen Licht erscheinen. Man kann sagen, daß das soziale Netz der Eltern für das Kind »die Welt« darstellt – und wenn das Kind erlebt, wie die Eltern oder der alleinerziehende Elternteil von bedeutsamen anderen Personen gestützt werden, dann stärkt das die Präsenz der Eltern in den Augen des Kindes.

Die älteren Eltern eines gewalttätigen sechzehnjährigen Jungen nahmen den Vorschlag eines Familientherapeuten an, eine Anzeige in die Zeitung zu setzen, in der sie die Dienste eines Studenten gegen freies Wohnen suchten. Eine Anzahl von Kandidaten bewarben sich und wurden von den Eltern interviewt. Sie wählten einen athletischen und freundlichen Ex-Fallschirmjäger aus. Seine Aufgabe war es, in den kritischen Stunden zu Hause zu sein, wenn der Junge aus der Schule kam und, falls es nötig werden sollte, das Kind davon abzuhalten, die Eltern zu schlagen, jedoch ohne selbst zu schlagen.
    Als der Junge von der Schule kam, fand er den neuen Mitbewohner im Eßzimmer vor dem Fernseher, Erdnüsse kauend und Liegestütze machend. Als der Junge seine Eltern nach dem Gast fragte, erwiderten sie ausweichend, daß sei jemand, den sie aus ihren eigenen privaten Gründen aufgenommen hätten. Die bloße Anwesenheit des Mieters in dem Haus setzte der physischen Gewalt ein Ende. Er brauchte nie einen Finger zu rühren! Als zusätzlicher Vorteil wurde er zum Trainer des Jungen. Er zog nach drei Monaten wieder aus, aber blieb in Kontakt mit der Familie und seinem jungen Trainingsschützling. Die Gewalt kehrte nicht zurück.

Eine in dem Zusammenhang wichtige Frage ist die, ob man im Fall direkter körperlicher Gewalt die Polizei um Hilfe bitten soll oder nicht. Verständlicherweise zögern die Eltern, eine Anzeige zu machen. Sie fürchten einen nicht endenden Haß des Kindes oder daß das Kind ein Leben lang stigmatisiert wäre. Damit einher geht auch die Furcht, das Kind könne schlecht behandelt werden. So erscheint die Polizei als eine wahre »Büchse der Pandora«.

In der Tat können sich bei unüberlegtem Einschalten der Polizei positive und negative Konsequenzen ergeben, wie der folgende Fall zeigt. Das Resultat war nicht eindeutig befriedigend. Im nachhinein gesehen wäre es wahrscheinlich der bessere Weg gewesen, den Bewährungshelfer, der sich um das Kind zu kümmern hätte, falls die Eltern eine Anzeige erstatten, vorher zu kontaktieren. Eine solche Erweiterung des therapeutischen Netzes unter Einbeziehung des Bewährungshelfers kann viel dazu beitragen, die Gefühle von Anonymität und möglicher Willkür im Kontakt mit der Polizei bei den Eltern zu vermindern.

Fall 7: Die Polizei rufen oder nicht?

David, der achtzehn Jahre alte Sohn von Lea und Adam (beide Endfünfziger) war ein Bodybuilder. Er war wie ein Prinz aufgezogen worden, aber zum Kummer seiner Eltern wuchs er zu einem Tyrannen heran. In letzter Zeit hatte er neben den üblichen Drohungen und dem Zerbrechen von Sachen eine merkwürdige Angewohnheit entwickelt, seine Unzufriedenheit mit der Mutter auszudrücken. Er drückte sie mit seinem Brustkorb gegen die Wand. Die Mutter blieb trotz Davids gewaltsamer Bedrohungen sanft und nachsichtig, während der Vater mürrisch wurde und sich zurückzog. Sie wandten sich an unser Programm, als sie beide zu dem Schluß gekommen waren, die Situation sei unerträglich geworden.

Selbst die Mutter konnte sehen, daß David einen besseren Eindruck machte, wenn er nicht zu Hause war. Er war gesellig, ein guter Schüler und arbeitete beständig. Vor kurzem hatte er es geschafft, sich von dem Geld, das er bei seiner Arbeit an einer Tankstelle verdient hatte, ein Motorrad zu kaufen. Aber sobald er das Haus betrat, trat ein schrecklicher Wandel ein. Der Vater zog sich meist schnell in sein Zimmer zurück, während die Mutter in der Küche blieb, um Davids Essen zu kochen und seine Kleidung zu bügeln. Allmählich bekam sie es aber satt und dachte ernsthaft daran, David zum Auszug zu bewegen. Darin schienen die Eltern sich einig zu sein, trotz vielfältiger Auseinandersetzungen auf anderen Gebieten.

Beide glaubten, daß David wahrscheinlich zustimmen würde auszuziehen – mit ihrer finanziellen Hilfe. Er hatte diese Idee selbst geäußert. Bei anderen Gelegenheiten jedoch sagte er, er würde nie ausziehen. Es gab außerdem noch die Befürchtung, er würde vor seinem Auszug das Haus plündern. Er hatte schon Geld aus der Börse der Mutter gestohlen und vor dem Kauf seines Motorrads das Auto seines Vaters ohne Erlaubnis genommen. Einmal hatte er es drei Tage lang weit entfernt geparkt, um seinen Vater für irgendeine Unannehmlichkeit zu bestrafen. Die Eltern fürchteten, David könnte gewalttätig werden, um mehr Geld für eine Wohnung zu bekommen. Der Vater fragte sich, ob man zur Polizei gehen sollte, wenn das geschähe. Die Mutter hatte schon zweimal die Polizei gerufen, aber wenn sie dann eintraf, hatte sie schnell abgewiegelt. Der Therapeut sagte, ein solcher Schritt könnte hilfreich sein, wenn er sorgfältig geplant würde. Aber so etwas spontan zu tun, besonders wenn die Anzeige gleich wieder niedergeschlagen würde, könnte mehr Schaden anrichten als Gutes bewirken.

Der Therapeut gab ihnen einen Brief, der dem Polizeibeamten gezeigt werden könnte, falls sie sich entschließen würden, eine Anzeige zu machen. Aus vorhergehenden Erfahrungen wußten wir, daß manche Beamte versuchen, sich beschwerende Eltern loszuwerden, indem sie sie zu einem Psychologen schickten. Der Brief konnte ein solches Vorgehen vermeiden, da in ihm die Polizeibeamten gebeten wurden, die Beschwerde der Eltern ernst zu nehmen. Der Therapeut schrieb auch für die Eltern eine Zusammenfassung seiner Eindrücke, die ihnen bei der nächsten Sitzung vorgelesen wurde. Mit Zustimmung der Eltern wurde eine Kopie an David geschickt, um ihm zu zeigen, daß sie nicht mehr allein waren.

Ich möchte meine Eindrücke von den Schwierigkeiten zwischen Ihnen und David zusammenfassen. Ich sende auch eine Abschrift dieses Briefes an David, denn ich denke, er sollte Kenntnis haben von Ihrer Entscheidung, jemand um Hilfe zu bitten, wenn es um ihn geht.

David gibt ein Rätsel auf: Ist er ein erfolgreicher junger Mensch oder eine Mischung aus »Baby und Tyrann«? Der Augenschein weist in beide Richtungen. Auf der einen Seite hat er bewiesen, daß er gesellig sein, Geld verdienen und gut lernen kann. Er hat auch gezeigt, daß er, wenn er ein wirkliches Ziel hat, fähig ist, es zu verfolgen. So ist er der einzige in der Gruppe seiner Freunde, dem es gelungen ist, sich durch eigene Anstrengungen ein Motorrad zu kaufen. Auf der anderen Seite gibt es auch Hinweise auf einen Baby-Tyrannen. So erzwingt er seinen Willen zu Hause durch Drohungen, Wutanfälle und Diebstähle. Auch hat er Sie beide herumgestoßen, besonders Lea. Das sind die Aktionen eines Tyrannen. Er sagt, er könne sein Wut nicht bezähmen, wenn er provoziert würde. Das ist das, was Baby-Tyrannen gewöhnlich sagen. Ich habe keinen Zweifel, wenn er sich auch in der Tankstelle so benehmen würde, wäre er längst rausgeworfen worden. Er hätte auch seinen Führerschein verloren und vermutlich auch seine Freunde.

Vielleicht ist die Lösung des Rätsels, daß David draußen ein Erwachsener ist und zu Hause ein Baby-Tyrann. Wenn das so ist, dann ist er vielleicht ein Baby-Tyrann, weil er damit durchkommt. In Ihrem Verhalten ihm gegenüber, Adam und Lea, schwanken Sie zwischen Furcht und Mitleid. Die Furcht lähmt Sie, und das Mitleid läßt Sie dahinschmelzen. Die Mischung aus Furcht und Mitleid ist sehr gefährlich, weil sie David mehr und mehr zu einem Baby-Tyrannen macht. Das Mitleid macht ihn zum Baby, und die Furcht verwandelt ihn zunehmend in einen Tyrannen. So wird er durch die gegenwärtige Situation korrumpiert und wird immer mehr zum Baby-Tyrannen. Früher oder später – so meine Sorge – wird sich das auf sein Außenleben auswirken.

Aus diesen Gründen glaube ich, daß Sie recht haben, wenn Sie meinen, David sollte ausziehen. Ich weiß nicht, ob Sie Ihren Plan verwirklichen werden und ob er zustimmen wird. Welchen Weg Sie auch immer einschlagen werden, es kann sein, daß die Situation außer Kontrolle gerät und Sie Polizeischutz brauchen. Für diesen Zweck gebe ich Ihnen auch einen Brief an die Polizei mit, so daß, wenn Sie Anzeige erstatten, die Polizei Sie ernst nehmen wird und Vorkehrungen getroffen werden, David aus dem Haus zu bekommen. Ich bin gern zu weiterer Hilfe bereit.

Noch während der Therapeut den Eltern die Botschaft vorlas, fing ihre Übereinstimmung an, brüchig zu werden. Der Vater wurde immer entschlossener, aber die Mutter fragte unter Tränen: »Wenn David auszieht, wer wird für ihn kochen?« Ihre Bereitschaft zu handeln schmolz schnell in mütterlichem Mitleid dahin. Der Vater entschied sich, die Sitzung zu beenden. Er sagte, sie müßten das alles erst einmal besprechen, ehe sie entscheiden könnten, ob eine weitere Sitzung nötig sei. Beide stimmten jedoch zu, daß der Brief an David geschickt werden sollte.

Der Therapeut rief sie drei Wochen später an. Die Mutter meldete sich und sagte, David verhalte sich viel besser. Sie sagte dem Therapeuten, sie denke nicht mehr daran, zur Polizei zu gehen: »Schließlich bin ich ja eine Mutter!« Sie hatte keine Ahnung, daß der Vater genau das schon getan hatte, denn eine Woche nach der Sitzung hatte David gedroht, ihn umzubringen. Der Vater ging zur Polizei und erstattete Anzeige. David war schon auf der Polizeiwache gewesen, und ein Verfahren gegen ihn war eingeleitet worden.

Diese Geschehnisse erfuhr der Therapeut erst vier Monate später. Der Vater rief den Therapeuten an und sagte ihm, er habe zur Zeit der Sitzung eine Anzeige wegen Bedrohung, Diebstahls und körperlicher Angriffe erstattet. Die Wirkung auf David war dramatisch. Er hörte auf, gewalttätig zu sein, und zwar sowohl physisch als auch verbal. Der Vater sagte, der Wandel sei unvorstellbar: David war hilfreich und aufmerksam geworden. Es gab nur noch ein Problem. Nach Davids Verwandlung hatte der Vater sich entschieden, die Anzeige zurückzunehmen. Er war zur Polizei gegangen, aber sie sagten ihm, die Anzeige sei schon weitergeleitet worden, und David würde eine Vorladung zu einem Gerichtsverfahren bekommen. Er schrieb Briefe und machte Eingaben, aber ohne Erfolg. Er fragte den Therapeuten, ob er helfen könne. Es war zu spät. Die von dem Therapeuten geschriebenen Eingaben wurden abschlägig beschieden. Wäre David minderjährig gewesen, wäre der Fall einem Bewährungshelfer für Jugendliche übergeben worden, und alles wäre wahrscheinlich anders verlaufen. David verwandelte sich nicht zu seinem Nachteil, als er sah, daß es nicht in der Macht seines Vaters lag, das Verfahren aufheben zu lassen. Möglicherweise war es gerade diese unerbittliche Konsequenz, die für David die entscheidende Konfrontation darstellte – doch die Veränderung kostete einen hohen Preis.

Ehekonflikte

Ein sehr übliches Vorgehen in der Beratungsarbeit mit Kindern und Eltern ist es, den therapeutischen Dialog von den Erziehungsfragen auf Eheprobleme schwenken zu lassen. Manche Therapeuten argumentieren so: Da Eltern wegen ehelicher Konflikte ineffektiv sind, kann kein wirklicher Fortschritt bei dem Kind erzielt werden, solange der Ehekonflikt nicht aufgelöst ist. Ein anderer angeführter Grund dafür, den Eheangelegenheiten Priorität zuzumessen, ist der Gedanke, das Fehlverhalten des Kindes diene eigentlich dazu, die Eltern zusammenzuhalten. Paartherapie sei deshalb notwendig, um das Kind aus dieser Rolle zu entlassen. Diese Argumente sind durchaus nicht überzeugend:

- Vielen Eltern gelingt es, bei Erziehungsfragen zusammenzuarbeiten, trotz tiefer Unstimmigkeiten in anderen Bereichen.
- Viele Eltern finden es leichter, sich mit ihren ehelichen Kümmernissen zu befassen, als sich mit ihren Kindern abzugeben. Wenn der Therapeut sich auf die Ehe konzentriert, kann es sein, daß er den Eltern hilft, den schwereren Erziehungsaufgaben auszuweichen.
- Verhaltensprobleme von Kindern verschwinden nicht automatisch, wenn die Eltern sich wieder gut verstehen. Im Gegenteil, die sich verschlimmernde Verfassung des Kindes läßt oft kaum ein Abwarten bis zur erfolgreichen Beendung einer Paartherapie zu.

Aus unserer Sicht ist es das beste Vorgehen für die Therapeutin, bei den ursprünglich vorgetragenen Erziehungsproblemen zu bleiben, selbst wenn die Eltern anbieten, den Ehekonflikt in den Vordergrund zu schieben. Dies bedeutet jedoch die Bereitschaft des Therapeuten, sich von der Vorstellung zu verabschieden, der Paarkonflikt liege »hinter« den kindlichen Verhaltensauffälligkeiten und sei der *eigentliche* Konflikt, eine Beschreibung, wie sie von der klassischen Familientherapie gern angeboten worden ist. Dies nur als *eine mögliche* Beschreibung zu sehen, macht dann frei, sich für andere Beschreibungen zu entscheiden, wie beispielsweise, der Ehekonflikt liege vielleicht »neben« den kindlichen Verhaltensstörungen, er kann mithin also ein ebenfalls wesentliches Anliegen der Eltern darstellen, doch eben eines von einer anderen Struktur, das auch eine ganz andere Art von Beratung bedeutet als das Coaching der Eltern in ihrer Rolle als Eltern. Wir empfehlen gleichzeitig, den Bereich des ehelichen Umgangs nicht zu tabuisieren, ja, ihn auch durchaus direkt anzusprechen, jedoch den Fokus des Kontrakts nicht zu verändern, vor allem und schon gar nicht stillschweigend.

Ein wichtiger Bereich der Ehebeziehungen ist jedoch entscheidend für den Dialog mit den Eltern, er darf nicht unberücksichtigt bleiben: gegenseitige Schuldzuweisungen, Konkurrenz und Sabotage im Umgang der Eltern mit dem Kind. Hier müssen neue Regeln verhandelt werden, zumindest muß ein Waffenstillstand vereinbart werden. Die Aufgabe der Therapeutin ist es, die Konfliktmuster anzusprechen, ihren Schaden klarzumachen und den Eltern zu helfen, Alternativen zu finden. Es ist eine übliche Schwierigkeit in diesem Prozeß, daß der Therapeut oft von einem der Eltern als der Verbündete des anderen angesehen wird. Die Beratung kann dann eine Qualität von Beschuldigung, Konkurrenz und Sabotage bekommen, die überwunden werden sollte. Um das zu verhindern, sollte die Therapeutin eine symmetrische, nicht schuldzuweisende Position gegenüber beiden Eltern einnehmen. Oft hoffen Eltern jedoch auf mehr als die Schuldentlastung und wollen positiv gerechtfertigt werden. Das ist eine delikate Situation, da in einer angespannten Ehe jede Seite die Schuldentlastung des anderen nicht selten mit einer eigenen Verurteilung gleichsetzt.

Hier kann wieder die Art von Botschaft nutzbringend angewendet werden, die im vorigen Kapitel beschrieben wurde: eine dialektische Folge von empathischen Bestätigungen und ehrlichen Herausforderungen. Aber diesmal sollte jeder der Eheleute gleichermaßen bestätigt und herausgefordert werden, so daß die Botschaft symmetrisch wird. Wenn sie so verfahren, werden die Therapeuten eine positive und ausgeglichene Stellung gegenüber beiden Eheleuten erreichen. Dieser Vorgang wird in den folgenden beiden Fällen dargestellt.

Fall 8: Gegenseitige Schuldzuweisungen

Die Eltern waren zur Polizeiwache bestellt worden, weil ihre sechzehnjährige Tochter Rita verhaftet worden war. Sie war bei einem Glücksspiel in einem improvisierten Casino erwischt worden. Was alles noch schlimmer machte, war die Tatsache, daß man eine große Menge Marihuana in ihrem Besitz gefunden hatte. Die Eltern nahmen Rita mit nach Haus und entdeckten, daß sie viel Geld in ihrem Portemonnaie hatte. Sie verdächtigten sie, in den Drogenhandel verwickelt zu sein; sie stellten sie zur Rede, und sie gestand, jede Menge Geld von ihnen und ihrer Großmutter gestohlen zu haben.

Am nächsten Tag brachten die Eltern Rita zur Beratung. Rita versprach, sich von ihren Gefährten zu trennen, die sie in Drogen und Glücksspiel verwickelt hatten. Noch vor kurzem war sie in der Schule sehr beliebt gewesen, sie hatte noch einige gute Freunde, denen sie sich wieder zuwenden konnte. Obgleich sie wirklich reumütig und kooperativ schien, reagierte sie negativ auf den Entschluß der Eltern, sie strenger zu beaufsichtigen. Sie meinte, ihr Geständnis und ihre guten Vorsätze berechtigten sie zu mehr Vertrauen. Mit dieser Einstellung konfrontiert, entschied sich der Therapeut dafür, die Eltern und Rita für ein paar Sitzungen getrennt zu sehen.

In der ersten Sitzung mit den Eltern tauchte ein langzeitliches Muster gegenseitiger Schuldzuweisung auf: Laura beschuldigte Boris, viel zu kritisch gegenüber Rita zu sein, und Boris beschuldigte Laura, zu lax zu sein. Laura forderte Boris auf, die Tochter mehr zu akzeptieren, und Boris konterte, indem er Laura aufforderte, ihn bei strengeren Regeln zu unterstützen. Beide schrieben Ritas Zustand dem Fehlverhalten des anderen zu. Dieser Hickhack drohte, die Behandlung zu lähmen. Nachdem eine weitere Sitzung mit gegenseitigen Anklagen verschwendet war, sandte der Therapeut den Eltern einen Brief:

Nach unserem letzten Treffen habe ich mich gefragt, was eigentlich das Problem ist bei Ihren Versuchen, mit Rita umzugehen. Ich kam zu dem Schluß, daß, obgleich Sie beide positive elterliche Wünsche und Einstellungen haben, Sie bei den Versuchen, sie in die Tat umzusetzen, genau das Gegenteil von dem erreichen, was Sie beabsichtigen.

Um mit Ihnen, Laura, anzufangen: Ihre Reaktionen gegenüber Rita entspringen Ihren mütterlichen Gefühlen. Sie fühlen sich eins mit Ritas Schmerzen und leiden mit ihrem Leiden. Wenn Sie ihren Wünschen zustimmen, geschieht das nicht aus reiner Schwäche, sondern aus der Überzeugung, daß Rita genau so viel Liebe und Wärme braucht wie Anforderungen und Vorschriften. Diese Gefühle sind Ihre eigene Art, Mutter zu sein; sie zu verraten, hieße sich selbst zu verraten. Wenn das so ist, wie kommt es, daß Sie so wenig wirkungsvoll erscheinen? Wie kann es geschehen, daß Sie, weit entfernt davon, ihr zu helfen, tatsächlich zulassen, daß das Gegenteil passiert? Ich glaube, es gibt zwei Gründe für dieses paradoxe Ergebnis: einer hat mit Rita zu tun und einer mit Boris.

Rita erfährt Ihre Wärme oft als Mitleid. Das ist eine sehr negative Erfahrung; bemitleidet zu werden ist für sie, minderwertig zu sein. Sie hat das Gefühl, Sie beugten sich zu ihr herunter in Ihrer Liebe, anstatt ihr Respekt zu zollen. Rita sieht dann nur noch zwei Möglichkeiten, die beide negativ sind: Sie kann entweder Ihre mitleidige Liebe akzeptieren und glauben, sie habe sie verdient, weil sie schwach und unfähig ist; oder sie kann sie zurückweisen und Sie für ihre eigenen Zwecke ausbeuten. Im ersten Fall sinkt ihr Selbstwertgefühl, im zweiten ihre Moral. Auch bei Boris bekommen Sie das Gegenteil von dem, was Sie erlangen wollten: Sie hätten gern, daß er zugewandter und wärmer wäre. Jedoch, je mehr Sie von Mitleid angetrieben werden, desto überzeugter ist Boris, nur er könne Rita zeigen, was sie wirklich erwartet. Deshalb wird Boris immer kritischer und fordernder. Das ist das genaue Gegenteil von dem, was Sie sich gewünscht haben.

Wie ist es bei Ihnen, Boris? In Ihren Wünschen für Rita zeigen Sie sich als ein liebevoller Vater: Sie wollen, daß sie aufhört, sich selbst zu betrügen, und realistisch ihre Situation wahrnimmt. Wenn sie das nicht tut, fürchten Sie, ist ihr Schicksal besiegelt. Das ist der Grund für Ihr Drängen und dafür, daß Sie Ritas und Lauras Versuche ablehnen, alles zu verniedlichen: Sie haben das Gefühl, Sie seien der einzige, der sich traut, die Wahrheit zu sagen. Weshalb also gehen diese Ihre Versuche nach hinten los? Der Grund dafür liegt in den Reaktionen, die Sie in Laura und Rita auslösen. Wenn Sie Rita Ihre Meinung sagen, fühlt sich Laura gezwungen auszugleichen, da sie glaubt, Rita müsse sich ungeliebt fühlen und nicht unterstützt. Auf diese Weise vergrößern Sie tatsächlich ihr Mitleid. Was Rita angeht, je rauher Sie reden (und zeitweise klingen Sie abschätzig und sogar verächtlich), desto tauber und zynischer wird sie. Ich habe das mehr als einmal bei unserer ersten Sitzung beobachtet: Sie reagierte auf Ihre zunehmende Lautstärke mit geringschätzigem Achselzucken. Diese zynische Reaktion ist eine schlimme Gefahr für ein Mädchen wie Rita, das kann sie für alles Positive blind machen.

Was können Sie beide tun? Gibt es irgendeinen Weg aus diesem verrückten Tanz? Was mir klar ist: wenn Sie, Laura, Ausdrucksformen finden könnten, Rita Ihre Liebe zu zeigen, ohne sie als mitleidsvolle Sanftheit erscheinen zu lassen, und wenn Sie, Boris, Ihre Ansichten ohne Verachtung äußern könnten, könnten Sie Ihre verschiedenen Arten und Stimmen nutzbringend einsetzen. Mehr noch: Wenn Sie aufhören könnten, einander die Schuld zuzuweisen und sich gegenseitig zu disqualifizieren, könnten Sie ausgezeichnet zusammenarbeiten, ja Sie könnten sich sogar damit überraschen – gelegentlich – , daß Sie die Rollen tauschen. Ihre Sache, Boris, wäre es dann, sich der Nähe zu Rita zu erfreuen, und Ihre, Laura, etwas konstruktive Strenge zu zeigen. Rita würde natürlich außerordentlich an diesem reicheren Verhaltensmuster gewinnen.

Die Botschaft bereitete die Bühne für die kommenden Sitzungen. Nach ein paar Wochen hatten sich die Dispute zwischen Laura und Boris erheblich verringert. Ritas stürmisches Benehmen stellte jedoch die Eltern (und die Therapie) immer wieder auf den Prüfstand. Manchmal fielen dann Boris und Laura zeitweilig zurück in ihre gegenseitigen Anschuldigungen. Dem Therapeuten gelang es jedoch, diese Stürme zu besänftigen, nicht zuletzt wegen der Überzeugung der Eltern, daß er sie beide akzeptierte und für keinen die Partei ergriff. Die symmetrische Botschaft der gegenseitigen Bestätigung und Herausforderung hatte ihm diese Position verschafft. Sie gab ihm auch erheblichen Spielraum, mit Lauras und manchmal auch mit Boris' Einseitigkeit umzugehen: sie wußten beide, daß, egal wer gerade auf dem heißen Stuhl saß, die Grundeinstellung des Therapeuten ausgewogen war. Nach acht Monaten intensiver familientherapeutischer Arbeit blickten die Eltern und Rita viel zuversichtlicher in die Zukunft.

Fall 9: Haß

Als Bernard sechzehn Jahre alt war, hatte er seinen ersten epileptischen Anfall. Das wurde sofort diagnostiziert, aber trotz medizinischer Behandlung litt er weiterhin gelegentlich an Grand-Mal-Anfällen. Er war extrem an seine Routine gebunden und reagierte heftig auf die geringste Veränderung durch seine Eltern, Michael und Hannah, oder seine Schwestern. Die Familie lebte unter einer ständigen Bedrohung. Wenn sie nicht die richtigen Nahrungsmittelmarken in den genauen Mengen kauften, wenn sie vergaßen, die Soap aufzunehmen, die er unbedingt sehen mußte, wenn irgendwelche Gegenstände in seinem Zimmer umgestellt wurden oder wenn sie zu viel redeten, obwohl er Ruhe brauchte, wußten sie, was zu erwarten war. Er schrie dann los, schlug und warf Sachen um sich. Manchmal hatte er seinen Wutanfall mitten in der Nacht. Einmal verletzte er seinen Vater mit einem Porzellanstück.

Die Eltern, die für sich eine Scheidung erwogen hatten, bevor sich Bernards Epilepsie zeigte, fühlten sich in einer Falle. Sie fürchteten, daß Bernards Zustand sich verschlechtern könnte und daß er einen Suizidversuch unternehmen könnte, wenn sie sich trennten. Die Mutter glaubte auch, daß er sich für die Scheidung schuldig fühlen würde, da sie und ihr Mann dauernd über ihn stritten. Tatsächlich war aber Bernard nicht die einzige gewalttätige Person im Haus. Die Kämpfe zwischen den Eltern eskalierten manchmal zu gegenseitigen Tätlichkeiten.

Die Einstellung der Mutter zu Bernard hatte sich radikal geändert, als er krank wurde. Während sie früher oft harsch und fordernd gewesen war, konnte sie jetzt nicht genug tun, jede seiner Launen zu befriedigen und dabei die anderen Familienmitglieder auch in diese Richtung zu drängen. Sie gab ihrem Mann die Schuld an Bernards Zustand und klagte ihn an, die letzten Reste von Bernards Selbstbewußtsein zu zerstören, wenn er ihn mit Schimpfwörtern eindeckte und ihm sagte, er wünschte, er wäre nicht geboren. Der Vater seinerseits nannte seine Frau »Bernards Henkerin«. Er behauptete, sie lasse nicht zu, daß der Sohn seine Fähigkeiten entfalte. So war Bernard trotz seines medizinischen Befunds von der Armee als Freiwilliger angenommen worden, und er hatte keine unkontrollierten Wutausbrüche, wenn er nicht zu Hause war. Die Mutter bezweifelte die Tatsachen nicht, schrieb aber alle Ausbrüche von Bernard den verbalen Ausbrüchen ihres Mannes zu.

Alle Versuche des Therapeuten, die Eltern auf eine gemeinsame Linie des Verhaltens zu bekommen, zumindest was Bernard anbelangte, scheiterten an ihrer gegenseitigen Feindseligkeit. Die Therapiesitzungen wurden einfach nur zu einer weiteren Arena ihrer Brüllereien. Da es dem Therapeuten nicht gelang, dazwischenzufahren, schickte er nach ein paar Sitzungen einen Brief an sie:

Nach unserer letzten Sitzung ist mir klargeworden, daß es eine zwingende Logik hinter Ihrem Verhalten gibt: Sie finden es beide fast unmöglich, nicht von Entrüstung fortgerissen zu werden. Sie, Hannah, können nicht umhin, mit einer endlosen Wut oder sogar mit Haß zu reagieren, wenn Ihr Mann so grausame Sachen zu Ihrem Sohn sagt. Sie, Michael, können nicht anders, als das Gefühl zu haben, daß die ganze Familie unter einem Terrorregime lebt, unter Bernards Diktat und Hannahs Politik der bedingungslosen Kapitulation. Diese Gefühle sind völlig gerechtfertigt, genau wie Ihre beiden Ziele. Ich denke, Sie könnten unter anderen Bedingungen beide Ihre Ziele erreichen. Die tragische Ironie ist, daß Sie, trotz Ihrer positiven Wünsche, immer am Ende das Gegenteil von dem bekommen, was Sie erreichen wollten.

So kommt es, Hannah, daß Sie bei Ihren Versuchen, eine Atmosphäre der Akzeptanz herzustellen, nur den Haß in der Familie vertiefen. Ich glaube, Bernard leidet am Ende vielleicht sogar mehr unter dem Haß, in den Sie alle getaucht sind, als unter der verbalen Brutalität des Vaters. Seine wütenden Attacken werden Bernard ins Gesicht geschleudert. Der Haß jedoch wirkt unter der Oberfläche, wie eine fortwährende Vergiftung.

Sie, Michael, erreichen mit Ihren Ausbruchsversuchen nur, den Terror noch schlimmer zu machen. Auf jeden Ihrer Ausbrüche gegenüber Bernard und Ihrer Frau folgt eine harte Bestrafung, bei der die ganze Familie einen hohen Preis bezahlt. Anstatt mehr Freiheit zu erlangen, bekommen Sie mehr Haß. Je größer Ihre Wut, um so mehr wird Ihre Frau Sie hassen. Je größer Ihre Entrüstung, Hannah, um so mehr wird Ihr Mann Sie hassen. Heute sieht es so aus, als ob Sie beide so sehr durch Haß aneinandergekettet seien, daß jeder Versuch, sich frei zu machen, die Fessel nur strafft.

Ich glaube, das größte Leid in Ihrer Familie rührt aus dem Haß. Aber können Sie das ändern? Können Sie das kontrollieren? Werden Sie nicht unabweichlich durch den Haß fortgerissen – gegen Ihren Willen und Verstand? Ist es nicht vielleicht Ihr tragisches Schicksal, immer weiter hassen zu müssen? Ich weiß keine Antwort darauf. Manchmal, so scheint es mir, nähren wir unseren Haß und lassen es zu, daß er alles bestimmt. Manchmal habe ich das Gefühl, der Haß packt uns mit seiner mächtigen Hand. Jeder von Ihnen wird schließlich allein die Antwort auf diese Frage finden müssen, ob es Ihr Schicksal ist, vor dem Haß zu kapitulieren, oder sich selbst, Ihren Sohn und Ihre Töchter aus seinem Würgegriff zu retten.

Die Botschaft hatte eine überaus starke Wirkung: Die Eltern waren beide gleichzeitig verletzt und erschreckt von der Zuweisung, für diesen Haß verantwortlich zu sein. Sie versuchten zu sagen, daß sie doch nur reagierten und nicht die Absicht hätten, unnötigen Schmerz zuzufügen. Der Vater tat den ersten Schritt: Er nahm sich vor, alle Zusammenstöße mit Bernard zu vermeiden, und tat das fast mit der Willensstärke eines Heiligen. Die Mutter reagierte ähnlich: Sie machte ihren Mann nicht weiter für Bernards Zustand verantwortlich. Sie hörte auch auf, die Familie zu drängen, Bernards Forderungen nachzugeben; sie tat ihrerseits, was sie konnte, ohne die anderen zu zwingen, ihr dabei zu helfen. Bernard wiederum wurde weniger ausfällig, als seine Eltern sich seinetwegen nicht mehr stritten.

Die Entspannung der häuslichen Atmosphäre befreite den Vater aus dem Gefühl, gefangen zu sein; nach ein paar Monaten zog er aus und reichte die Scheidung ein. Seine Frau reagierte mit Wut. Sie beschuldigte ihn, sie mit der Last von Bernards Krankheit alleinzulassen. Bald jedoch entdeckte sie mit Erstaunen, daß sie jetzt, da ihr Mann nicht mehr im Weg stand, sich traute, viel selbstsicherer mit Bernard umzugehen. Ein Jahr später hatte Bernard sich viel besser entwickelt als die Eltern sich jemals hätten vorstellen können. Er bestand sein Abitur und arbeitete hart daran, auf die Uni gehen zu können. Die Mutter genoß die Früchte ihrer verspäteten Scheidung und entschied, zum ersten Mal seit fünf Jahren, daß sie ohne Therapie auskommen könnte.

Eltern, Schule und Peers – Interfaces

Das englische Wort »Interface« ist schwer zu übersetzen. Gemeint ist so etwas wie »Nahtstelle«, »Verbindung« oder »Verknüpfung«, also jene Orte, an denen entscheidende Interaktionen über die Grenzen des jeweiligen Systems hinweg stattfinden, etwa der Kontakt zwischen Familie und Schule, zwischen dem Jugendlichen, den Peers und der Familie und so weiter. Scott W. Henggeler (1996) ist ein »Meister des Interface«. Bei seinem multisystemischen Vorgehen in der Behandlung von

Kindern mit Verhaltensstörungen zeigt er, wie das phantasievolle Herstellen ungewöhnlicher Zusammenkünfte mit und zwischen den verschiedenen Subsystemen, die das Kind betreffen – wie Eltern, Schule und Peers –, zu ganz unerwarteten Ergebnissen führen kann.

Ein fünfzehn Jahre altes Mädchen wurde von seinen Schulkameraden gemieden, weil es schlecht roch. Der Therapeut fuhr zu dem Mädchen nach Hause, um zu versuchen, die Mutter zu einem Treffen mit der Lehrerin zu bewegen. Die Mutter war eine schmutzige, verwahrloste und erschöpfte Frau, die mit ihren sieben Kindern in einem Wohnwagen ohne fließendes Wasser lebte. Die Lehrerin gehörte der oberen Mittelklasse an, sorgfältig gekleidet und mit feinen Manieren. Auf dem Weg zu dem Treffen bemerkte der Therapeut, daß die Mutter etwas in einer Tasche mit sich trug, das verdächtig nach einem Fleischermesser aussah. Er erkundigte sich nach dem Messer. Die Mutter erwiderte, wenn Worte nichts ausrichten würden, könnte ein Messer ganz nützlich sein. Dem Therapeuten gelang es, die Mutter zu überreden, das Messer im Auto zu lassen und Mutter und Lehrerin ins Gespräch zu bringen. Trotz des wenig erfolgverheißenden Anfangs, war das Ergebnis positiv für das Mädchen wie auch für die Mutter und die Lehrerin (Henggeler 1996, S. 190f.).

Ein vierzehn Jahre altes Mädchen, das zusammen mit zwei Freundinnen beim Ladendiebstahl ertappt worden war, wurde zu einem Treffen mit dem Therapeuten in einem Fast-food-Restaurant überredet. Dem Therapeuten gelang es, die Mädchen für eine neue Art von Abenteuer zu interessieren: nach Teilzeitjobs zu suchen. Er zeigt ihnen, wie man die Bewerbungsformulare ausfüllte, und bereitete sie auf die Einstellungsgespräche vor. Nach ein paar Wochen waren die drei angestellt. Der Therapeut half dann den Mädchen und ihren Eltern zu besprechen, was sie mit dem verdienten Geld machen wollten (Henggeler 1996, S. 162).

Wie manche dieser Geschichten ausgegangen sind, mag erscheinen, als endeten da Märchen. Dabei ist es sicher wichtig, darauf zu verweisen, daß dahinter eine Vielfalt therapeutischer Handlungen verkürzt und verdichtet steht, die eine gute Ausbildung und viel Erfahrung erfordern. Obgleich Henggeler sie nicht als typisch vorstellt, verweisen sie doch auf einige bislang wenig genutzte therapeutische Möglichkeiten hin. Forschungsergebnisse bestätigen diese Hoffnung: Das multisystemische Vorgehen weist die vermutlich besten Ergebnisse bei der Behandlung von jugendlichen Straftätern auf, sowohl was die Verminderung des kriminellen Verhaltens angeht als auch die Verbesserung der häuslichen Atmosphäre (Henggeler et al. 1986; Schweitzer 2000). Der folgende Fall zeigt, wie Henggelers Ideen für die Elternpräsenz eingesetzt werden können:

Der acht Jahre alte Sohn einer geschiedenen Israelin russischer Herkunft weigerte sich, mit ihr Russisch zu sprechen, nachdem er nur neun Monate in Israel gelebt hatte. Er sprach schon fließend Hebräisch und war ein guter Schüler. Die Mutter, die kaum einen Satz auf Hebräisch zustande brachte, war in seinen Augen einfach lächerlich. Sie verhielt sich jedoch ruhig, weil sich der Junge ja erfolgreich an seine neue Umgebung anpaßte. Aber als er anfing, Geld aus ihrem Portemonnaie zu stehlen, entschloß sie sich, nach Hilfe zu suchen. Sie wurde an einen Schulpsychologen verwiesen, der fünf Jahre vorher aus Rußland gekommen war. Man entwickelte einen Plan, nach dem der Lehrer oder der Schulleiter die Mutter jeden Tag anrufen sollte, um sie über die Fortschritte des Jungen oder sein Verhalten in der Schule zu informieren. Außerdem sollte dem Jungen wöchentlich ein Bericht auf Russisch (das er nicht lesen konnte) mitgegeben werden, den die Mutter abzuzeichnen hatte. Im Gegenzug würde die Mutter durch ihren Sohn wöchentliche Berichte (auf Russisch natürlich) über sein Verhalten zu Hause an die Schulpsychologin schicken. Diese sollte dann die Berichte dem Kind laut vorlesen und ihre eindeutige Meinung dazu sagen. Um diese Kette bestätigender Kontakte abzurunden, wurde die Mutter dazu eingeladen, den Jungen und die Klasse bei dem großen Schulausflug des Jahres zu begleiten. Ihr Rang in den Augen des

Jungen – und ihren eigenen – verbesserte sich erheblich. Sie wurde immer selbstsicherer, und sie, die studierte Mathematikerin, fing an, ihrem Sohn Zahlentricks beizubringen, die seinen Lehrer und die Klassenkameraden in Erstaunen versetzten.

Netze der Präsenz

Stellen wir uns drei symptomatische Situationen vor:
- Die Eltern eines fünfzehnjährigen Mädchens, das zweimal von zu Hause weggelaufen war, verständigen ihre Freunde, die Eltern der Freunde, die Lehrer, den Schulleiter und den Geschäftsführer der Diskothek, die das Mädchen häufig besucht, und bitten sie um Mithilfe bei ihrem Versuch, es am Weglaufen zu hindern.
- Der Vater eines siebzehnjährigen Mädchens, das zunehmend kokainabhängig wird, bringt vier Freunde des Mädchens (die keine Drogen nehmen) mit zu einer Sitzung bei dem Therapeuten. Der Therapeut hilft dem Vater und den Freunden, eine monatelange Wache einzurichten, um zu verhindern, daß das Mädchen Drogen nimmt.
- Die schwangere Frau eines neunzehnjährigen jungen Mannes erfährt von ihm, er habe Suizidabsichten. Sie erzählt das seinen Eltern. Diese laden alle ein, die den Jungen mögen, damit sie ihn bitten, seinen Vorsatz nicht auszuführen. Unter den Bittenden sind, außer der Frau und den Eltern, seine Schwestern (zehn und sechs Jahre alt), sein ehemaliger Grundschullehrer, die Großeltern und seine Schwiegermutter.

In diesen drei Fällen erweist sich die Herstellung des Netzes als ein Wendepunkt. Ein bewegender Fall, geschildert bei White und Epston (1990), mag uns helfen, zu verstehen warum.

Haare, ein dreizehn Jahre alter Maori-Junge, der innerhalb weniger Monate beide Großeltern, die ihn aufgezogen hatten, verloren hatte, war nicht mehr zur Schule gegangen, war apathisch geworden und hatte aufgehört, seine Asthma-Medikamente zu nehmen. Seine Mutter, die noch nicht dreißig war, arbeitete und lebte in einer anderen Stadt und hatte wenig Kontakt zu Haare gehabt, kam nun aber zurück, um sich um ihn zu kümmern. Haare war sechsmal wegen akuter respiratorischer Krisen im Krankenhaus gewesen. Der Chef der Intensivstation berichtete, daß er nur mit Glück überlebt habe, aber gewiß er nicht weiterleben könne, wenn er nicht seine Medikamente nehme. Die Mutter und zwei Cousins hatten vergeblich versucht, Haare zur Einnahme der verordneten Mittel zu überreden.

David Epston, den die Mutter konsultiert hatte, sagte ihr, daß er – da es um Leben oder Tod ging – die Verantwortung für den Fall nur übernehmen könnte, wenn sie zwanzig Mitglieder der Großfamilie zur nächsten Sitzung mitbringen würde. Die Mutter brachte die zwanzig Leute, dazu Haare. Epston sagte der Familie, Haare habe den Willen zum Leben verloren, es sei ihre Aufgabe, ihn vom Sterben abzuhalten. Nach einer hitzigen Debatte entschied die Familie, Haare solle bei der Mutter bleiben, daß sie aber alle Hilfe, die sie brauche, von der Familie bekommen würde.

Ein Programm wurde entwickelt, das Haare helfen sollte, eine Tagesroutine zu erlangen und wieder zur Schule zu gehen. Haares Vettern und Onkel übernahmen die Aufgabe, ihm bei seinen Schulaufgaben zu helfen und mit ihm Ausflüge zu machen. Andere Verwandte erklärten sich bereit, Haare beim Zusammenstellen eines Albums zu helfen, das dem Gedächtnis seiner Großeltern gewidmet war. Auf diese Weise waren die Großeltern symbolisch dem Netz angeschlossen. Außerdem wurde ein Plan ersonnen, wie Haares Medikamenteneinnahme überwacht werden konnte. Er erholte sich schnell und hatte keine lebensbedrohlichen Krisen mehr. Eine Nachuntersuchung fünf Jahre später zeigte, daß er sich gut entwickelte (White u. Epston 1990, S. 92ff.).

Hier ist anzumerken, daß es vorher durchaus keinen Mangel an wohlgemeinten Versuchen gegeben hatte, Haare zu helfen. Jetzt jedoch war die Lage in zweierlei Hinsicht anders: Die vorher unkoordinierten Anstrengungen waren in einem Netz verwoben, und das Netz unterstützte *die Mutter*. Es ist der Zusammenfluß dieser beiden Prozesse, der so unschätzbar wichtig für die Herstellung der Elternpräsenz ist. An einem bestimmten Punkt seines Wachsens erreicht ein sich ausdehnendes soziales Netz eine »kritische Masse«, die einen qualitativen Wandel einleitet. Es ist, als ob das Netz zu einem Symbol für die ganze Welt geworden sei: Wenn *das Netz* seine Zuwendung ausdrückt, ist *die Welt* nicht länger gleichgültig. Haares Welt war nicht länger leer. Zum Erlangen der Elternpräsenz war es bedeutungsvoll, daß das Netz *durch die Mutter* herbeigeholt wurde und *durch die Mutter hindurch* wirkte. So bedarf es eines *Elternnetzes*, in dem die Teilnehmer als Unterstützer und Repräsentanten der Eltern wirken. Ein solches Netz kann eine wirkungsvolle Quelle für die Elternpräsenz sein.

Eine der Hauptaufgaben des Netzes ist es, den elterlichen Anstrengungen die soziale Zustimmung zu verleihen, zum Beispiel wenn die Eltern von sich aus etwas höchst Ungewöhnliches unternehmen, wie mitten in der Nacht ein Lokal zu betreten, um ihren halbwüchsigen Sohn oder ihre Tochter zu suchen. Aller Wahrscheinlichkeit nach würde der Teenager eine solche Aktion als eine einzigartige und verrückte Handlung ansehen. Wenn jedoch dieses Unternehmen vor einem Chor unterstützender und bestätigender Stimmen ausgeführt wird (z. B. von Verwandten, Freunden und Lehrern), ist es nicht mehr ein isolierter, abwegiger Vorgang, sondern eine neue Realität, mit der man rechnen muß. Das Netz hat so die Aktion mit Substanz ausgestattet: Das elterliche Verhalten hat den Status einer neuen Regel erlangt. Tatsächlich braucht es nicht immer ein sehr großes Netz, um eine Wirkung zu erzielen. Für viele kann eine kleine Unterstützergruppe ausreichen. Die bestätigende Wirkung eines kleinen Netzes kann verstärkt werden, indem man beispielsweise einen Bericht schreibt und in Umlauf bringt oder die Geschichte anderen gegenüber wiederholt. In sehr kritischen Momenten, in denen ein tragisches Ende droht (wenn ein Kind einen Suizidversuch unternimmt, wenn es in kriminelle Aktivitäten verwickelt ist oder von zu Hause wegläuft), ist das Zusammenholen eines großen Netzes mit einer kritischen Masse gerechtfertigt, die eine neue Realität zu schaffen vermag. Dann kann es heißen, eine wichtige therapeutische Chance zu versäumen, wenn man mit weniger auskommen will.

Ein sechzehnjähriger Junge drängte seine Eltern mit einer Mischung aus Versprechungen und Erpressungen, die in einer Suiziddrohung gipfelten, ihm ein Motorrad zu kaufen. Kurz nachdem er das Motorrad bekommen hatte, wurde er bei einem Unfall schwer verletzt. Aber nach zwei Monaten startete er wieder sein Kampagne für ein neues Motorrad. Diesmal legten sich die Eltern quer; der Junge rächte sich, indem er von zu Hause fortlief. Zwei Wochen später wurde er mit einem bekannten Drogenhändler und anderen dissozialen Jugendlichen gesehen. Er zeigte einem seiner früheren Freunde, den er zufällig traf, ein Bündel Geldscheine und prahlte, daß er bald mehr als genug für ein neues Motorrad haben würde.

Die Eltern konsultierten einen Therapeuten, der sie aufforderte, so viele Verwandte und Freunde wie möglich zur nächsten Sitzung mitzubringen. Zwölf Personen nahmen teil. Die Teilnehmer wurden über die Prinzipien der systemischen Präsenz informiert. An den folgenden Tagen sprachen sie jeden an, der möglicherweise wußte, wo der Junge sich aufhielt. Täglich suchten die Teilnehmer des Netzes alle Diskotheken auf, alle Videoläden, Spielhallen und Straßenecken in der Gegend. Überall wurden Botschaften für den Jungen hinterlassen. Die Bevölkerung fing an, über die »Armee von Babysittern« zu reden.

Eine Woche, nachdem die Suche in Gang gesetzt worden war, kehrte der Junge nach Hause zurück. Er hielt sich nicht mehr in dubioser Gesellschaft auf und suchte die Verbindung zu seinen alten Freunden. Er ging wieder zur Schule. Einen Monat später, als er wieder wegzulaufen drohte, wurden die Netzteilnehmer benachrichtigt, und das Haus brummte tagelang von ihrer Gegenwart. Es gab danach keine Drohungen von ihm mehr, auch keine Anzeichen krimineller Handlungen.

Kapitel 8:
Persönliche Präsenz: Eine eigene Stimme haben

Elterliche Präsenz meint mehr als nur das äußere Erscheinungsbild eines bestimmten elterlichen Verhaltens. Es geht für die Eltern auch darum, das, was sie tun, als Ausdruck ihrer eigenen Gefühle und Werte zu erleben. Der Begriff *Persönliche Präsenz* zielt genau auf diese Erfahrung. Der Verlust der eigenen Stimme geht für Eltern oft mit dem Gefühl von Angst einher, das zu sagen, was sie denken. Es scheint ihnen dann, als sei das Behaupten eigener Überzeugungen so etwas wie Aufdringlichkeit und das Anmelden eigener Bedürfnisse ein Ausdruck von Egoismus. Gleichzeitig können dieselben Eltern, die sich zu Hause schwach verhalten, sich unter anderen Bedingungen als höchst entschlossene Personen erweisen. Wie kann man diese Diskrepanz verstehen? Welche Kräfte wirken im Umgang mit den eigenen Kindern, die selbst den energischsten Menschen seiner persönlichen Präsenz berauben können?

Nach unserer Auffassung hat das etwas mit *Beschreibungen* zu tun, die von den Eltern und von ihrem Umfeld, manchmal auch von den Kindern selbst, eingesetzt werden, um die Problemsituation der Familie auszudrücken. Es gibt lähmende Beschreibungen und solche, die den Blick auf eine Vielfalt von Möglichkeiten eröffnen. Das gilt besonders für die Beschreibung seelischer Vorgänge. Über »die Seele« kann nicht anders als metaphorisch (also in Bildern) gesprochen werden, da es sie nicht »gibt« in der Art, wie es einen Tisch, eine Lampe oder einen Motor gibt. »Alle ... Annahmen darüber, wie wir ›wirklich sind‹ ... sind Produkte einer bestimmten Kultur und eines bestimmten Zeitpunkts in der jeweiligen Geschichte«, schreibt der amerikanische Sozialpsychologe Kenneth Gergen (1996, S. 40f.). Jede Kultur entwickelt bestimmte Bilder davon, was die Seele des

Menschen ausmacht.[1] Eine sehr prägnante und bis heute unser Denken über seelische Zusammenhänge bestimmende Metapher ist das Bild von der *Tiefe der Seele*. Es läßt sich in der Tradition der Romantik verorten und hat bis heute eine hohe Anziehungskraft, nicht zuletzt durch die Lehre von Sigmund Freud und seiner Tiefenpsychologie. Diese Metapher zieht andere nach sich. So geht die Vorstellung, daß etwas »tief in uns drin« sitzt, damit einher, daß etwas »früh« in uns hineingepflanzt wird und dann nicht mehr zu korrigieren sei, außer durch die Aufarbeitung und Bewußtmachung tiefliegender Konflikte, die gegen Widerstände ans Licht geholt werden müssen.

Psychische Störungen beruhen in diesem Bild auf Erfahrungen eines Menschen, die sich tief in ihn eingegraben haben[2], doch nicht nur darauf, sondern auch auf darunterliegenden Trieben und Motiven, die tief und dunkel in ihm sitzen. All dies läßt sich nur unter enormem Kraftaufwand verändern, wenn überhaupt.

»Es ist uns klar, daß wir bei unserer Tochter viel falsch gemacht haben! Das steckt jetzt in ihr, und wir können nur noch versuchen, die schlimmsten Folgen abzumildern«, sagte ein Vater im Elterngespräch. Es war für ihn nicht vorstellbar, daß seine Tochter als aktives, bewußtes und kreatives Wesen das, was sie erlebt hatte, auch auf eine konstruktive Weise verarbeiten könnte. Die Vorstellung, daß Kinder – wie alle Menschen – an Herausforderungen wachsen, ja, daß ideale Bedingungen oft genau diese Herausforderungen vermissen lassen, war für ihn ganz neu und auch entlastend (und führte zu einer neuen Art, wie er sich seine eigenen Eltern und seine Geschichte beschrieb).

Aus dem Bild von der Tiefe der Seele ergibt sich vielleicht folgerichtig, daß in unserer Kultur seelische Störungen und Abweichungen als »Krankheit« bezeichnet werden – eine Beschrei-

---

1 Sogar die Psychologie als Wissenschaft muß ihren Gegenstand erst »erfinden« (Herzog 1984), denn dafür, was »die Seele« ist, hat sie keine Übereinkunft.
2 Eine Aussage, der wir nicht widersprechen, zumindest nicht bis hierher.

bung, die alles andere als unumstritten ist (Retzer 1991). Denn auch »Krankheit« ist, genau besehen, ebenfalls eine Metapher, wonach die Seele einer Person, die sich auffällig verhält, ähnlich krank sein könne wie ihr Körper.

Die angesprochenen Metaphern bieten den Boden für eine weitere Tradition von Beschreibungen, die in unserer Kultur so tief verwurzelt ist, daß ihre Infragestellung oft eine große Erschütterung mit sich bringt. Es ist die Vorstellung von linearer *Kausalität*, von der direkten Verursachung von Phänomenen – das, was bei dem einen Menschen geschieht, ergebe sich direkt und zwingend durch etwas, das beim anderen Menschen zu beobachten ist. Diese Vorstellung ist im Bereich psychischer Wirklichkeiten – wie überhaupt in allen Bereichen, in denen es um von Menschen erzeugten *Sinn* geht – genau besehen absurd, ja, der schottische Philosoph David Hume stellte schon 1739 die Hypothese auf, Kausalität sei vielleicht gar nicht in der Natur vorhanden, sondern »ein Bedürfnis der Seele« (nach Riedl 1981). In der moderneren Psychologie und besonders in der systemischen Therapie wird versucht, die Vorstellungen von
- der Tiefe,
- der Krankheit,
- der linearen Verursachung

zunächst einmal als Metaphern zu erkennen und ihnen ein »Modell vom Menschen als soziale Konstruktion« (Gergen 1990) gegenüberzustellen, von Menschen, die als »autonome Akteure« ihre eigene Geschichte aktiv gestalten (Bruner 1997). Das soll (und kann) an dieser Stelle nicht in aller Ausführlichkeit diskutiert werden. Worum es uns geht, ist zu verdeutlichen, daß die Lähmung der Eltern etwas mit den Beschreibungen zu tun hat (zu tun haben kann), die in einer Kultur über die Bedeutung und die Rolle von Eltern und Elternschaft vermittelt werden. Wenn sich nämlich ein Kind auffällig verhält, dann wird das im Licht der von unserer Kultur angebotenen Metaphorik häufig als das Ergebnis eines Prozesses gesehen[3], in dem die Eltern eindeutig

---

3 Von den Eltern selbst, von den Kindern, den Nachbarn, Schwiegermüttern und anderen Verwandten, aber auch von Beratern, Ärztinnen und Lehrerinnen usw.

als *Verursacher* festgestellt werden: Sie haben früh in die Tiefe der kindlichen Seele etwas hineingepflanzt, was das Kind krank gemacht hat, sie sind schuldig an seinem Zustand. Im Licht einer systemischen Erkenntnistheorie werden solche Beschreibungen der Komplexität des Geschehens nur sehr begrenzt gerecht. In den voranstehenden Kapiteln wurde erwähnt, daß wir den Begriff *Muster* für angemessener halten, um die gegenseitige Verwicklung von Menschen zu beschreiben, für die das Wort »tragisch« unserer Meinung nach besser paßt als die quälende Suche nach Krankheit, Ursachen und Schuld.

Unsere Ausführungen mögen ansatzweise erklären, daß wir als einen der häufigsten Faktoren, der die elterliche Stimme ersticken kann, den Glauben finden können, das Verhalten des Kindes sei auf *tiefliegende psychopathologische Ursachen* zurückzuführen – verbunden mit der Angst oder gar der festen Überzeugung, der Grund dafür liege bei den Eltern. Eltern, die davon überzeugt sind, neigen zu Extremen von Mitleid, Ängstlichkeit und vor allem Schuldgefühlen. Diese Gefühle führen zu einem Empfinden von Inkompetenz und einer Mischung aus Nachgiebigkeit und Auffangen, die das problematische Verhalten eher verstärkt als es zu verringern. Die Aufgabe für den Therapeuten ist es dann, den Eltern zu helfen, sich von der Lähmung zu befreien, die durch die Grundüberzeugungen unserer Kultur – und durch die Art, wie sie und ihr engstes Umfeld sie übernommen haben – hervorgerufen worden ist.

Psychopathologische Glaubenssätze

Nach einer verbreiteten Meinung sind Ordnungsvorstellungen und Regeln irrelevant oder schädlich, wenn das Problemverhalten des Kindes auf tieferen Ursachen beruht wie zum Beispiel einer psychischen Erkrankung, traumatischen Erfahrungen oder unbewußten Konflikten. In solchen Fällen wird oft angenommen, daß eher eine Therapie nötig sei als Disziplin. Deshalb seien Eltern nur dann berechtigt, ihre Kinder zu disziplinieren, wenn solche tieferen Probleme ausgeschlossen oder bereits angemessen behandelt worden sind.

Diese Einstellung ist in zweifacher Hinsicht problematisch. Erstens brauchen Kinder, selbst wenn man ihrem Verhalten die Beschreibung »seelisch krank« zuschriebe, keinesfalls weniger Regeln und Überzeugungen als »normale« Kinder. Wahrscheinlich stimmt sogar das Gegenteil, denn je chaotischer die innere Welt des Kindes ist, um so mehr braucht es einen geordneten, stabilen Rahmen. Verschwommene oder gar nicht vorhandene Beschränkungen können die Verwirrung nur verschlimmern. Zweitens hören moralische Überlegungen nie auf, wenn man Kinder aufzieht. Ein Kind, das als »seelisch krank« bezeichnet wird, muß nicht weniger als ein als »gesundes« lernen, zwischen Gut und Böse zu unterscheiden. Deshalb ist ein moralisch ungehemmter, als schizophren bezeichneter Mensch in jeder Hinsicht in einer schlechteren Lage als einer mit einer vergleichbaren Störung, der so erzogen wurde, daß er die Rechte der anderen respektiert.

Beraterinnen sind sich häufig der möglicherweise schädlichen Wirkung ihrer Botschaften nicht bewußt. Viele Eltern, die sich von Beratern haben einreden lassen, das Verhalten ihres Kindes sei von einer Krankheit hervorgerufen (für die es dann auch komplizierte und manchmal schwer zu verstehende Namen gibt), verlieren ihre elterliche Selbstsicherheit. Sie meinen dann, die Behandlung des Problems sei eine Sache der Spezialisten. Obgleich die meisten Therapeuten eine solche Ansicht ablehnen würden, ist die Vorstellung der Eltern verständlich. Wenn das Verhalten ihres Kindes auf Ursachen zurückzuführen ist, die sie nicht begreifen und die erst nach einem jahrelangem einschlägigen Studium und klinischer Erfahrung ausgelotet werden können – wie sollen dann gerade sie damit umgehen können? Eine verbreitete Klage von Therapeuten ist es, die Eltern würden erwarten, sie (die Therapeuten) würden an ihrer Stelle das Kind in Ordnung bringen. Viel seltener ist die Erkenntnis, daß sich in dieser elterlichen Einstellung, jedenfalls partiell, eine bestimmte Zuschreibung seelischer Störungen in unserer Kultur zeigt, die von den Eltern wie von den Therapeuten unbewußt genährt worden ist.

Nach unserer Erfahrung reagieren die Eltern äußerst positiv, wenn das ungezügelte Verhalten des Kindes als »normaler«

menschlicher Egoismus und ein ebenfalls »normales«, universelles Verlangen nach Bequemlichkeit, Genuß und Macht angesehen, statt auf Traumata oder eine Pathologie zurückgeführt wird. So gesehen ist das Kind weder verrückt noch schlecht, sondern lediglich voller Energie, überschäumend und von natürlicher Selbstbezogenheit. Elterliche Hilflosigkeit kann diese Tendenzen verstärken, und das Kind kann durch seine eigene übermäßige Macht allmählich korrumpiert werden. Die Herausforderung an die Eltern besteht dann darin, diese mögliche Korruption aufzuhalten. Eine solche Sichtweise rechtfertigt Schritte der Eltern, die im Rahmen eines psychopathologischen Verständnisses sogar skandalös erscheinen mögen. Eine kritische Frage an uns selbst ist nun allerdings, ob wir das Kind jetzt nicht auf eine neue Weise stigmatisieren, indem wir ein psychopathologisches Etikett (»krank«) gegen ein moralisches (»natürlicher Egoismus«) austauschen? Wir glauben, daß wir das nicht tun. Wir sprechen von einer universalen Tendenz, die das Kind vital und klug auslebt, nicht von einem Charakterfehler oder gar von psychischer Krankheit. Im Gegenteil, die Definition des Kindes als Kind, das »eine besondere Herausforderung« darstellt, bietet für beide Seiten eine anerkennenswerte Beziehungsdefinition an. Aus unserer Erfahrung können die Eltern negativen Tendenzen ihres Kindes um so besser Einhalt gebieten, je mehr sie die Kraft des Kindes und seine Schläue im Überlebenskampf zu schätzen wissen.

Die geschiedene Mutter eines fünfzehnjährigen Jungen beschrieb, wie er den Inhalt seines Tellers auf den Boden kippte, wann immer ihre Kochkunst seinen Anforderungen nicht entsprach. Ein Auszug aus der zweiten Therapiesitzung:
Mutter: Ich kann nicht verstehen, warum er das tut. Es kommt mir pervers vor. Vielleicht hat er sadistische Impulse. Wenn ich nur rauskriegen könnte, was ihn umtreibt! Es muß mit dem zu tun haben, was in der Zeit während der Scheidung geschehen ist. Er ist durch einige sehr häßliche Szenen traumatisiert. Vielleicht wiederholt er unbewußt, was er gesehen hat.
Therapeut: Vielleicht tut er es einfach nur, weil er damit ungestraft durchkommt.

Mutter: Aber warum will er ungestraft damit durchkommen? Das ist doch krank!
Therapeut: Viele Kinder haben Spaß daran, ihre eigene Macht auszuprobieren.
Mutter: (ironisch lachend) Bei Ihnen klingt das beinah wünschenswert!
Therapeut: Ich glaube nicht, daß das krankhaft ist, wenigstens noch nicht. Ich denke, es ist für ihn aufregend, seinen Willen durchsetzen zu können. Sie haben mir mal erzählt, daß er Sie angeschrien und sie vor seinen Freunden aus dem Zimmer geschmissen hat. Ich denke, das hat ihm einen richtiggehenden ›Machtorgasmus‹[4] verschafft: »Da siehst du mal, was ich tun kann!«
Mutter: Kann das zu einer sexuellen Perversion werden? Könnte er ein Sadist werden?
Therapeut: Er könnte mehr und mehr Spaß an seiner totalen Macht bekommen. Menschen können von solchen Vergnügungen süchtig werden. Immer tun, was man will, ist ein zutiefst verderblicher Einfluß.
Mutter: Es ist häßlich! Es ist gefährlich! Das muß aufhören!

Die Mutter suchte nach einer Gelegenheit, das Zimmer des Jungen zu betreten, als er mit seinen Freunden zusammen war. Als er sie anschrie, sie solle rausgehen, forderte sie seine Freunde bestimmt zum Gehen auf, da ihr Sohn nicht in einer Verfassung sei, die es erlaubte, Gäste zu haben. Die offensichtlich peinlich berührten Freunde gingen. Der Junge tobte, aber der Vorfall erwies sich als erster Schritt zum Wiederfinden der fast ausgelöschten Stimme der Mutter.

---

4 Das ist hier mehr als nur metaphorisch zu verstehen. Jeder Sieg, das heißt das Erreichen einer Dominanzposition wird – zumindest beim Mann – von einem hormonalen Reflex begleitet. Bei Tennisspielern etwa stellt man beim Sieger nach einem Match einen steilen Anstieg des Bluttestosteronspiegels fest, bei der Niederlage ein Absinken. »Die Hormonausschüttung stellt eine physiologische Belohnung für Erfolge dar, und da jeder Erfolg belohnt wird und es für das Dominanzstreben keinerlei sättigende Endsituation gibt, neigt das System zur Eskalation« (Eibl-Eibesfeldt 1997, zit. nach Simon 2001, S. 259).

Mitleid, Schuld und Ängstlichkeit

Elterliche Schuld nährt elterliches Mitleid, und beide produzieren einen ständigen Nachschub für elterliche Ängstlichkeit. Diese drei Gefühle können die stärkste persönliche Stimme auf ein schwaches Flüstern herunterbringen. In Fall 7 »Die Polizei rufen oder nicht?« (Kapitel 7) haben wir eine Mutter beschrieben, die sagte, sie sei keine richtige Mutter, wenn sie nicht Mitleid mit ihrem Sohn empfinde. Wäre sie das wirklich? Wir glauben, daß »Mit-Leiden« ein angemessenes Gefühl für einen adoleszenten Sohn ist, aber nicht Mitleid. »Mit-Leiden« meint einen Sinn der Gleichheit, wohingegen man Mitleid mit jemandem hat, der schwächer oder unterlegen ist. Beim »Mit-Leiden« würdige ich den Schmerz des anderen, weil ich meinen eigenen ähnlichen Schmerz ernst nehme. Anders bei Mitleid: Der Schmerz des anderen füllt das ganze Bild aus, und der andere wird nicht als mir selbst ähnlich wahrgenommen. Mitleid schließt deshalb Gegenseitigkeit aus. Eltern können, wenn sie mit diesem Unterschied konfrontiert werden, den Schlag für das Selbstwertgefühl des Kindes verstehen, den von Mitleid getragene Ausdrücke und Handlungen mit sich bringen – wir können nicht bemitleiden, ohne gleichzeitig ein Bild vom anderen als minder fähig zu übermitteln. Das Kind kann dann entweder unsere kleiner-machende Botschaft akzeptieren oder in Wut zurückschlagen. Daher erzeugt Mitleid meist entweder Selbsthaß oder Haß auf den anderen. Deshalb ist Mitleid sehr verschieden von reifer Liebe. Um unser heranwachsendes Kind als eine Persönlichkeit zu lieben (und nicht nur als ein Objekt unserer Sentimentalität), müssen wir das Mitleid aufgeben, das wir gefühlt haben, als unser Kind noch klein und hilflos war.

Was die Schuld anbelangt, werden hilflose Eltern weniger von der tatsächlichen Schuld bedrückt als von den endlosen Versuchen, ein Schuld*gefühl* zu verhindern. Es kommt uns so vor, als reagierten manche Eltern so panisch auf die bloße Möglichkeit des Schuldigseins, daß sie keine Anstrengung scheuen, immer wieder ihre Unschuld herauszustellen. Viele Kinder verstehen es meisterlich, aus dieser elterlichen Schwachstelle Vorteile zu ziehen. Sie wissen, daß die geringste Zuschreibung von Ungerechtigkeit genügt, die stärksten elterlichen Bemühungen auszulösen, das Gegenteil zu beweisen. Jedoch sollten Eltern wissen, daß ein Kind, das sich zurückgesetzt fühlt, niemals durch Wiedergutmachungsversuche überzeugt werden kann. Eher noch im Gegenteil – die elterlichen Anstrengungen beweisen dem Kind nur, daß sie sich wirklich schuldig fühlen. Eltern und Kind können ein Leben lang in diesem Teufelskreis gefangen bleiben. Hierzu zwei Beispiele, eines leicht und einfach, das andere tragisch.

Eine Mutter, die über die lästige, jedoch nicht besonders schwerwiegende Rivalität ihrer beiden Kinder klagte, entschied sich, bei der nächsten Beschwerde des Jungen, seine Schwester sei bevorzugt worden, zu antworten: »Ja, die haben wir ja auch lieber als dich!«. – Er stutzte, lachte und sagte: »Das kann doch gar nicht sein!« Das lästige Argumentieren hörte sofort auf, und die Beschwerden wurden deutlich seltener, zumal im umgekehrten Fall auch die Schwester einmal diese Antwort zu hören bekam.

Ein fünfundsiebzigjähriger Witwer suchte einen Therapeuten auf wegen der unerfüllbaren Ansprüche seines Sohnes (vierundvierzig Jahre), der bei ihm lebte. Der Sohn hatte sich immer gegenüber seiner älteren Schwester (die verheiratet war und in einem eigenen Haus wohnte) vernachlässigt gefühlt. Mit seinen endlosen Beschwerden über die Ungerechtigkeit seines Vaters war es ihm gelungen, den Vater dazu zu bringen, ihm nacheinander vier Autos zu schenken, eine großzügige monatliche Summe (gelegentlich arbeitete er) und ein bevorzugtes Bedenken im Testament seines Vaters. In der letzten Zeit bedrängte er den Vater, das Haus auf seinen Namen zu überschreiben. Der Vater sagte, er habe ihm das Haus schon in seinem Testament vermacht. Der Sohn argumentierte jedoch, daß er sicher sei, seine Schwester würde das Testament anfechten, und da sie genug Geld habe, würde sie auch ihr Ziel erreichen; er würde dann obdachlos sein und sie noch reicher. Der Vater gab nach. Der Sohn war immer noch nicht zufrieden. Er verlangte, der Vater solle das Haus neu möblieren. Während eines Streits sagte er zu seinem Vater: »Wenn du mich nicht richtig lieben kannst, kannst du genau so gut bei deiner Tochter leben und mich in Frieden in meinem Haus lassen!« Ein paar Tage später rief der Vater den Therapeuten an, um seinen zweiten Termin abzusagen. Er war zu seiner Tochter gezogen. Hoffentlich geht es ihm damit besser als König Lear.

Um die Spirale von Schuldgefühlen und Sich-Loskaufen zu beenden, finden wir es hilfreich, die Eltern zu einer Schuld-Desensibilisierung zu bringen. Wir helfen ihnen, sich klarzumachen, daß, was immer sie tun, unvermeidlich zu Beschuldigungen führt. Sie werden beschuldigt, sich zu widersetzen, und dafür, daß sie nachgegeben haben (verwöhnte Adoleszente klagen ihre Eltern manchmal an, sie nicht für das Leben vorbereitet zu haben). Eltern lächeln bei dieser offensichtlichen Wahrheit und fangen an, unsere Vorschläge bei dem *Schuld-Desensibilisierungs-Kurs* bereitwilliger anzunehmen:
- Sie bekennen sich der Anklagen ihres Kindes schuldig, aber ohne ihre Entscheidungen zu revidieren.
- Sie weigern sich, die Angelegenheit weiter zu diskutieren.
- Sie schauen auf Gelegenheiten für konstruktive Ungerechtigkeit ihrerseits.

Die Mutter eines aggressiven Teenagers, die sich lange Zeit unfähig gefühlt hatte, mit den Beschwerden ihrer Tochter über ungerechte Behandlung fertig zu werden, rief den Therapeuten an, um zu sagen, daß sie gerade das Telefon mitten in der Unterhaltung aufgelegt habe. Die Tochter hatte sie bei der Arbeit angerufen, um sich darüber zu beschweren, daß ihre Schwester bevorzugt werde und um einen Ausgleich dafür in ihrem wöchentlichen Taschengeld zu bekommen. Die Mutter rief den Therapeuten sofort an, nachdem sie den Hörer auf den Apparat geknallt hatte. Atemlos vor Aufregung sagte sie, sie habe den Therapeuten nicht nur angerufen, um ermutigt zu werden, sondern auch, um das Telefon besetzt zu halten, so daß ihre Tochter nicht wieder anrufen konnte. Einen Monat später sagte die Mutter, sie sei stolz auf ihre Leistung im »Ungerecht-Sein«. Zum ersten Mal seit Jahren fühlte sie sich frei von ihrem chronischen Groll gegenüber der Tochter.

Fall 10: »Unfair, but there!« – Wie man »konstruktive Ungerechtigkeit« anwendet

Susanne und Mark hatten fünf Kinder, alle mit vielfältigen Problemen, darunter Drogenmißbrauch, zwanghafte Rituale, Schulschwänzen und heftige Wutanfälle. Der Vater klagte darüber, daß er zu Hause keine Position habe. Was auch immer er zu tun versuchte, seine Frau vereitelte es sofort. Sie nahm immer Partei für die Kinder, selbst wenn das den vorherigen gemeinsamen Absprachen widersprach. So hatten die Eltern zum Geburtstag des jüngeren Sohnes (neun Jahre) ein Skateboard gekauft, weil Darts, die er sich eigentlich gewünscht hatte, als zu gefährlich verworfen worden waren. Dann stellte sich jedoch heraus, daß die Mutter später auch noch das Dartsspiel gekauft hatte. Einige Zeit davor hatte sie einen teuren Ausflug des zweiten Sohnes (achtzehn Jahre) finanziert, ohne den Vater zu fragen. Unlängst hatte sie der einzigen Tochter (sechzehn Jahre) erlaubt, mit ihren Freunden (von denen die Eltern wußten, daß sie mit Drogen zu tun hatten) auf ein Jazz-Festival zu gehen, obgleich der Vater das ausdrücklich verboten hatte. Bei einigen dieser Vorkommnisse hatte er gewalttätig gegen seine Frau reagiert.

Der Vater sagte, sein größter Wunsch sei es, eine richtige Familie zu haben, zu der er sich voll und ganz zugehörig fühle. Die Wankelmütigkeit seiner Frau gebe ihm jedoch das Gefühl, draußen zu sein. Die Frau dagegen sagte, sie wünsche sich am meisten, ihren Mann an ihrer Seite zu haben, damit er ihr mit den Kindern helfe. Aber er kommandiere und kritisiere nur und versuche, die Dinge durch Fernbedienung zu regeln. Er wisse, daß sie mit den Kindern nicht allein fertig werden könne. Sie gab zu, daß sie seine Schläge beinah besser aushalten könne als den Druck, den die Kinder ausüben.

Ihren eigenen Eltern hatte das Leben übel mitgespielt, wie sie in unzähligen dramatischen und traurigen Geschichten immer festmachen mußte. Sie war die einzige Tochter, und ihre Aufgabe war es, ihren Eltern für alles, was sie erlitten hatten, einen Ausgleich zu schaffen. Selbst jetzt noch, wenn ihr Vater zu Besuch kam, fühlte sie sich verpflichtet, ihm den kleinsten Wunsch zu erfüllen. Genau so war es bei ihren Kindern. Es war, als ob die

Kinder »Privatunterricht« bei Susannes Eltern genommen hätten. Susanne war nicht glücklich mit dieser Rolle. Und sie empfand, daß ihr Mann sie nur noch verwundbarer gegenüber den Forderungen der Kinder machte. Bei den Sitzungen zog sie sich in sich selbst zurück, wenn sich ihr Mann über ihre »Verrätereien« beklagte. Im Gegensatz dazu blieb sie aufmerksam und bei der Sache, als er sie einmal umarmte.

Der Vater war ebenfalls als Einzelkind aufgewachsen, in einem öden Zwei-Personen-Haushalt. Sein Vater starb, als er fünf war, und seine Mutter verharrte jahrelang in einem Zustand der apathischen Zurückgezogenheit. Aktives Familienleben kannte er nur aus Filmen und kurzen Einblicken in das Leben anderer Familien. Kinder mit einem wirklichen Zuhause erfüllten ihn mit Neid. Er heiratete mit der Absicht, ein solches Zuhause zu schaffen, aber die Parteinahme seiner Frau für die Kinder auf seine Kosten schien ihm zu zeigen, daß er immer als Ausgeschlossener leben mußte.

Die Eltern hatten das Gefühl, ihrer persönlichen Präsenz in ihrem Heim hoffnungslos beraubt zu sein. Er fühlte sich aus seinem rechtmäßigen Wohnsitz verbannt, sie fühlte sich ihres Willens beraubt. Die Therapeutin drückte ihre Überzeugung aus, daß die Bedürfnisse von ihm und ihr in Einklang zu bringen seien. Sie glaube, daß er einen nachdrücklichen Platz in der Familie bekommen und sie ihre Fähigkeit, ihren Willen zu äußern, zurückbekommen könnte und auch, daß sie sich unterstützt fühlen und er sich zugehörig fühlen könne. Die Therapeutin schlug einen Plan »konstruktiver Ungerechtigkeit« vor, um beiden zu helfen, dieses Ziel zu erreichen. Wann immer er das Gefühl hatte, sie unterlaufe eine gemeinsame Entscheidung, sollte er die Initiative ergreifen, ihre Zugeständnisse an die Kinder zu widerrufen, und in der Nähe bleiben, um sicherzustellen, daß der Widerruf wirksam bleibe. In jedem Fall sollte er zu dem betroffenen Kind sagen, was er tue, sei ungerecht, aber er habe sich entschlossen, auf unfaire, väterliche Weise zu handeln. Um der Mutter (und den Kindern) zu zeigen, daß er nicht gegen sie handelte, sollte er jedes Mal, wenn er konstruktiv ungerecht gewesen sei, mit seiner Frau zusammen abends ausgehen. Die Mutter ihrerseits sollte von vornherein sein Recht anerkennen, seine Präsenz auf diese Art deutlich zu machen.

Der Vater erwärmte sich schnell für die Idee. *Konstruktive Ungerechtigkeit* hatte er sich eindeutig vorgenommen. Sie bewährte sich, als der Vater sich über seinen Vorsatz versichern mußte, den er bei einer neuerlichen Krise seines achtzehnjährigen Sohns gefaßt hatte. Der Junge war nach Haus gekommen und hatte merkwürdig ausgesehen. Mit Nachdruck befragt, gestand er, Drogen genommen zu haben. Trotz verzweifelter Signale der Mutter sagte der Vater zu ihm, er könne nicht im Haus bleiben, wenn er weiter Drogen nehme. Sein Zimmer werde von nun an regelmäßig durchsucht, und er müsse die Eltern darüber informieren, wo er sich aufhalte. Der Junge lief voller Wut aus dem Haus und blieb zwei Wochen fort.

Ein paar Tage nach einer Therapiesitzung kam er heim. Der Vater ging sofort in sein Zimmer und durchsuchte es sorgfältig. Auf die Klage seines Sohns, er verletze seine Privatsphäre, erwiderte der Vater, er wolle sich ganz dezidiert auf eine ungerechte, väterliche Art verhalten. Er machte dem Sohn wieder klar, daß, wenn er bleiben wolle, er sich an die Regeln halten müsse. Später am Abend lud der Vater seine Frau ins Kino ein.

Die persönliche Stimme

Wir kennen den Unterschied zwischen einem Verhalten, das wir aus innerer Überzeugung ausführen, im Vergleich zu einem, bei dem es einfach leichter ist, oder einem, bei dem wir äußeren Zwängen unterliegen. Wenn das Verhalten nicht ein Ausdruck unserer inneren Stimme ist, fühlen wir uns bedrückt, unwohl oder nicht ganz anwesend. Wenn der Impuls dagegen von innen kommt, fühlen wir uns richtig und präsent. So geht es auch den Eltern. Wenn ihr elterliches Verhalten nicht ihre Bedürfnisse, Gefühle und Überzeugungen ausdrückt, sind sie nicht vollständig anwesend.

Wir als Beraterinnen geben diesem offenbaren Aspekt manchmal zu wenig Aufmerksamkeit. Die Stimme der Eltern kann nicht authentisch klingen, wenn man von ihnen verlangt, sich in einer Weise zu verhalten, die mit ihrem persönlichen Stil unvereinbar ist, selbst wenn dieses Verhalten mit ihren Idealen übereinstimmt. Es ist daher nicht gerade hilfreich, zu erwarten, daß ein in seinem Temperament eher verhaltener Vater übergefühlvoll und warmherzig wird oder daß eine flippige Mutter rigoros ein Zielverhalten überwacht. Selbst wenn es den Eltern gelingt, eine Zeitlang bei einer Verhaltensverschreibung zu bleiben, erwarten sie und das Kind doch, daß die neue Form bei der nächsten Gelegenheit aufgegeben wird. Die Kinder denken: »Bald werden sie müde!«, und die Eltern fragen sich: »Wie lange müssen wir noch weitermachen?« Für beide kann das Programm nur eine vorübergehende Anordnung sein.

Aber bedeutet das, daß wir die Eltern dazu verdammen, so zu bleiben, wie sie sind? Stellen wir uns eine Familie vor, in der die Eltern überzeugte Verfechter eines demokratischen Familienlebens sind; sie haben einen natürlichen Lebensstil spontaner Unordnung, und ihr hauptsächliches Lebensprojekt ist es, aus der steifen Erziehung ihrer Herkunftsfamilie auszubrechen. Wie können wir ihnen helfen, ihre elterliche Autorität wiederherzustellen und gleichzeitig sich selbst treu zu bleiben? Glücklicherweise haben die Überzeugungen und Lebensstile jeder einzelnen Person viele Facetten. Zu jeder Zeit gibt es in der »inneren Versammlung unseres Wesens«[5] viele Stränge, die noch ungenutzt oder im Verborgenen liegen, aus systemischer Sicht stehen wir immer vor einem Universum von Möglichkeiten, die noch nicht realisiert worden sind. Es ist die Aufgabe des Therapeuten, unter den Neigungen der Eltern diejenige herauszufinden, die für die Aufgabe eingespannt werden können. Anstatt den »richtigen« Weg des Kinderaufziehens vorzuschlagen, sollten wir einen Weg suchen, der für *diese besonderen* Eltern paßt und ihre Erziehung effektiver macht. Können wir das therapeutische Programm und die ungenutzten natürlichen Neigungen der Eltern integrieren, wird aus einem blutleeren, unmotivierten und unbeteiligten Menschen ein engagierter und handlungsfähiger Elternteil.

---

5 Über die »innere Familie« hat Richard Schwartz (1997) ein sehr interessantes Buch geschrieben.

In dem folgenden Fall war die Frage nicht nur, welches praktische Vorgehen wir den Eltern vorschlagen sollten, sondern zuallererst, wie wir ihnen helfen könnten, ihre Erziehungsaufgabe wieder wahrzunehmen, und zwar als Ausdruck ihrer moralischen Überzeugungen und als eine Antwort auf ihre höchst individuellen Ansprüche an das Leben.

Fall 11: Ein »Wunderkind« als Kind aufziehen, und nicht als ein göttliches Wesen

Mary war ein Einzelkind. Sie wurde geboren, als die Mutter achtundvierzig Jahre alt war und ihr Mann sechsundfünfzig. Der Vater hatte einen Sohn aus einer früheren Ehe, den er seit der Geburt nicht mehr gesehen hatte. Der Vater hatte jede Verbindung mit seiner ersten Frau und dem Kind aufgegeben, als er herausbekam, daß sie lesbisch war. Er fürchtete auch, er könnte in diese Ehe zurückgezogen werden, wenn er eine Verbindung aufrechterhielte. Er hatte der Frau und dem Sohn das Haus und seine ganzen Ersparnisse überlassen. Später heiratete er wieder, um eine Familie zu gründen. Seine neue Frau wurde jedoch lange Zeit nicht schwanger – erst zehn Jahre nach der Heirat, als sie schon lange die Hoffnung aufgegeben hatten. Für den Vater war das kleine Mädchen ein Himmelsgeschenk – ein Engel, ein Wesen, das Freude und Schönheit ins Haus brachte. Sie war zum Anbeten. Die Mutter war auch dieser Ansicht, wenn auch nicht ganz so überzeugt.

Die Eltern baten um Hilfe, als Mary, die jetzt vier Jahre alt war, nicht mehr in den Kindergarten gehen wollte. Sie wollte für immer zu Hause bleiben. Für Mary war der Vater der beste Freund und die Mutter die beste Lehrerin. Außerdem war ihre Kinderfrau eine viel angenehmere Gesellschaft als die Erzieherinnen im Kindergarten. Mary verfügte auch, daß die Eltern nicht das Haus verlassen durften, außer um zur Arbeit zu gehen. Mary sollte ihnen alles bedeuten und die Eltern ihr. Sie schien völlig glücklich damit zu sein, wenn alles blieb, wie es war.

Wenn die Eltern ausgehen wollten, mußten sie so tun, als gingen sie zur Arbeit. Mary erlaubte es dann nach einer umfangreichen Befragung. Das Schlafen war ein anderes Problem: Mary ging erst nach Mitternacht zu Bett, und die Eltern mußten bei ihr bleiben, bis sie eingeschlafen war. Zu alledem bekam Mary noch immer die Flasche, sie lehnte feste Nahrung ab, außer Süßigkeiten. Die Mutter war erschöpft. Sie hatte keine Ruhepause, und nur durch endloses Überreden konnte sie Marys unwillige Erlaubnis bekommen, das Licht nachts um halb zwölf auszumachen. Sie mußte Mary jeden Tag ein Geschenk mitbringen. Mary sagte niemals »Hallo« zu ihr, sondern nur: »Was hast du mir heute mitgebracht?«

Trotz alledem waren die Eltern von ihr bezaubert. Mary war ihr Leben. Sie wußten, daß sie reifer werden mußte. Aber wie? Der Vater spielte mit ihr, lachte mit ihr oder stand voller Bewunderung vor ihr. Auf keinen Fall wollte er sie jemals zum Weinen bringen. Der Gedanke allein war für ihn abartig. Er fragte den Therapeuten, ob Mary wieder fröhlich zum Kindergarten gehen würde, wenn sie zusammen eine Therapie anfingen. Wenn ja, würde er kommen. Wenn jedoch die Behandlung es erforderte, seine kleine Tochter zum Weinen zu bringen, würde er nicht mitmachen.

In jüngster Zeit hatte er Erkundigungen über seinen Sohn aus erster Ehe eingeholt. Der war offenbar ein guter Schüler und Sportler geworden. Der Vater stellte sich vor, wie er sich mit ihm treffen könnte und wie seine beiden Kinder sich liebgewinnen würden. Der Therapeut fragte sich, ob die Haltung des Vaters, Mary um jeden Preis eine Enttäuschung ersparen zu wollen, mit dem Schuldgefühl verbunden sei, seinen Sohn verlassen zu haben. Da er in der Vergangenheit schlecht gehandelt hatte, mußte er jetzt in jeder Beziehung *gut* sein. Die Mutter war derweil durchaus auf dem Weg zu einer ausgeglicheneren und realistischeren Haltung gegenüber Mary. Die folgende therapeutische Botschaft wurde den Eltern gegeben:

Marys Geburt war ein Wunder für Sie. Nach so vielen Jahren der Enttäuschung erschien sie wie ein Wunderkind aus einem Märchen. Und wie Märcheneltern haben Sie das Gefühl, dem Schicksal dankbar sein zu müssen und dementsprechend zu reagieren. Mary soll voll ungetrübter Freude leben. Sie zu enttäuschen oder etwas von ihr zu verlangen, wäre nicht nur grausam, sondern auch undankbar, ein Sakrileg. Um die Wahrheit zu sagen, Sie haben Ihre Aufgabe überaus erfolgreich erfüllt: Mary scheint tatsächlich glücklich. Sie beschreiben sie als ein Kind, das die ganze Zeit lacht. Warum sollten Sie also alles verderben und sie zum Weinen bringen?

Und dennoch, dieses Gefühl verhindert fast, daß Sie Eltern sind, denn Sie treten weniger als Vater und Mutter auf, als vielmehr als Marys Diener. Mary könnte so tatsächlich in einem Zustand aufwachsen, in dem sie keine Eltern hat. Und so ist Ihre Geschichte auch sehr traurig, denn nach so vielen Jahren vergeblicher Träume könnte es soweit kommen, daß sie die glückliche Chance, die sie endlich bekommen haben, vertun. Sie, John, haben eine ähnliche Tragödie in der Vergangenheit erlebt: Sie haben die Gelegenheit verpaßt, Vater zu sein. Sie meinten damals, Sie könnten sich nicht anders verhalten, und um Ihr Gewissen zu beruhigen, haben Sie Ihr ganzes Vermögen ihrer Ex-Frau und ihrem Sohn geopfert. Aber Sie haben die Gelegenheit nicht wahrgenommen, ein Vater zu werden. Man kann Ihren Schmerz noch immer ahnen, wenn Sie über Ihren Sohn sprechen. Ich glaube, daß Sie jetzt eine Chance haben, dieses Unglück wiedergutzumachen. Wenn Sie diese Gelegenheit nicht nutzen, könnte Ihr Leben eine doppelte Tragödie werden.

Sie, Eva, begreifen allmählich, daß Sie, wenn Sie jeder Laune von Mary nachgeben, sowohl als Person als auch als Mutter entwertet werden. Sie sind eine bloße Lieferantin geworden. Um Mary zu helfen, müssen Sie erst einmal sich selbst helfen, wieder eine Person mit eigenen Bedürfnissen und eigenen Grenzen zu werden. Nur dadurch, daß Sie zuallererst Sie selbst sind, können Sie Marys Mutter sein.

Ich möchte Sie bitten, über diesen Brief nachzudenken und zu einer Entscheidung zu kommen über diese Therapie. Ich kann nicht Mary zum Kindergarten zurückbringen oder Ihnen zu helfen, Ihre elterlichen und persönlichen Stimmen wiederzuerlangen, wenn Sie Vorbehalte haben oder sich ganz und gar verweigern, wenn etwas Mary zum Weinen bringen könnte. Sie wird weinen wie alle anderen Kinder auf dieser Welt. Sonst wird sie ein Engel bleiben und nicht auf diese Welt gehören. Es kann sein, daß sie es Ihnen nicht verzeiht, wenn es dazu kommt.

Wenn sie bereit sind, darauf einzugehen, können wir gemeinsam ein Vorgehen besprechen, das Mary nicht um alles bringt, was sie braucht.

Die Botschaft veränderte die Atmosphäre in den Sitzungen. Durch sie gelang es, die persönliche Erfahrung anzuzapfen, die effektive Elternschaft in etwas verwandelte, das die Eltern als etwas für sie individuell Bedeutungsvolles empfanden. Der Vater brachte nun Mary täglich zum Kindergarten. Die Mutter hörte auf, ihr die Babyflasche zu geben, ihr dauernd Geschenke mitzubringen und inszenierte nicht mehr das Einschlafritual. Mary

reagierte darauf positiv; sie entdeckte für sich, daß andere Kinder und der Kindergarten mehr Spaß machten als die Eltern. Eine Zeitlang dachte der Vater noch darüber nach, wie er mit seinem Sohn aus erster Ehe in Verbindung treten könnte. Die Furcht davor erwies sich jedoch als stärker als sein Impuls; er gab die Idee auf.

Kapitel 9:
Flexible Autorität

Wie jedes gute Prinzip kann auch das Konzept der elterlichen Präsenz zu rigide angewendet werden. Wenn der Machtkampf eskaliert und Elternteil und Kind sich mehr und mehr in ihren jeweiligen Positionen eingraben, läuft die Interaktion Gefahr, zu einem nackten Kampf um die Macht zu verkommen. Das muß verhindert werden. Obwohl Äußerungen von Machtansprüchen nicht vermieden werden können, sollte das Ziel der Eltern lediglich das Erlangen von *Präsenz* sein, auf keinen Fall die bedingungslose Kapitulation des Kindes. Elterliche Präsenz ist grundsätzlich ein dialogisches Konzept. Der Elternteil strebt danach, in einen Interaktionsprozeß mit dem Kind *präsent* zu werden. Es wäre deshalb unsinnig, elterliche Präsenz zu fördern, indem man die Präsenz des Kindes unterdrückt. Eine elterliche Stimme zu haben ist sinnlos, wenn ihr nicht auch eine kindliche Stimme gegenübersteht. *Wenn sich eine negative Spirale ergeben sollte, ist es notwendig, den Kurs zu ändern.* Dann bieten die hier vorgeschlagenen Möglichkeiten auch den Kindern eine größere Chance: Mehr als in Situationen, in denen »überhaupt nichts mehr geht«, besteht die Möglichkeit, daß ihre Stimme von den Eltern *gehört* wird und daß sie mit den Eltern in *echte* Verhandlungen treten können. Der Gewinn für die Kinder kann in einer authentischeren Begegnung mit den Eltern liegen, bei denen die Stimmen *auf beiden Seiten* deutlicher zu hören sind und die Gefahr von Machtkämpfen geringer wird, die auf beiden Seiten die Stimmen unhörbar machen.

Die typischen Symptome eines Teufelskreises sind leicht zu erkennen:
– Elternteil und Kind reagieren aufeinander immer stärker bestrafend,

- positive Interaktionen verschwinden zunehmend,
- Elternteil und Kind entwickeln ein stereotypes, immer negativeres Bild von einander,
- das Selbstwertgefühl wird reduziert.

Wenn wir solche Entwicklungen beobachten, müssen wir nicht nur ihre Dringlichkeit, sondern auch ihre Dauerhaftigkeit in Betracht ziehen. Es muß nicht verhindert werden, daß sie auftreten, sondern daß sie chronifiziert werden. Ein typisches Kennzeichen hochgradig eskalierter Konflikte ist eine »Rachedynamik«, in der jede der Parteien sich ungerecht behandelt fühlt und nur jeweils die eigenen »offenen Rechnungen« sieht, die es auszugleichen gilt. So ergibt sich ein Teufelskreis, der manchmal mit den ursprünglichen Anlässen gar nichts mehr zu tun hat. Vielmehr ist es ein typisches Kennzeichen solcher eskalierenden Dynamiken (die sich ja auch in anderen sozialen Bereichen entwickeln können), daß sie sich verselbständigen, daß sich in ihnen die Wahrnehmung zunehmend verengt und daß die Beteiligten immer mehr auf sogenannte affektlogische Schemata zurückgreifen, in denen nicht mehr differenzierte Unterscheidungen getroffen werden, sondern die auf einfache Muster hin polarisieren: Gut–Böse, Freund–Feind, Täter–Opfer. In dem spezifischen Streß solcher Teufelskreise tendieren die Teilnehmer an den Interaktionen dazu, sich und die anderen im Sinn einer *zweiwertigen Logik* nur noch entdifferenziert und grobkörnig wahrzunehmen: Der andere ist böse, dumm oder bestenfalls krank – und der Täter. Man selbst ist gut – und das Opfer. Es gibt nur noch Sieg *oder* Niederlage. Für Ambivalenzen und Mehrdeutigkeiten bleibt kein Platz. Alon und Omer (in Vorb.) sprechen in diesem Zusammenhang von einer zunehmenden »Dämonisierung« der Wahrnehmung, sie wird dadurch immer gröber, und die Freund-Feind-Schemata werden immer drastischer verzerrt.

Das Konzept der elterlichen Präsenz führt in diese dualisierende Entweder-Oder-Logik etwas Neues ein. Mit dem gewaltlosen Widerstand wird eine Differenzierung angeboten, die in dem eskalierten Zustand ausgeschlossen war. Ein kontinuierliches Angebot zu verhandeln, ein immer wieder deutlich gegebenes Signal, daß man es nicht darauf anlegt, den anderen zu demütigen oder zur Kapitulation zu zwingen. Hierzu ist jedoch ein aktiver Schritt erforderlich, sich auf einer anderen Ebene zu bewegen als bisher. Diesen ersten Schritt können die Eltern oft eher machen als die Kinder.

Die Fähigkeit, einen Fehler zu erkennen und eine andere Richtung einzuschlagen, ist dabei kein Zeichen von Schwäche oder Unschlüssigkeit. Im Gegenteil, wer sich durch einen Kurswechsel bedroht fühlt, zeigt gerade dadurch, wie es ihm an Selbstvertrauen mangelt. So fühlen sich die Eltern oft am Anfang des Beratungsprozesses zu verunsichert, um flexibler sein zu können. Und natürlich müssen auch negative Reaktionen erwartet werden, wenn ein vormals hilfloser Elternteil anfängt, die Sache (wieder) in die Hand zu nehmen. Wenn Eltern und Kind sich in der Sackgasse starrer Prinzipien befinden, kann nach unserer Erfahrung die Bereitschaft der Eltern, eine unhaltbare Position aufzugeben, Möglichkeiten des Dialogs eröffnen, die vorher unzugänglich waren.

Wie können wir wissen, ob irgendeine der Haltungen von Eltern so verfestigt ist, daß es besser wäre, den Eltern zu helfen, sie aufzugeben? Wir können es nicht wissen. Das Konzept der elterlichen Präsenz ist kein Plan für die »richtige« Erziehung.

In einer Familie, mit der wir arbeiteten, stellte es sich heraus, daß alle fünf Kinder, von der Fünfjährigen bis zum Fünfzehnjährigen, um halb 9 Uhr abends im Bett sein mußten. Der Jugendliche fühlte sich extrem ungerecht behandelt und revoltierte, woraufhin die Eltern mit weiteren (untauglichen) Restriktionen reagierten (Arrest, völliger Taschengeldentzug usw.). Elterliche Präsenz kann hier nur einen Rahmen bieten, in dem Eltern und Kinder besser verhandeln können als bisher: Ein Sit-in ist auch eine Chance für den Jugendlichen, sich besser zu Gehör zu bringen. Die inhaltlichen Fragen selbst – also was für diese Familie eine angemessene Schlafenszeit für die verschieden alten Kinder bedeuten könnte, sind nicht aus dem Konzept der elterlichen Präsenz zu entscheiden.

Verfestigte Elternpositionen gehen oft einher mit Gefühlen von Erniedrigung. Dann soll doch aber wenigstens das »letzte Mittel«, die drakonischen Strafen, nicht abhanden kommen. In dem Maß wie die Eltern ihre Präsenz wieder sichern, verliert das Kind an Macht. Wenn die Eltern dann nicht ihrerseits beweglicher werden, kann das für das Kind auch einen Schlag gegen seine Selbstachtung bedeuten. Wenn dieses Gefühl vorherrscht, besteht die Gefahr, daß die Situation aussichtslos wird. Die Kränkung muß irgendwie geheilt werden.

In dem Hin und Her des Machtkampfs kommt es leicht vor, daß der Gedemütigte seinerseits zu demütigen versucht, wenn er eine Gelegenheit dazu sieht. So drücken Eltern, die um ihre Position kämpfen, ihre neuen Forderungen oft in so offensiver Weise aus, daß es von dem Kind als Bedrohung seiner Integrität und seines Selbstwerts erlebt wird. Da es sich in die Ecke gedrängt fühlt, schlägt es zurück. In diesen Phasen kann eine deutliche elterliche Anerkennung des Rechts des Kindes auf eine würdige Lösung das Gleichgewicht wiederherstellen und neue Möglichkeiten eröffnen. Das ist im Elterncoaching natürlich leichter zu thematisieren, weil die Beraterin die Eltern konfrontieren kann, ohne daß sie vor den Kindern ihr Gesicht verlieren.

Manchmal bleibt dieser Punkt in der Beratung jedoch schwierig, vor allem wenn die Eltern sich weigern, ihre tatsächlichen Forderungen zu ändern. Das gilt besonders bei Adoleszenten, für die das Problem elterlicher Einmischung von entscheidender Bedeutung ist. Tatsächlich sind die Entwicklung und Sicherung einer eigenen Privatsphäre und die Fähigkeit, selbst auswählen zu können, die wichtigsten Entwicklungsschritte der Adoleszenz. Die Eltern haben gleichzeitig die Aufgabe, zu lernen, wie sie der Autonomie des Kindes Raum geben können. Aber für Eltern aufbegehrender Kinder mag es ein weiterer Schritt in den Verfall sein, wenn auch nur eine ihrer Forderungen zurückgenommen wird. Ist das nicht das Gegenteil von dem, was wir in diesem Buch zu erreichen versucht haben?

Es muß immer wieder betont werden, daß wir keine Vorstellungen von einer »guten Erziehung« vermitteln, daß wir nicht einmal nahelegen wollen, *elterliche Präsenz* solle in allen Familien herrschen, damit die Welt besser ist. Wir sprechen hier von

Fällen einer starren und gefährlichen Verklammerung zwischen Eltern und Kind, innerhalb deren nichts mehr geht. Die Eltern haben ihre elterliche Stimme aufgegeben, das Kind (oder der Adoleszente oder junge Erwachsene) weigert sich eisern, die Position der Eltern als Eltern zu akzeptieren, und alle elterlichen Versuche in diese Richtung scheinen die gegenseitige Tendenz zur Bestrafung nur noch alarmierender zu äußern. In solchen Situationen mag für die Eltern die Zeit gekommen sein, Bilanz zu ziehen und eine Neuorientierung ins Auge zu fassen. Offensichtlich dürfen sie nicht zu ihren früheren Rollen zurück, die Beschwindelten und die Opfer zu sein. Der Jugendliche muß sich darauf einstellen, daß seine Eltern das Recht reklamieren, sich selbst zu schützen. Auf der anderen Seite müssen die Eltern einsehen, daß ihr Einfluß Grenzen hat. Dabei kommt es oft zu der bitteren Einsicht, daß es unüberwindbare Grenzen gibt, daß sich aber auch ungeahnte Möglichkeiten eröffnen.

Fall 12: Die Arbeit der Verzweiflung

Jason war aalglatt. Wenn ein Lehrer ihn ärgerte, haute er einfach ab. Wenn seine Eltern ihm kein Geld mehr gaben, ging er auf der Straße betteln. Wenn sie es wagten nachzuforschen, verschwand er einfach und kam erst spät in der Nacht zurück oder erst am nächsten Tag. Wenn sie ihm sagten, er würde demnächst vor verschlossener Tür stehen, kümmerte er sich nicht darum und schlief eben auf einer Parkbank. Zu anderen Zeiten war er hochexplosiv. In seiner vorigen Schule (aus der er vor einem Jahr rausgeflogen war) sprach man über seine Ausbrüche wie über Ereignisse fast mythischen Ausmaßes. Jason verbrachte die meisten Tage mit seinen Freunden in einer Spielhalle. Er schnorrte Spieljetons oder stahl sie unachtsamen Spielern. Er war erst vierzehn, aber alle, mit denen er umging, fühlten sich ihm gegenüber hilflos.

Ein einziges Mal hatte sein Vater ihn geschlagen. Jason ging darauf zur Polizei und zeigte ihn wegen Mißhandlung an. John wurde verhaftet und ein paar Tage eingesperrt. Jason freute sich: sein Vater war jetzt machtlos ihm gegenüber. Um ihn das auch fühlen zu lassen, schlug Jason seinen Vater einige Male, der sich nicht verteidigte, weil er einen erneuten Zusammenstoß mit dem Gesetz fürchtete. Jason war sich ganz sicher, daß seine Eltern ihn unter keinen Umständen anzeigen würden. Er wußte, daß sie Angst davor hatten, im Gefängnis würde er richtig kriminell oder er würde sich sogar umbringen.

Vor kurzem hatte sich Jason in seine frühere Schule eingeschlichen, den Unterricht gestört und der Lehrerin obszöne Gesten gezeigt. Die Polizei wurde gerufen, und Jason wurde einem Bewährungshelfer zugewiesen. Da dieser Jasons Gewalttätigkeit kannte, empfahl er, ihn in ein Erziehungsheim einzuweisen. Der Richter wollte ihm noch eine Chance geben. Zu dieser Zeit kamen die Eltern zur Therapie, um alles in ihrer Macht stehende zu tun, ihn zu Hause zu behalten.

Jason war sich absolut sicher, daß seine Eltern ihm immer wieder aus der Klemme helfen könnten. Er glaubte auch, seine Lehrer würden ihm zu Hilfe kommen. Diese Ansicht war nicht ganz falsch. Tatsächlich unternahm das Lehrerkollegium erhebliche Anstrengungen, ihm zu helfen. Sie erlaubten ihm, das Unterrichtspensum wann und mit wem er wollte zu lernen. Wegen seiner Ruhelosigkeit wurde ihm gestattet, sich frei auf dem Schulgelände zu bewegen. Es überraschte niemanden, daß er die meiste Zeit nur herumlungerte. Das Angebot des Kollegiums, obgleich nur von magerem Lernerfolg begleitet, verringerte wenigstens die Reibungspunkte in der Schule. Die Eltern hielten das Angebot nur für ein Notpflaster. Sie glaubten nicht, daß die Schule irgend etwas bewirkte, sondern daß sich das Kollegium nur ein wenig Ruhe erkauft hatte, aber auf Jasons wirkliche Probleme gar nicht einging.

Der Vater fühlte sich Jason näher als die Mutter. Trotz der Zusammenstöße war er ein liebevoller Vater. Die Mutter gestand in einem verzweifelten Ausbruch von Selbstvorwürfen, daß ihre Liebe für Jason nicht mehr reichte. Auf den Rat eines anderen Therapeuten, sie solle unter allen Umständen ihre Liebe zeigen, spürte sie, daß sie nicht heucheln konnte. Jason beklagte sich, daß die Mutter seinen jüngeren Bruder (neun Jahre) und seine Schwester (sechzehn Jahre) ihm vorzog. Sie wußte, wie sehr Jason nach Zärtlichkeit von ihr dürstete. Manchmal bat er sie regelrecht, ihn zu umarmen und zu küssen; sie hatte das Gefühl, er warb immer darum, wenn er etwas Falsches getan hatte und die Umarmung und den Kuß dann als Ausdruck der bedingungslosen Vergebung verlangte. Sie war in einer Falle. Wenn sie ihm nachgab, fühlte sie sich ausgenutzt, wenn nicht, war sie eine schlechte Mutter.

Der Therapeut lud Jason zur zweiten Sitzung zusammen mit den Eltern ein. Zuerst schien er ganz gesprächsbereit, aber als der Therapeut die Möglichkeit ins Spiel brachte, daß die Eltern jeden Abend bei ihm sitzen würden, um den nächsten Tag zu planen, protestierte er voller Entsetzen: »Bald wollen sie auch noch, daß ich Hausaufgaben mache!« Die Stimmen wurden lauter, und Jason fing an zu drohen. Der Therapeut verlor die Kontrolle und warnte Jason: Wenn er seinen Vater wieder schlagen würde, weil er sicher sei, sein Vater habe Angst vor der Polizei, müsse er nun damit rechnen, daß der Therapeut seinerseits zur Polizei gehen und alles berichten würde. Später am Abend rief Jason den Therapeuten an und beklagte sich, wie schlecht es ihm seit der Sitzung gehe. Niemals wieder würde er einen Fuß in den Behandlungsraum setzen. Die Eltern jedoch sagten, sie seien froh, daß jemand ihre Partei ergriffen habe. Sie dachten sogar, der Ausbruch des Therapeuten sei Teil seines Konzepts gewesen.

Jetzt verbrachte Jason seine ganze Zeit in der Spielhalle. Der Therapeut schlug den Eltern vor, dort Überraschungsbesuche zu machen. Als sie das taten, rannte Jason weg und verschwand für den Tag. Nach drei oder vier solchen Besuchen jedoch ließ das Herumlungern nach. Er spielte auch wieder Basketball (früher war er ein sehr guter Spieler gewesen). Als der Vater eine Geschäftsreise nach Übersee machte, bat ihn Jason, ihm ein teures Computerspiel mitzubringen. Der Vater rief täglich zu Hause an, um mit Jason zu sprechen, machte ihm aber klar, daß er das Spiel nicht kaufen würde. Die Mutter erwartete eine Krise. Überraschenderweise war Jason nach der Reise froh, seinen Vater wieder zu haben, trotz der Tatsache, daß er nur mit einem kleinen Geschenk ankam. Auch in der Schule hatte es nur einen schlechten Zwischenfall in sechs Wochen gegeben, für Jason eine ausgezeichnete Leistung.

Aber trotz dieser vielversprechenden Zeichen unternahm Jason nichts Konstruktives. Unterdessen nahmen die Eltern sich vor, mehr zu erreichen. Sie kamen mit der bescheidenen, aber entschiedenen Forderung an, daß Jason eine Stunde am Tag mit ihnen verbringen und dabei Hausaufgaben machen sollte. In der Schule brachten der Berater und der Lehrer eine ähnliche Forderung vor. Er sollte eine halbe Stunde am Tag unter Aufsicht arbeiten. Jetzt machte Jason richtig Rabatz. Er blieb ganze Nächte lang weg, sagte seinen Eltern nicht mehr, wo er gewesen war, und wurde zu Hause verbal ausfallend und in der Schule gewalttätig. Während einer dieser Episoden ängstigte er einen Jungen so sehr, daß dieser im Büro des Schulleiters stundenlang Zuflucht suchen mußte und zitternd vor Furcht behauptete, Jasons Freunde von der Straße warteten draußen auf ihn, um ihn fertig zu machen. Als mehrere Lehrer versuchten, Jason zurückzuhalten, drohte der einem Lehrer, er würde ihn umbringen. Die Polizei wurde gerufen, und er schlug auf die Polizisten ein. Die Eltern mußten ihn von der Wache abholen.

Nach diesem Vorfall waren alle in Alarmbereitschaft. Der Therapeut erhielt ständig Notrufe von der Mutter, dem Schulleiter und dem Bewährungshelfer. Der Versuch, Jason zum Arbeiten zu bringen, hatte zu einer unerträglichen Eskalation seines gewalttätigen Verhaltens geführt. Die Schule wollte ihn sofort ausschließen. Der Bewährungshelfer glaubte, es gebe keine Alternative, als Jason in einem Heim unterzubringen. Der mit dem Fall betraute Richter berief eine Anhörung ein, bei der eine Entscheidung über seinen Verbleib getroffen werden sollte. Weit davon entfernt, sich unterkriegen zu lassen, schien er trotziger denn je.

Die Eltern fragten den Therapeuten, ob noch etwas zu retten sei. Was konnten sie noch tun, das irgendeine Wirkung auf ihren Sohn haben würde? Konnte man die Schule überreden, es noch einmal mit ihm zu versuchen? Ein Treffen mit dem Bewährungshelfer, dem Schulleiter und den Eltern wurde verabredet. Die Mutter trug überzeugend vor, daß Jason nichts getan hatte, das typisch für jugendliche Kriminelle war; er hatte keine Drogen genommen, ganz zu schweigen von Drogenhandel, er war nicht bei Einbrüchen dabeigewesen und auch nicht bei anderen kriminellen Handlungen. Eine Zeit in einem Heim würde ihn aller Voraussicht nach nur verhärten, anstatt ihn zu »bessern«. Der

Therapeut meinte, würde man Jason in dieser Phase in ein Erziehungsheim schicken, dann spiegele das mehr die Wut und Hilflosigkeit der betreuenden Personen wider, als daß eine wirklich neue Behandlungsform ergriffen würde. Er bat um ein paar Tage Zeit, um einen neuen Vorschlag vorlegen zu können.

Nachdem er einige Kollegen konsultiert hatte, lud der Therapeut die Eltern zu einer Sitzung ein. Er sagte ihnen, daß es aus Jasons Perspektive einen großen Unterschied machen könnte, ob ihm die Eltern jeweils sagen würden, was gut für ihn sei und was er mit sich selbst anfangen solle, oder ob sie nur zu ihrem eigenen Schutz handelten. Er schlug vor, die Eltern sollten Jason erklären, sie würden hiermit jede Form der Anleitung aufgeben, würden aber um so entschiedener darum kämpfen, sich selbst und das Haus gegen seine Gewalt und schamlose Ausbeutung zu verteidigen. Die Eltern fragten, ob das nicht einfach ein Eingeständnis der Verzweiflung sei. Der Therapeut sagte ihnen, das sei in einem gewissen Sinn so, aber es könne eine konstruktive Verzweiflung sein. Die Eltern und der Therapeut verfaßten dann eine Botschaft an Jason:

Wir sind zu dem Schluß gekommen, daß wir Dich in einem positiven Sinn weder leiten noch beeinflussen können. Wir können Dir weder Vorbilder anbieten noch können wir Dich veranlassen, nach unseren Maßstäben zu leben. Wir können Dich nicht erlösen oder retten. Wir erkennen an, daß Du es nicht duldest, durch uns oder irgendeinen anderen Erwachsenen angeleitet zu werden oder gesagt zu bekommen, was Du tun sollst. Wir akzeptieren, daß es für Dich Selbstaufgabe wäre, wenn Dir gesagt wird, was Du tun sollst. Wir werden Deine Einstellung respektieren, weil wir wissen, daß wir sie nicht ändern können. Allerdings lassen wir uns nicht ausbeuten oder mißbrauchen. Wir respektieren Deine Grenzen und werden dafür sorgen, daß Du unsere respektierst. Wir werden Dir nicht sagen, daß Du lernen oder Dir andere Freunde suchen sollst. Aber es wird zu Hause keine wie auch immer geartete Gewalttätigkeit geben. Wir werden Dir nicht sagen, wohin Du gehen sollst, aber Du wirst uns sagen müssen, wo Du bist. Sonst würden wir uns ausgenutzt fühlen, und damit können wir nicht leben.

Wir nennen dies *Verzweiflungsarbeit* (Omer u. Rosenbaum 1997). Die Verzweiflung entsprang den Vorstellungen der *Eltern* darüber, welchen Einfluß sie eigentlich ausüben müßten, und ihren Rettungsphantasien. Diese mußten sie schmerzlich loslassen. Doch hieß das nicht, daß sie an Jason als Person verzweifelten. Später würde Jason seine Lebensentscheidungen auf neue Weise treffen können. Sie verzweifelten auch nicht an ihrer Fähigkeit, sich vor Gewalt und Ausbeutung zu schützen. Die Eltern begriffen, daß sie hart daran arbeiten mußten, um sich von illusorischen Hoffnungen zu befreien.

Mit Einverständnis der Eltern brachte der Therapeut einen ähnlichen Vorschlag vor das Lehrerkollegium. Es sollte keine Täuschungen mehr geben. Die Lehrer sollten Jason sagen, daß sie ihn nicht zum Lernen bringen könnten, aber er dürfe an der Schule und in der Klasse bleiben, solange er sich mit irgendeiner Schularbeit beschäftigte. In dem Augenblick, in dem er sich entscheide, nicht am Unterricht teilzunehmen, müsse er nach Hause gehen. Wenn er sich widersetzte, sollte die Polizei gerufen werden. Der Schulleiter fragte, wer juristisch verantwortlich für Jason sei, wenn er die Schule während der Schulzeit verlasse. Der Therapeut sagte, daß die Eltern eine Erklärung unterschreiben würden, in der sie die Verantwortung für diesen Fall übernähmen. Er teilte den Lehrern auch mit, daß eine gleichlautende Botschaft durch die Eltern an Jason übermittelt würde. Die Reaktion im Kollegium war überaus zustimmend. Der Therapeut informierte den Bewährungshelfer über den Plan, der seinerseits den Richter überredete, die Anhörung um weitere zwei Monate zu verschieben.

Jason reagierte positiv. Er kam jetzt zur Schule und blieb ein paar Stunden im Unterricht. Sobald er aus dem Klassenzimmer ging, wurde er nach Hause geschickt. Es gab keine unangenehmen Vorkommnisse mehr in der Schule. Die Spannung zu Hause ließ auch nach. Nach einem ruhigen Monat jedoch tat er etwas, das für die Eltern nicht hinnehmbar war. Er hatte sich vorgenommen, sich einen Metallring durch das Kinn ziehen zu lassen. Die Eltern empfanden das als einen Affront, den sie nicht dulden konnten. Warum genau der Ring den Widerstand der Eltern hervorrief, ist ein wenig rätselhaft. Beide sagten, sie könnten es nicht aushalten, wenn Jason in ihrem Haus mit einem Kinnpiercing herumgehen würde. Sie erklärten ihm kategorisch, daß er mit dem Ring nicht im Haus geduldet würde. Jason versuchte alle seine Tricks, um seinen Willen durchzusetzen. Er probierte auch den Bewährungshelfer einzuspannen, weil angeblich seine Eltern kein Recht hätten, sich in diese Angelegenheit einzumischen.

Wie zu erwarten, kümmerte er sich nicht um das Verbot seiner Eltern und kam mit dem eingesetzten Piercing heim. Die Mutter verbarrikadierte sich im Haus und weigerte sich, ihn reinzulassen. Er klopfte, schimpfte und warf Steine ans Fenster, aber ohne Erfolg. Er rief den Vater bei der Arbeit an, aber der blieb genau so eisern. Er bat die Mutter, ihn reinzulassen und selbst den Ring rauszunehmen. Sie sagte ihm durch die Tür, das müsse er schon selbst tun. Nach zwei Stunden ging Jason zum Arzt und ließ den Ring entfernen. Als er wieder nach Hause kam, erwähnte er die Episode nicht einmal mehr. Die nächsten zwei Monate war die Lage ruhig. Jason wurde seiner Mutter gegenüber umgänglicher. Es sah sogar so aus, als vermißte er ihre Predigten. Er machte sich über ihre Art lustig und sagte, ihren Tonfall karikierend: »Wenn du nur etwas Sinnvolles tun würdest, dann würden wir auch angemessen darauf eingehen.« Sie lächelte dann zwar, ließ sich aber nicht auf das Spiel ein. Er verbrachte jetzt die meiste Zeit zu Hause, sah fern, spielte mit seinen Computerspielen und beklagte sich über die Langeweile. In die Spielhalle ging er nur noch selten.

Bei der Gerichtsanhörung sagte der Vater, er wisse, daß er und seine Frau als Eltern versagt und Jason nichts Positives zu bieten hätten. Wenn das Gericht irgendeinen wirklich nützlichen Plan vorschlage, würde er daran mitarbeiten. Die Mutter stimmte dem zu. Der Richter entschied schließlich, es gebe keine Gründe, Jason in ein Heim zu stecken.

In einer der letzten Therapiesitzungen mit den Eltern sagte der Vater, selbst wenn Jason nicht viel geholfen worden sei, ihnen als Eltern sei deutlich geholfen worden. Sie empfänden ihr Zuhause als einen viel angenehmeren Ort. Die Mutter fügte hinzu, sie fühle sich jetzt viel besser ohne die ständigen Unaufrichtigkeiten und verschwiemelten Pseudolösungen. Jetzt würde Jason sich der Realität stellen müssen. Ob ihm das helfen würde, sich zu ändern, dazu sei es noch zu früh.

Kapitel 10:
Die Einbeziehung des Kindes
in den Beratungsprozeß der Eltern

»Conjoint family therapy« – Therapie mit der ganzen Familie unter Einbeziehung der Kinder – war noch vor ungefähr fünfzig Jahren eine eher ungewöhnliche Form der Arbeit, wie wir von den Pionieren der Familientherapie wissen (v. Schlippe u. Schweitzer 1996). Heute wird es gewöhnlich für selbstverständlich gehalten, das Kind persönlich in die Therapie einzubeziehen. Der in diesem Buch vorgestellte Ansatz des »Elterncoaching« geht nicht zwangsläufig von dieser Voraussetzung aus. Zunächst einmal sind es die Eltern, die Hauptklienten und Akteure der Veränderung zugleich sind. Die routinemäßige Annahme, das Kind müsse einbezogen werden, kann durchaus schädlich für den Beratungsprozeß sein, etwa wenn es dem Kind gelingt, die Sitzungen zu beherrschen oder sie als Informationsquelle zu benutzen, um die Pläne der Eltern zu durchkreuzen. Umgekehrt kann die Einbeziehung des Kindes jedoch sogar sehr wichtig sein, wenn die Eltern und das Kind sich auf ein gemeinsames Ziel einigen können. Schließlich gibt es auch Umstände, die es unerläßlich machen, dem Kind eine therapeutische Botschaft zukommen zu lassen. Das ist dann der Fall, wenn die Eltern und das Kind so üble Ansichten voneinander entwickelt haben, daß sich eine extrem negative Spirale gebildet hat. Dann geht es darum, nach einem Weg zu suchen, dem Rebellen Respekt zu zollen und gleichzeitig die Eltern wertzuschätzen, um dazu beizutragen, daß sie aus der Sackgasse kommen und den Schaden reparieren können.

Gemeinsame Ziele und gemeinsame Feinde

Es gibt einen Satz, der zweifellos als die *am meisten gebrauchte und nutzloseste elterliche Mahnung* für Kinder bezeichnet werden kann: »Es ist zu deinem eigenen Besten!« Eltern wiederholen diesen Refrain immer wieder, obwohl wahrscheinlich kein einziges Kind in der Geschichte jemals geantwortet hat: »Danke, Vati und Mutti! Jetzt verstehe ich!« Manchmal entdecken Kinder später, daß der Ratschlag der Eltern tatsächlich so schlecht nicht war, aber diese Erkenntnis scheint nie einzutreffen, wenn die Eltern gerade dabei sind, auf das Kind einzuhämmern: »Es ist nur zu deinem Besten!« Wenn überhaupt einen, scheint die Formel den gegenteiligen Effekt zu haben. Das Kind schenkt den Eltern keine Aufmerksamkeit mehr.

Warum beharren Eltern dann darauf? Sicher einerseits zur Entlastung von eigenen Schuldgefühlen, doch andererseits wirkt oft der Wunsch, dem Kind die eigene Sichtweise zu vermitteln. Viele Eltern glauben, daß die Schwierigkeiten, die das Kind hat, von ihm gut überwunden werden könnten, wenn es nur über ihre eigenen Erfahrungen verfügte. Doch die elterlichen Weisheiten sind nicht das, was Kinder wirklich brauchen. Kinder suchen ihre eigene Weisheit. Die Erfahrungen der Eltern sind natürlich Teil des Materials, das die Kinder verwenden, wenn sie ihre eigenen Erfahrungen sammeln. Aber sie sind nicht mehr als nur »Rohmaterial«, das angeglichen und geformt wird nach dem Verständnis und Bedürfnis des jeweiligen Kindes. Außerdem wird viel von diesem Rohmaterial als unbrauchbar weggelegt, da es nicht zu der Zeit oder den Interessen und dem Stil des Kindes paßt.

Die Frage ist, wie man die Barriere überbrücken kann, anstatt immer wieder gegen sie anzurennen. In dieser Hinsicht könnte die Beraterin eine Rolle spielen. Da sie weiß, daß die Vorstellungen der Eltern nicht ohne weiteres von dem Kind angenommen werden, kann sie als Übersetzerin fungieren im Versuch, eine gemeinsame Sprache hervorzubringen und ein gemeinsames Ziel zu definieren. Es gibt viele Wege, die Eltern-Kind-Kommunikation zu erleichtern und das Verfolgen eines gemeinsamen Ziels zu befördern. Manche Therapeuten konzentrieren sich darauf, den Eltern und Kindern zu helfen, offener und klarer miteinander zu sprechen. Andere konzentrieren sich darauf, eine emphatischere gegenseitige Wahrnehmung zu entwickeln. Andere wiederum arbeiten an der Entwicklung formaler Übereinkünfte. Einen höchst eigenständigen Beitrag auf diesem Gebiet leisteten Michael White und David Epston (1990), die ein Verfahren des »Personalisierens des Problems« vorgestellt haben: Das Problem wird als so etwas wie ein »Feind« beschrieben, der gemeinsam von Eltern und Kind bekämpft wird. Dieses Vorgehen wird »Externalisierung« genannt (vgl. das Fallbeispiel am Anfang von Kapitel 5). Indem sie das Problem als einen Schurken darstellen, entwickeln sie eine lebendige therapeutische Sprache, die oft Erwachsenen wie Kindern gleichermaßen annehmbar erscheint. Es ist, als ob ein »Familienesperanto« gefunden worden wäre. Die symmetrische Eskalation wird dadurch aufgelöst, daß Eltern und Kinder sich gemeinsam gegen ein Drittes verbünden, das Symptom. Beide Seiten werden gleichermaßen als Opfer des Problems, Opfer des Musters beschrieben, so daß es für sie leichter wird, wieder zusammenzuwirken.

Obgleich der folgende Fall entschieden von White und Epston beeinflußt wurde, liegt die Betonung auf der Wiedererlangung der elterlichen Stimme.[1]

Fall 13: Einen »guten Feind« finden, den man gemeinsam bekämpft

Die Eltern konnten es sich nicht erklären, was mit ihrem dreizehn Jahre alten Sohn geschehen war. Matthias war ein heller und von vielen bewunderter Junge gewesen, aber seine Noten und sein Verhalten in der Schule waren so stark abgefallen, daß fast jeder, einschließlich seiner Eltern, ernsthafte Zweifel an seinem geistigen Zustand bekam. Die Lehrer hatten empfohlen, er solle auf eine andere Schule mit geringerem Leistungsniveau

---

[1] Der behandelnde Therapeut (Uri Weinblatt) und der Supervisor (Haim Omer) übernehmen die Verantwortung für Abweichungen von dem ursprünglichen Konzept.

wechseln. Mit vielen Versuchen, Matthias zum Lernen zu bewegen, hatten die Eltern nur mehr Streit erreicht und weniger Mitarbeit. Sein bedenkliches Verhalten erstreckte sich auch auf neue Gebiete. Er weigerte sich jetzt, morgens aufzustehen und kam oft erst sehr spät in der Nacht heim. Bei Gesprächen mit seinen Lehrern waren sie schockiert, in welch einem abschätzigen Ton sie über ihn sprachen. Matthias empfand die Lehrer genau so. Er beschrieb sie als Mistkerle und verhielt sich ihnen gegenüber dementsprechend. In letzter Zeit hatte er angefangen, während des Unterrichts zu essen, manchmal stand er auf und ging ohne eine Erklärung mitten in der Stunde weg.

Die Mutter hatte es mit Strenge probiert, und der Vater mit Nachsicht, beide ohne Erfolg, obschon Matthias noch immer höflich gegenüber seinen Eltern war, sofern sie keine Forderungen an ihn stellten. Wurden jedoch die geringsten Erwartungen an ihn gerichtet, reagierte Matthias mit offener Feindseligkeit. Die einzige Person, die er durchgehend achtete, war sein älterer Bruder, ein Luftwaffenpilot.

Der Therapeut bat die Eltern, Matthias zur zweiten Sitzung mitzubringen. Als er gefragt wurde, ob es ihm in der Schule unbehaglich sei, sagte er ja, vor allem die Lehrer hätten es auf ihn abgesehen. Der Therapeut fragte, ob sich die Lehrer eigentlich der Fähigkeiten von Matthias bewußt seien. Er antwortete, sie hielten wenig von ihm, aber das sei ihm auch egal. Der Therapeut fragte dann Matthias und seine Eltern, ob es noch andere Leute gebe, die durch eine solche Einstellung ihre Ablehnung zeigten und jetzt weniger von Matthias hielten als in der Vergangenheit. Matthias gab zu, einige seiner Freunde hätten eine schlechtere Meinung von ihm, und auch die Eltern gestanden ein, daß sie Matthias manchmal weniger achteten als früher und weniger an seine Fähigkeiten glaubten. Die Frage, ob er jemals seine eigenen Fähigkeiten und Aussichten angezweifelt habe, beantwortete Matthias ebenfalls mit ja, er zweifele an sich selbst.

Der Therapeut schloß daraus, daß eine regelrechte Welle der Herabsetzung alle Beteiligten ergriffen und angesteckt hatte. *Herabsetzung* hatte schrittweise die Lehrer dazu gebracht, daß Matthias weniger leistungsfähig sei als er tatsächlich war. *Herabsetzung* hatte auch seine Freunde, seine Verwandten und die

Eltern dazu gebracht, an seinen Fähigkeiten zu zweifeln. Ja, es schien, als ob sogar Matthias selbst, wenigstens manchmal, in die Falle der *Herabsetzung* falle und glaubte, seine Aussichten seien sehr ungünstig. *Herabsetzung* hatte sie also alle ergriffen. Matthias und seine Eltern übernahmen bald diese neue Redensart und sprachen von der *Herabsetzung*, als sei sie ein eigenes Wesen.

Der Therapeut wagte die Vermutung, es sei einer der schmutzigsten Tricks der *Herabsetzung*, Matthias glauben zu machen, sie sei sein Freund. Auf diese Weise, indem sie Matthias verleitete, andere herabzusetzen, verschaffte die *Herabsetzung* ihm die Illusion, sie helfe ihm. Das war jedoch genau, was die *Herabsetzung* wollte, denn wenn Matthias die anderen herabsetzte, dann verstärkte sich deren Herabsetzung ihm gegenüber. Dann sei es nur eine Frage der Zeit, bis das Gift unter Matthias' eigene Haut gekrochen sei. Die Eltern ihrerseits fühlten genauso, daß ihr Leben von der *Herabsetzung* angegriffen war: Sie hatten ein schlechteres Selbstwertgefühl und von Matthias' Wert, es gab mehr Streit und weniger Familiengefühl. Als der Therapeut sich erkundigte, ob es irgendwelche Gelegenheiten gegeben habe, bei denen die *Herabsetzung* eine teilweise oder vorübergehende Niederlage durch Matthias und seine Eltern habe einstecken müssen, deuteten sie an, daß es in der Tat einige Male gegeben habe, wo sie eine positive Einstellung gegenseitigen Respekts aufrecht erhalten hätten, trotz der Versuche der *Herabsetzung*, sie auszutricksen.

Der Therapeut fragte Matthias, ob er interessiert daran sei, die letzten zwei Monate bis zum Jahresende auszunutzen, um einen Rundumschlag gegen die *Herabsetzung* durchzuführen. Er sagte ihm, er könne es als einen Versuch ansehen: Wenn er erst einmal seinen Wert gezeigt habe, könne er immer noch entscheiden, wie er in Zukunft leben wolle. Matthias konnte sich mit der Idee anfreunden. Der Therapeut sagte, da die Zeit nur kurz sei – wenn er es wirklich tun wolle –, müßte er sich für einen wirklich schweren Kampf bereit machen, einen, der auch ein ernsthaftes Training verlangte. Matthias antwortete nicht. Der Therapeut riet, da der Kampf vielleicht ja zu schwer für Matthias und seine Eltern werden würde, die Sache ein paar Tage zu überdenken.

Um ihnen zu helfen, den Vorschlag abzuwägen, lieh er ihnen ein Video über Menschen, die sich entschlossen hatten, alles was sie konnten zu tun, um nicht nur gegen die *Herabsetzung* zu kämpfen, sondern auch gegen den Haß und die Verachtung. Der Film hieß »Das dreckige Dutzend«.

Matthias kam entschlossen zum Kampf zurück. Die Eltern wunderten sich jedoch, warum der Therapeut gewollt hatte, daß sie diesen speziellen Film ansahen, handelte er doch von Kriminellen. Der Therapeut erklärte, er habe ihn ausgewählt, weil die Kriminellen ihre Taten durch schwere Anstrengungen und Hingabe wiedergutgemacht hätten. Matthias habe selbstverständlich nichts getan, was moralisch verwerflich sei, und doch würde in den kommenden Wochen seine Willenskraft und Entschlossenheit auf eine ernsthafte Probe gestellt werden. So würde Matthias jeden Morgen sehr früh aufstehen müssen, und seine Eltern sollten sicherstellen, daß er es wirklich tat; wenn nicht, sei eine vorher gemeinsam vereinbarte Bestrafung vorgesehen. Wie in dem Film würde die Hauptkrise wahrscheinlich mit der ersten Bestrafung eintreten. Der Proband mußte entscheiden, ob er aufgeben oder die Zähne zusammenbeißen und weitermachen wollte. Wenn Matthias nicht bereit sei, die Bestrafung hinzunehmen, sei es besser, es auf der Stelle zu sagen, da die ganze Mühe dann nutzlos wäre. Matthias sagte, er würde durchhalten.

Die verbleibende Zeit der Sitzung wurde der Auswahl eines Teams hochrangiger Trainer gewidmet. Die Eltern sollten das Kommando bei der häuslichen Routine übernehmen und den Kontakt mit den drei Privatlehrern aufnehmen, die für die schwierigsten Fächer ausgewählt worden waren (Mathematik, Geschichte und Englisch). Der Vater bot an, jeden Morgen mit Matthias zu joggen. Sein Bruder wollte ein Fitneß-Programm für ihn erstellen. Die Mutter wollte Matthias helfen, täglich eine detaillierte graphische Darstellung seiner Ziele und Fortschritte vorzubereiten.

Nach fünf guten Tagen weigerte sich Matthias eines Morgens aufzustehen. Sein Vater konfiszierte daraufhin die Hälfte seiner CDs. Als Matthias sich beklagte, antwortete er, er habe sich entschlossen, der *Herabsetzung* nicht kampflos nachzugeben. Matthias biß die Zähne zusammen und schluckte die Bestrafung. In der Schule vergeigte Matthias eine Klassenarbeit, war aber bei den anderen gut. Er glaubte immer noch, daß zwei der Lehrer gegen ihn waren. Die Eltern dachten auch, die Haltung der Schule sei immer noch ablehnend. Matthias selbst wollte die Schule wechseln. Die Eltern wollten herausfinden, ob er mit seinen neuen Zensuren von einer Schule mit höherem Anspruchsniveau aufgenommen würde. Er wurde angenommen, das war sein persönlicher Sieg über die *Herabsetzung*.

Respekt vor Rebellen

So wie es ein Segen für die Therapie ist, ein Kind als Verbündeten zu gewinnen, so ist ein Muß, die extrem schlechten Ansichten, die sich zwischen Eltern und Kind voneinander entwickelt haben, zu beheben. Wie wir gesehen haben, sind Themen wie Stolz und Würde dabei von zentraler Bedeutung. Wenn es dem Therapeuten gelingt, direkt oder über die Eltern in einer überzeugenden Botschaft das rebellierende Kind seines Respekts zu versichern, kann die Krise zu einer günstigen Chance werden. Jedoch darf der Respekt nicht die Eltern schwächen oder das zerstörerische Verhalten des Kindes unterstützen.

Man kann fragen, wie sinnvoll es ist, Respekt für den Rebellen auszudrücken, wenn es das Bestreben der Eltern ist, die Rebellion zu unterdrücken. Sollte man nicht warten, bis der Kampf vorbei ist? Warten ist jedoch nutzlos, wenn es gerade die negative Sicht ist, die alle positiven Entwicklungen verhindert. Den Rebellen respektvoll anzusehen, kann die negative Eskalation wenden. Man kann sich vor Augen halten, Respekt vor einem Kind ist noch lang nicht Respekt vor dem *Rebellen* im Kind. Die Eltern können vielleicht sagen: »Ich respektiere dich, aber ich verurteile deine Rebellion!« Aber auf wen bezieht sich dann das »dich« in der elterlichen Botschaft? Wenn Eltern und Kind sich vergeblich in gegenseitiger Feindseligkeit mühen, wird der Rebell für die Eltern zum Gesamtbild des Kindes. So wird ein »Ich respektiere dich, aber verurteile den Rebellen in dir!«, in Wirklichkeit bedeuten: »Ich respektiere das Kind, das du sein solltest oder warst, aber nicht das Kind, das du bist!« Das bedeutet dasselbe wie überhaupt keinen Respekt zu zeigen. Nötig ist statt dessen, der Versicherung des Respekts eine wirkliche Bedeutung zu geben.

Respekt vor dem Rebellen darf nicht eine Billigung des zerstörerischen Verhaltens des Kindes heißen. Vielmehr ist der Gegenstand des Respekts das legitime Streben, das sich hinter der Rebellion verbirgt. Eine solche Beschreibung des Verhaltens einer Person nennen wir eine *empathische Erzählung* (Omer 1997). Das Verhalten der Person wird als sinnvoll beschrieben – und zwar auf eine Weise, daß wir uns vorstellen könnten, unter ähnlichen Umständen selbst so zu handeln. Die empathische Erzählung bietet einen Einblick in das Innere der Rebellion des Kindes. Was von außen absurd und irrational aussieht, sieht von innen wie eine gerechtfertigte Einstellung aus.

Wie wird die empathische Erzählung übermittelt? Wer überbringt sie dem Kind? Manchmal tun das die Eltern, wenn sie voll und ganz mit der neuen Beschreibung einverstanden sind. Manchmal jedoch fürchten die Eltern, daß das Kind ihre Worte als Zeichen der Schwäche deutet, oder aber der Stillstand zwischen ihnen ist so massiv, daß sie meinen, das Kind werde sowieso auf nichts achten, was sie sagen. Dann kann die Therapeutin als dritte Partei einschreiten und die Botschaft übermitteln (in Person oder durch einen Brief). Das Kind wird somit als passiver Empfänger einer Botschaft an der Therapie beteiligt und es wird – wenigstens vorübergehend – eine Triade (Eltern-Kind-Therapeut) hergestellt, die weniger von Ausweglosigkeit bedroht ist als die ursprüngliche Eltern-Kind-Dyade.

Um die Position der Eltern abzusichern, sollte der empathischen Beschreibung der Rebellion eine empathische Beschreibung der Einstellung der Eltern folgen. Wir können hoffen, daß diese *doppelt positive Beschreibung* an die Stelle der gegenseitigen Verunglimpfung tritt. Obgleich manchmal eine völlige Versöhnung nicht erreicht werden kann, werden doch oft wenigstens die gegenseitigen Beschimpfungen beendet. Aber es kann auch gelingen, daß der elterliche Respekt auf den vollen Respekt des Kindes trifft und die elterliche Präsenz auf die Präsenz des Kindes.

Fall 14: Eine doppelte empathische Erzählung: Respektieren des Rebellen und des Gefängniswärters

Im Alter von vierzehn Jahren kam Mike zu seinem Vater nach Israel zurück. Seine Mutter hatte sich mit ihm nach ihrer Scheidung ohne das Wissen des Vaters außer Landes abgesetzt. Er war in Frankreich aufgewachsen, wo er sich einsam und fremd gefühlt hatte. Er hatte lange Zeit gebraucht, die Sprache dort zu lernen, die anderen Kinder hatten ihn wegen seines Akzents und seiner Manieren verspottet. Er hatte lange seine alte Heimat vermißt und in einer für ein Kind überraschenden Art die Identität eines Exilanten angenommen. Obwohl er sehr intelligent war, waren seine Schulleistungen schwach geblieben. Die Situation in Frankreich hatte sich nach und nach verschlimmert. Im Alter von zwölf Jahren, nachdem er wochenlang die Schule geschwänzt hatte, war er auf eine Spezialschule für Kinder mit Verhaltensproblemen überwiesen worden.

Mit vierzehn hatte es dann angefangen, daß er von zu Hause weglief, im Park schlief und sich zwei Wochen lang vor den Suchtrupps verbarg. Er hatte sich einer Gruppe von Straßenkindern angeschlossen und sich mit Obdachlosen angefreundet. Er betrachtete sich diesen Leuten zugehörig, begann zu rauchen und zu trinken und war schon zweimal wegen Diebstahls verhaftet worden. Voller Panik hatte seine Mutter seinen Vater angerufen und ihn gebeten, Mike zurückzuholen. Mike hatte jedoch seine einstige Sehnsucht nach seiner alten Heimat verloren und stimmte erst einem versuchsweisen Besuch zu, nachdem ihm versprochen worden war, daß er frei entscheiden könne, wo er leben wollte. Aber das stellte sich bald als falsch heraus. Nach einem Monat in Israel, als er sagte, er wolle wieder nach Frankreich zurück, sagte ihm der Vater, er habe es mit seiner Mutter abgesprochen, daß Mike in Israel bleiben sollte. Mike war also zum zweitenmal gekidnappt worden.

Der Vater brachte Mike zur Therapie, nachdem er von zu Hause weggelaufen war. Wieder einmal hatte er eine Woche lang am Strand geschlafen und sich mit Obdachlosen zusammengetan. Er war betrunken, als sein Vater ihn fand. Der Vater mußte vom Therapeuten nicht besonders motiviert werden, Mike hautnah zu bewachen. Während der ganzen Sommerferien ließ er Mike niemals allein. Um das zu können, stellte er seine Berufsarbeit vollständig um. Er verwehrte Mike das Rauchen, das Trinken und sich mit den »falschen« Leuten zu treffen. Er überwachte auch seine äußere Erscheinung, suchte die Kleidung für ihn aus und achtete darauf, daß er regelmäßig duschte. Mike protestierte, aber machte keine Versuche, wieder wegzurennen. Nach einem Monat fing er sogar an, dem Vater bei seiner Arbeit als Zimmermann zu helfen. Mike erklärte, das sei für ihn keine Arbeit, weil er nur Dinge tue, die ihm Spaß machten. Er vertrat die Philosophie eines Quertreibers und Außenseiters: Arbeit und Pflichten waren die »Werte der Herde«. Er wollte lieber am Rand stehen, sich nur mit anderen Nonkonformisten zusammentun und dem Vergnügen hingeben. Er schrieb surrealistische Gedichte, philosophierte und träumte in den Tag hinein. Eines Tages wollte er einen Sexclub besitzen, der ihm viel Geld einbrächte, und nur mit solchen Leuten zusammensein, die ihm gefielen.

Mike machte seine prinzipielle Opposition gegen seine »Einkerkerung« auf vielfältige Weise deutlich: Er redete verächtlich mit dem Vater und dessen Frau, verspottete ihre Moralvorstellungen, war eine reine Plage im Haus und schaffte es, aus seiner neuen Schule zu fliegen, nachdem er sie erst einen Monat lang besucht hatte. Er freundete sich mit niemandem an und stachelte die Erwachsenen auf, sie sollten doch mal versuchen, ihn zu verändern. Er wußte, daß sie das Gesetz auf ihrer Seite hatten, aber nur so lang er noch minderjährig war. Solange würde er stillhalten, aber er würde seinen Gefängniswärtern keine Illusionen über ihn zulassen. Der Vater war entschlossen, weiter auf Mike aufzupassen, selbst wenn er dafür noch vier Jahre opfern müßte. Er wollte sich mit nichts weniger zufrieden geben als Mike dazu zu bewegen, sich wie ein normaler Jugendlicher zu verhalten, zu lernen und seinem Vater zu gestatten, daß für ihn alles Menschenmögliche getan würde.

Anfangs kamen der Vater und Mike gemeinsam zum Therapeuten. Ihre Haltungen schienen jedoch unvereinbar. Nach drei Monaten Therapie wurde folgende Botschaft übermittelt, als beide anwesend waren – ein Versuch, die Pattsituation zu überwinden.

Mike, ich möchte Dir sagen, wie ich mir vorstelle, daß Du der geworden bist, der Du bist. Deine Lebensumstände haben Dich zu einem Ausgestoßenen gemacht. Du hast Dir das nicht ausgesucht, und es galt schon lange Zeit, bevor Du mit Deiner offenen Rebellion anfingst. Du hast durch Deine ganze Kindheit hindurch an diesem Umstand gelitten. Dann, ich weiß nicht genau wann, hast Du Dich aktiv dazu entschlossen, die Identität eines Ausgestoßenen anzunehmen. Das hat Dich davor bewahrt, hilflos und elend zu sein. Es war, als ob Du sagtest: »Ihr stoßt mich aus, deshalb stoße ich euch aus! Ihr verbannt mich, deshalb verbanne ich euch! Haut ab aus meiner Welt!« Ein Exilant zu sein wurde zu Deinem Ehrenabzeichen und Deiner Lebensphilosophie. Von jemand, der verspottet wird, wurdest Du zum Verspotter: Die Angepaßten, die netten Kerle und die Herde sind diejenigen, die man verachten muß. Mit dieser existentiellen Wahl hast Du auch eine Überlebensausrüstung mit zwei beherrschenden Einstellungen entwickelt – Provokation und Entwertung. Wenn Du provozierst, bist Du nicht mehr das Opfer. Wenn Du andere abwertest, werden sie zu Unterlegenen. In Deinem Reich ist der Ausgestoßene König.

Du hast auch andere Ausgestoßene gefunden, denen Du Dich anschließen konntest – als ein Ebenbürtiger. Sie wurden für Dich wichtiger als die ganze restliche Welt. Du vermißt sie, wie Du früher Deine Heimat vermißt hast, und Du möchtest Dich ihnen anschließen, egal was die anderen denken mögen. Diese Einstellungen, wie absurd sie auch immer anderen erscheinen mögen, erlösten Dich von Deiner unerträglichen Situation als ein entführtes, hilfloses und erniedrigtes Opfer.

Du bezahlst jedoch auch einen Preis dafür. Du weißt, daß Deine Art zu leben gefährlich ist, ja daß sie Dich sogar umbringen könnte. Von Deiner Erfahrung als Überlebender her gesehen vermute ich, daß Du sowohl das behalten möchtest, was Du Dir als Deine Individualität erarbeitet hast, als auch weiterleben möchtest. Ich hoffe, Du kannst beides tun.

Für Deine Zukunft kann ich drei mögliche Wege sehen. Der erste ist der Weg des Angepaßtseins. Der ist versperrt, was Dich angeht. Obgleich Dein Vater noch immer möchte, daß Du zu ihm zurückkehrst, weißt Du es besser. Für Dich würde es bedeuten, das Recht der anderen anzuerkennen, daß sie Dich verachten und zurückweisen können, während Du zur gleichen Zeit um ihre Gunst betteln mußt. Ich erwähne diesen Weg nicht etwa, weil Du irgendwie Gefahr laufen könntest, ihn einzuschlagen, sondern weil von dort noch immer äußerer Druck auf Dich ausgeht. Du weißt, wie stark auch immer Dein Vater Druck auf Dich ausüben mag, er kann und wird Dich nicht ändern.

Der zweite Weg ist der Weg in den Tod. Der bedeutet, Du weist jede Hilfe zurück, die Dir angeboten wird. Wenn Du diesen Weg wählst, wirst Du Dich nicht nur körperlich umbringen, Du tötest auch Deine Freiheit, weil Du dann keine Freiheit der Wahl mehr hast. Ich habe das Gefühl, daß

Du manchmal diesen Weg nehmen willst, er Dir aber dann wieder zu eng und unkreativ erscheint. Wenn Du Gedichte schreibst oder etwas aus purem Vergnügen tust, und nicht nur, weil es das Gegenteil von dem ist, was andere sagen, dann – so glaube ich – bewegst Du Dich weg vom Pfad des Todes.

Das verweist auf den dritten Weg, den Weg zu einer unverfälschten Individualität. Das Ziel dieses Wegs ist, Deine Identität als Außenseiter zu entfalten, während Du gleichzeitig alle Gefährdungen für Dein Überleben überwindest. Wenn Du also phantasierst, Du würdest einen Sexclub aufmachen, tust Du etwas für Deine Individualität, also unverwechselbar Du selbst zu sein. Du bleibst ein Ausgestoßener aus dem Blickwinkel der »normalen Gesellschaft«, während Du gleichzeitig Deine eigenen freien Möglichkeiten aufbaust.

Ich will Dir ehrlich sagen, wie ich die Rolle Deines Vaters sehe. Ich denke, er kann, genau wie Du, nicht anders handeln. Ich würde ihn einen Dir und sich treuen Gefängniswärter nennen. Er ist ein Gefängniswärter, ohne Zweifel, aber einer, der anders ist als die in den wirklichen Gefängnissen. Genau wie Du kämpft er seinen eigenen Lebenskampf. Wenn er nachgeben würde, hätte er rückblickend das Gefühl, Deine Entführung durch Deine Mutter damals nachträglich gutzuheißen, also auch, daß er damals seinen Sohn verloren hat und Du Deinen Vater. Sein Weg ist: Treue zu sich selbst und zu Dir. Natürlich protestierst Du dagegen, denn das zu tun ist Deine Pflicht. Natürlich mußt Du Dir vornehmen, nie nachzugeben, das ist entscheidend für Dein Selbstwertgefühl.

Man könnte es jedoch auch anders sehen. Meiner Meinung nach unterstützt Dein Vater Deinen Weg zu einer unverfälschten Individualität. Er vermittelt Dir die Erfahrung, wie es ist, sich selbst treu zu sein. Und das brauchst Du ja selbst für Dich auch als Teil Deines Rüstzeugs. Wenn Du schließlich Deine Freiheit erhältst, mit achtzehn Jahren, wirst Du wahrscheinlich aus dieser Erfahrung einen Nutzen ziehen können. Er gibt Dir so das bestmögliche Training für das Festhalten an der eigenen inneren Ausrichtung. Und wenn Du dann trotz seiner ständigen Beschattung an Deinem eigenen Weg festhältst, beweist Du Dir selbst, daß Du ein durchsetzungsfähiger Rebell bist.

Als diese Botschaft verlesen wurde, wandte sich Mike immer wieder seinem Vater zu, fast als wolle er ihn anflehen, die Worte zu verstehen. Diese Haltung war gänzlich anders als seine gewöhnlich abschätzige. Vater und Sohn waren beide sehr bewegt, es dauerte eine Weile, bis sie sich wieder gefaßt hatten.

In den kommenden Wochen gab es zunächst keine bemerkenswerten Veränderungen in Mikes Umgang mit seinem Vater.

Schrittweise jedoch wurde er mehr in seine Schule einbezogen, seine Noten verbesserten sich, und er schwänzte nie mehr. Vorgeblich blieb seine Einstellung unverändert. Obwohl er erklärte, das sei keine wirkliche Therapie, da er nur unter Druck dorthin gebracht worden war, unterhielt er sich doch gern mit dem Therapeuten über seine Ideen und las ihm seine Gedichte vor. Manchmal fühlte sich der Therapeut wie der Vater enttäuscht, weil Mike sich zuzugeben weigerte, daß er Hilfe brauchte. Der Therapeut sagte jedoch zu Mike, er habe nach nochmaligem Überlegen verstanden, daß es falsch gewesen sei, zu erwarten, er würde die Identität eines Patienten annehmen. Das wäre einer Kapitulation gleichgekommen.

Die Botschaft war auch für Mikes Vater wichtig. Sie half ihm dabei, die notwendigen Belastungen auf sich zu nehmen und jedwede Illusionen darüber aufzugeben, Mike könnte seine Moralvorstellungen übernehmen. So hat die empathische Erzählung dem Vater dabei geholfen, nicht nur ein treuer, sondern auch ein respektvoller Gefängniswärter zu werden.

Fall 15: Eine empathische Erzählung in einer lebensbedrohlichen Sackgasse

Bis zum Alter von einundzwanzig Jahren war Jerry gesund gewesen. Dann, in nur wenigen Wochen, hatte sich sein Leben vollständig verändert. Er entdeckte Blut in seinem Urin, eine schwere Niereninsuffizienz wurde diagnostiziert. Die Erkrankung schritt rasend voran, innerhalb eines Monats hatte Jerry beide Nieren verloren. Im Ausland sollte er sich einer Transplantation unterziehen. Sein Vater hatte bei der Entscheidung eine Schlüsselrolle gespielt. Ohne seine unverzügliche Handlungsbereitschaft und seinen Einsatz hätte Jerry wohl sein Leben verloren. Der Vater war auch Jerrys größte Stütze in der ganzen Zeit seiner Rekonvaleszenz. Seine Mutter machte den Haushalt (sie hatte drei jüngere Kinder) und führt das Familiengeschäft, während ihr Mann mit Jerry fort war. Sie war froh darüber, daß ihr Mann die schwerere Rolle übernommen hatte.

Nach der Operation war Jerrys erste Frage an den Chirurgen, ob er noch fähig sei, Kinder zu zeugen. Sein späteres Verhalten zeigte, daß er sich eigentlich über seine sexuelle Potenz Sorgen machte. Als er wieder zu Hause war, entwickelte er einen Lebensstil, der nur noch auf Vergnügen und Sex gerichtet war. Er gab seine Studienpläne auf, verwarf alle Vorschläge dazu, was er arbeiten könnte, verbrachte die Nächte in Clubs und Bars und brachte eine junge Frau nach der anderen mit nach Hause. Das hielt ein Jahr lang an. Er eignete sich praktisch das Auto seines Vaters an. Der Vater hatte ihm vorher mitzuteilen, wenn er es brauchen wollte. Jerry schwatzte das Geld für seine Eskapaden hauptsächlich dem Vater ab. Aber das war nicht genug, Jerry wollte ein eigenes Auto; setzte seinen Vater unter Druck, ihm eins zu kaufen. Als der sich weigerte, beschimpfte ihn Jerry, weil er Geld über das Leben seines Sohnes stelle. Er hatte das Gefühl, der unglücklichste junge Mensch auf Erden zu sein. Wie konnten seine Eltern nur nicht einsehen, daß er einen Ausgleich für sein schlimmes Los verdiente?

Jerry mußte strikte ärztliche Anweisungen befolgen. Jede Unregelmäßigkeit bei der Einnahme der Medikamente konnte gefährliche Folgen haben. Aber er nahm den strengen Zeitplan auf die leichte Schulter und hätte oft die Pillen nicht genommen, wenn sein Vater sich nicht darum gekümmert hätte. So wurde der Vater zu Jerrys Pfleger. Er weckte ihn jeden Morgen (manchmal unmittelbar nachdem Jerry eingeschlafen war – heimgekehrt von seinen nächtlichen Ausflügen), um ihm seine Pillen zu geben. Jerry war üblicherweise so müde, daß er minutenlangen heftig geschüttelt werden mußte, bevor er in der Lage war, seine Medizin zu schlucken. Das Auto wurde zum Unterpfand im Kampf um die Medikation. Der Vater drohte ihm, er würde ihm nicht das Auto geben, wenn er nicht seine Medikamente einnehme, und umgekehrt wurde Jerry immer nachlässiger, wenn ihm der Vater nicht das Auto bedingungslos abtrat. Jerry sorgte dafür, daß der Vater ständig in größter Angst lebte. So konnte es passieren, daß er seine Pillen an einem heißen Sommertag im Auto ließ und erklärte, er würde diese Medizin nicht mehr nehmen und sich statt dessen nun von einer makrobiotischer Diät die Hilfe versprechen, oder er verschwand einfach ohne seine Pillen.

Er rechtfertigte solche Eskapaden mit seiner Verzweiflung darüber, daß er kein eignes Auto habe.

Je mehr der Vater ihn beschwor, desto verantwortungsloser verhielt sich Jerry. Der Vater konnte jedoch Jerry nicht zutrauen, für sich selbst zu sorgen, nicht einmal für kurze Zeit. Die beiden verfingen sich in einem Katz-und-Maus-Spiel. Jeder sprach mit und von dem anderen auf sehr üble Weise. Der Vater sagte, Jerry sei irrational, verantwortungslos und undankbar. Jerry sagte, er habe eigentlich keine Eltern, sie hätten nie versucht, ihn zu verstehen, und trieben ihn, unter dem Vorwand der Fürsorge, in die Verzweiflung. Der Vater versuchte ihm wiederholt zu erklären, daß alles zu seinem Besten geschehe. Jerry machte deutlich, daß er von diesem Spruch die Nase voll habe. Die Mutter verzweifelte an beiden – Jerry war abstoßend und ihr Mann ein Trottel.

Das war das Dilemma, das die Eltern dem Therapeuten beim Erstgespräch präsentierten. Für sie schien die Situation ausweglos verfahren. Der Therapeut sah kaum eine Chance für einen Fortschritt, so lange beide Seiten derart böse Ansichten von einander hegten. Mit einem Versuch, den völligen Stillstand zu lösen, eröffnete der Therapeut die zweite Sitzung, bei der auch Jerry zugegen war, in dem er der Familie eine Botschaft vorlas.

Ich möchte Ihnen meine Gedanken über Ihre Situation mitteilen. Zuallererst möchte ich Ihnen sagen, daß ich nicht glaube, Jerrys Verhalten sei ohne Sinn. Im Gegenteil, ich glaube, es ist ein wichtiger Versuch, mit einer extremen Situation umzugehen.

Jerry, Sie haben dem Tod ins Auge gesehen. Das ist noch nicht vorbei; das Risiko hängt noch über Ihnen, und so wird es auch für eine lange Zeit bleiben. Sie haben zu Recht das Gefühl, daß das Schicksal Ihnen schlechte Karten gegeben hat. Und nun erwartet man von Ihnen nicht nur, daß sie weiterhin unter dieser ständigen Bedrohung leben, sondern auch noch, daß Sie ein guter Junge sein, völlig willfährig den auferlegten Lebensumständen unterworfen, und auch noch demütig die Götter anflehen sollen, daß sie Sie weiterleben lassen.

Ihre Reaktion, wie ich sie verstehe, ist eine vollständige Zurückweisung dieser Lebensumstände. Sie sagen: »Ich werde weiter ein unbeeinträchtigtes Leben führen! Ich werde nicht nachgeben, und ich werde mich nicht zügeln!« Ihre erste Frage an den Chirurgen, als Sie aufwachten, war: »Werde ich noch Kinder zeugen können?« Ich glaube, was Sie wirklich meinten, war: »Werde ich lieben können und ein sexuelles Leben führen können?« Sie können und Sie werden es tun. Es ist, als ob Sie dem Schicksal, ihrem drohenden Tyrannen, antworteten: »Schau her, ich ergebe mich nicht!« Ihre Lebensform ist eine trotzige Demonstration Ihrer Lebenskraft: »Ich werde nicht für irgendeine Zukunft leben, sondern hier und jetzt!« Ich respektiere Ihren Mut, Ihre Lebendigkeit und Ihren Protest. Sie sind ein Held. Viele Leute würden Sie um Ihre Kühnheit beneiden und davon träumen, so wie Sie zu leben.

Es gibt jedoch noch eine andere Seite der Medaille, die für Ihre Eltern, und wohl auch für Sie, entscheidend ist. Ich will für diese Seite genau so klar sprechen, wie für die andere. Ihr Spiel ist Russisches Roulette. Jeden Tag wieder können Sie gewinnen oder verlieren. Sie sagen: »Aha, ich soll meine Pille genau um 7 Uhr nehmen? Ich werde sie dann nehmen, wann ich will! Wenn mein Vater anders darüber denkt, ist das seine Sache!«, oder »Aha, ich soll jede Nacht regelmäßig schlafen? Ich werde mich hinlegen, wenn der Spaß vorbei ist!« Sie haben sich tatsächlich entschieden, so lange zu leben, bis die Kugel im Lauf ist. Das kann morgen sein oder in ein paar Jahren. In einem gewissen Sinn ist Ihr Russisches Roulette ein Spiel der Verzweiflung, denn Ihre Überzeugung ist, daß mit dem Geschenk, das Sie vom Schicksal bekommen haben, keine Zukunft verbunden ist. Sie unterwerfen sich nicht der Forderung des Schicksals, in Furcht und Zittern zu leben. Aber Sie haben sich tatsächlich dadurch unterworfen, daß Sie Ihre Zukunft kampflos aufgeben. In Wirklichkeit haben Sie einen Vertrag mit dem Teufel unterschrieben: »Ich verschreibe dir meine Zukunft! Aber heute laß mich meinen Spaß haben!«

Ihre Eltern mögen Ihre Wahl verstehen, vielleicht sogar anerkennen. Was sie jedoch nicht tun können ist, damit einverstanden zu sein. Wenn sie das täten, unterzeichneten sie Ihr Todesurteil mit ihren eigenen Händen. Wenn sie das täten, würden sie es sich nie verzeihen können. Ihre Eltern haben mich um Hilfe gebeten. Schon nach fünf Minuten war klar, daß sie das Gefühl hatten, sie selbst wären dabei, die Kugel in den Lauf Ihrer Waffe zu schieben. Ich werde mein Bestes tun, Ihnen zu helfen, das Roulette anzuhalten. Wenn Sie sich entscheiden, Ihre Zukunft zu vernichten, können Ihre Eltern dabei unter keinen Umständen mitmachen. Was für Sie so wichtig ist, ist für Ihre Eltern die reine Hölle. Ihre Eltern haben mich gefragt, ob Sie sich umbringen könnten, wenn sie Ihnen nicht mehr nachgeben. Ich sagte, es gebe das Risiko. Ich glaube, Sie haben noch nie eine leere Drohung ausgestoßen. Ich bin sicher, daß das so ist, denn Sie spielen täglich das Spiel um Leben und Tod, deshalb sind Sie in unzähligen Situationen von Tag zu Tag am Abgrund. Ich werde Ihren Eltern helfen, alles zu tun, was sie tun können, um Sie davon abzuhalten, sich umzubringen, ausgenommen eins: Ihren Ansprüchen nachzugeben. Denn wenn sie das tun, ist das Ihr sicheres Ende. Ich respektiere Sie, und ich kann mich in Ihre schreckliche Lage hineinversetzen. Aus diesem Grund zweifle ich nicht an Ihrer Ernsthaftigkeit. Aber ich glaube, Ihre Eltern können es sich einfach nicht leisten, Ihnen nachzugeben. Denn dann hätten Sie überhaupt keine Chance mehr.

Was schlage ich also vor? Daß Sie Ihr Schicksal annehmen und anfangen, als netter Junge und gehorsamer Schüler zu leben? Das ist nicht meine Absicht. Sie haben es gewagt, »Nein!« zu ihrem Schicksal zu sagen. Vielleicht werden Sie auch den Mut finden, sowohl die Gegenwart als auch die Zukunft herauszufordern. Ihren abenteuerlichen Lebensstil werden Sie nicht aufgeben. Er ist ein Teil von Ihnen. Er ist eine von Ihren Errungenschaften. Sie laufen nicht Gefahr, ein »Muttersöhnchen« zu werden. Die Frage ist jetzt, ob Sie auch aufhören werden, auf andere Weise der Betrogene des Schicksals zu werden, indem Sie ihm nicht Ihre Zukunft überlassen. Ich werde mich weiter mit Ihren Eltern treffen. Ich werde mich mit allen treffen, die sich um Sie sorgen. Ich wäre froh, wenn Sie sich uns anschließen würden. Nicht weil ich Ihre »psychischen Probleme« behandeln will, sondern damit wir ehrlich darüber nachdenken können, wie Sie weiterhin in der Gegenwart leben können, ohne Ihr Leben dafür zu verschenken.

Die Eltern und Jerry waren sehr berührt und betroffen, nachdem der Brief verlesen war. Fünf Minuten später machte der Therapeut (Haim Omer) einen Fehler. Beeindruckt von der enormen Wirkung der Botschaft, wollte er die Entwicklung vorantreiben und schlug den Eltern vor, die großzügige Geldzuteilung an Jerry einzustellen wie auch das Benutzen des Autos. Jerrys positive emotionale Reaktion wurde dadurch nahezu auf einen Schlag ausgelöscht. Für den Rest der Sitzung schimpfte und drohte er nur noch. Die folgenden Tage zeigten jedoch, daß nicht alles verloren war. Jerry war so hilfsbereit und aufmerksam wie nie zuvor. In den nächsten Sitzungen (nur mit den Eltern), lernte der Vater, seine wirkungslose elterliche Rhetorik (»Es ist alles nur zu deinem Besten!«) aufzugeben. Eine Zeitlang schien alles besser zu werden. Jerry fing an zu arbeiten (leider nur für eine kurze Zeit) und hörte auf, um Geld zu bitten (aber noch weiter um das Auto).

In den folgenden Monaten gab es viele Höhen und Tiefen. Der Vater meinte, er könne seine Rolle als Versorger einfach nicht ablegen, die Bindungen zwischen Georg und Jerry würden sich nur allmählich verändern. Einige Schritte wurden in diese Richtung erreicht, die Eltern konnten zum ersten Mal seit der

Transplantation einen Urlaub nehmen. Der Therapeut versuchte dem Vater zu helfen, einen Teil seiner Pflegeaufgaben an seine Frau abzutreten, aber ohne Erfolg. Er empfand einfach, er könne es sich nicht leisten, die Beaufsichtigung aufzugeben. Jerry seinerseits machte in seinem alten Lebensstil weiter. Als der Therapeut die Familie zum letzten Mal sah, hatte Jerry vor, aufs College zu gehen. Außerdem war er äußerst erschreckt über die Befunde seiner letzten medizinischen Untersuchung, es sah so aus, als wollte er jetzt den Anweisungen der Ärzte Folge leisten. Das könnte den Vater endlich von seiner unmöglichen Verpflichtung entbinden. Der Therapeut hatte jedoch das Gefühl, daß die Situation noch immer explosiv war. Er war nicht sicher, ob ihn die Familie bei einer neuen Krise wieder aufsuchen würde. Alles in allem war die Wirkung der Botschaft aufgebraucht.

Dieser Fall muß, gemessen an unserem Anspruch, als therapeutischer Fehlschlag gewertet werden. Im Gegensatz zu den meisten der Fälle, die hier vorgestellt wurden, konnten wir trotz monatelanger Behandlung keine substantiellen Verbesserungen erkennen. Dabei war das Verharren in Resignation keine wirklich Haltung für die Familie: Wer könnte den drohenden Verlust eines Kindes einfach in Resignation hinnehmen? Sie kämpfen also weiter.

Daß dieser Fall als letzter gewählt worden ist, soll den Leser nicht entmutigen. In vielen anderen Fällen wurden Kinder aus suizidalen Lebensformen gerettet. Jedoch, um helfen zu können, müssen wir auch den Mut haben, unsere Grenzen zu sehen und auch Fehlschläge hinzunehmen, ohne anderen die Schuld zu geben.

An dieser Stelle möchten wir noch ein paar Gedanken zur Indikation und Kontraindikation des Ansatzes in der Beratung und im Elterncoaching formulieren. Wie die verschiedenen Beispiele gezeigt haben, braucht es einige Zeit, bis die Beraterin oder der Berater die Familie gut genug kennengelernt hat, und diese Zeit sollte er/sie sich auf jeden Fall nehmen. Es ist vor allem die Frage zu klären, ob ein symptomatisches Verhalten mit fehlender elterlicher Präsenz zu tun hat oder mit etwas anderem. Symptome bei Kindern können auch auf Mißbrauch, auf schwere Vernachlässigung oder Mißhandlungen hindeuten, und solche

Probleme erfordern ein gänzlich anderes Vorgehen, abgesehen davon, daß sehr genau zu prüfen ist, inwieweit sie sich mit einem therapeutischen Vorgehen angehen lassen (Ramin 1993). Und sicher sind Fälle, in denen die Rebellion des Kindes angesichts eines übertriebenen Ehrgeizes oder einer fundamentalistischen Einstellung der Eltern mehr oder weniger »normal« erscheint, eine besondere Herausforderung an die Kompetenz und eben auch an die Präsenz des Therapeuten, denn es dürfte illusorisch sein zu glauben, hier klare und eindeutige Grenzen ziehen zu können.

Eine weitere Indikation oder Kontraindikation liegt in der Motivation der Eltern. Nur wenn sie wirklich bereit sind, die erheblichen Mühen zur gewaltlosen Wiederherstellung ihrer Präsenz in der Familie auf sich zu nehmen, können diese auch durchgeführt werden.

In einem Fall zuckte eine alleinerziehende Mutter zusammen, als die Therapeutin ihr die Schritte schilderte, die zu einem Sit-in gehören. Nein, das sei ihr denn doch zu viel. Die Therapeutin verzichtete auf die Intervention, blieb jedoch mit der Mutter im Gespräch. Zögerlich wurde deutlich, daß diese die Vorstellung hatte, ihr Sohn würde vielleicht doch besser bei dem geschiedenen Partner leben.

Schluß

Am Anfang dieses Buches haben wir drei Kriterien der Bewertung unseres Konzepts der elterlichen Präsenz als einer »Autorität ohne Gewalt« vorgeschlagen:
- Es sollte eine praktische Anleitung bieten,
- es sollte als eine Brücke zwischen verschiedenen Ansätzen dienen und
- moralisch akzeptabel sein und leicht von einer Form von Autorität zu unterscheiden, die auf nackter Gewalt beruht.

In welchem Umfang haben wir das erreicht?

Elterliche Präsenz als praktische Anleitung

Elterliche Präsenz hat sich als griffiges Konzept erwiesen – leicht zu begreifen und anzuwenden. Es ist unterschieden von vielen anderen komplexen theoretischen Konzepten, und es ruft in uns eine reichhaltige Galerie von Bildern hervor: der Elternteil, der das Kind in der Bärenumarmung hält; der stundenlang im Zimmer des Kindes im Sit-in sitzt; der das Kind davon abhält, sich zu verletzen; der in Kontakt mit dem Kind kommt, und sei es auf seltsame Weise oder an seltsamen Orten: der ein Netz von Menschen ausbreitet, um das Kind zu schützen. Die Galerie zeigt auch Gegenbeispiele zur elterlichen Präsenz – also Elternabwesenheit: zum Beispiel wie ein Elternteil das Kind schlägt; wie er das Kind fortschickt; wie er dem Kind nachgibt, um Ruhe und Frieden zu erkaufen; wie er dem Kind droht, es ermahnt, es anfleht; wie er den Ehepartner sabotiert.

Diese Bilder dienen als schnelle Hinweise für Berater und Eltern. Manch ein dringender Fall wird eins oder mehrere dieser Bilder ins Gedächtnis rufen. In vielen Fällen werden beträchtliche Modifikationen nötig sein. Aber das ist ja genau, was eine praktische Anleitung meint: Sie versieht uns mit einem Grundmodell, das den veränderten Umständen angepaßt werden kann.

Elternpräsenz als eine theoretische Brücke zwischen verschiedenen Vorgehensweisen

Verhaltenstherapeutische, systemische und humanistische Beiträge haben unser Nachdenken über elterliche Präsenz bereichert. Andererseits haben wir unseren Blick auf diese drei Vorgehensweisen und ihre Berührungspunkte durch die Sammellinse der Elternpräsenz bereichert. So haben wir gesehen, daß das verhaltenstherapeutische Modell das systemische berührt (zum Beispiel in der Bedeutung, die der systemischen Unterstützung zugeschrieben wird); daß das systemische das humanistische berührt (die systemische Unterstützung wirkt auf das Selbstgefühl der Eltern); und daß das humanistische das verhaltenstherapeutische berührt (die innere Resonanz der Eltern auf das verhaltenstherapeutische Programm kann z. B. andauernde Aufrechterhaltung oder Abbrechen erklären).

So erweist sich elterliche Präsenz als eine dreispurige Brücke: Man kann sie von irgendeiner theoretischen Richtung betreten und sie hin zu den anderen überqueren. Diese Qualität der gemeinsamen Sprache wird auch in der Praxis deutlich: Das Konzept hat sich als in hohem Maß akzeptabel für Praktizierende verschiedener Ansätze erwiesen, indem es den Dialog und die gemeinsame Planung erleichtert.

Persönliche Präsenz gegen nackte Gewalt

Bei persönlicher Präsenz sind die Quellen der Macht und die moralische Rechtfertigung ein und dasselbe: die Eltern werden dadurch stark, daß sie da sind. Durch ihre Entschlossenheit, mit ihrem ganzen körperlichen, emotionalen und moralischen Sein für das Kind zu sorgen, gewinnen die Eltern ihren Einfluß und ihre Statur. Elternpräsenz ist deshalb das genaue Gegenteil von tyrannischer Macht, dessen Stärke dadurch entsteht, daß das Kind bestraft, geschlagen und verbannt wird, und dessen Ziel es ist, Intimität eher zu verhindern als herzustellen. Der tyrannische Elternteil strebt nach Abstand. Der präsente Elternteil strebt nach Kontakt.

Ermutigt das Modell der elterlichen Präsenz jetzt elterliches Überengagement? Wir sollten nicht vergessen, daß wir über Familien sprechen, die dadurch charakterisiert sind, daß die Eltern praktisch abwesend sind. Das Kind, das durch Drohungen und Gewalt regiert, braucht präsente Eltern und nicht einfach nur ein bißchen mehr Spielraum zur Selbstzerstörung. Nach und nach, während das Kind Selbstkontrolle entwickelt, werden die Eltern und das Kind fähig sein, symbolischere Formen zu finden, wie Kontakt gesichert werden kann. In Verbindung damit möchten wir anmerken, daß die Eltern in keinem unserer Fälle die Bärumarmung, das Sit-in oder das enge persönliche Beschatten als eine Routine weiterverfolgt haben. Anders als bei willkürlicher Macht erfordert elterliche Präsenz zu viel Einsatz, als daß sie die Eltern abhängig machen könnte.

Die Wirkungsweise elterlicher Präsenz hebt sich auch deutlich von der Wirkung der nackten Gewalt ab, was die Würde des Kindes anbelangt. Das Ziel der elterlichen Präsenz ist niemals die bedingungslose Kapitulation des Kindes. Tatsächlich ist elterliche Präsenz ein unmittelbares und dialogisches Konzept: Die Eltern bemühen sich, für das Kind und in ihrer Beziehung mit dem Kind präsent zu werden. Dieser dialogische Aspekt wird in vielen Elementen der Behandlung sichtbar, wie im Sorge tragen, Erniedrigung zu vermeiden, im Bereitsein, Situationen der Ausweglosigkeit oberste Priorität einzuräumen oder Gewicht auf flexible Autorität zu legen. Am stärksten aber wird die Natur des Konzepts deutlich in unserem Ausdruck des Respekts gegenüber dem Rebellen. Tatsächlich ist der Respekt gegenüber dem Rebellen das Pendant zum Respekt gegenüber den Eltern, mit dem wir dieses Buch begonnen haben. Hier, glauben wir, schließt sich der Kreis.

Literatur

Alon, N.; Omer, H. (in Vorb.): Demonic and Tragic Narratives in Psychotherapy and Personal Relations. Manuskript.
Amit, H. (1997): Parents as Human Beings (in hebr.: Sifriat HaPooalim).
Anderson, L. M. (1969): Personality characteristics of parents of neurotic, aggressive and normal preadolescent boys. Journal of Consulting and Clinical Psychology 33: 575–581.
Bastian, M.; Bastian, T. (1996): Die Angst der Eltern vor dem Kind. München.
Bateson, G. (1981): Ökologie des Geistes. Frankfurt/Main.
Baumrind, D. (1971): Current Patterns of Parental Authority. Developmental Psychology Monographs, 4 (1, Pt. 2).
Baumrind, D. (1991): Effective parenting during the early adolescent transition. In: Cowan, P. A.; Petherington, E. M. (Hg.), Family Transitions Hillsdale, NJ.
Bois, R. du (2000): Jugendkrisen: erkennen – verstehen – helfen. München.
Bruner, J. (1997): Sinn, Kultur und Ich-Identität. Heidelberg.
Bugental, D. B.; Blue, J. B.; Cortez, V.; Fleck, K.; Kopeikin, H.; Lewis, J.; Lyon, J. (1993): Social cognitions as organizers of autonomic and affective responses to social challenge. Journal of Personality and Social Psychology 64: 94–103.
Bugental, D. B.; Blue, J. B.; Cruzcosa, M. (1989): Perceived control over caregiving outcomes: implications for child abuse. Developmental Psychology 25: 532–539.
Bugental, D. B.; Lyon, J. E.; Krantz, J.; Cortez, V. (1997): Who's the boss? Accessibility of dominance ideation among individuals with low perceptions of interpersonal power. Journal of Personality and Social Psychology, 72: 1297–1309.
Cairns, R. B.; Santoyo, C. V.; Holly, K. A. (1994): Aggressive escalation: toward a developmental analysis. In: Potegal, M.; Knutson, J. F. (Hg.), The Dynamics of Aggression: Biological and Social Processes in Dyads and Groups. Hillsdale, NJ, S. 227–253.
Caplan, P. J. (1986): Take the blame off mother. Psychology Today, Okt.: 70.

Chamberlain, P.; Patterson, G. R. (1995): Discipline and child compliance in parenting. In: Bornstein, M. H. (Hg.), Handbook of Parenting. Vol. 1. Mahwah, NJ, S. 205–225.
Cecchin, G. (1988): Zum gegenwärtigen Stand von Hypothetisieren, Zirkularität und Neutralität – eine Einladung zur Neugier. Familiendynamik 13 (3): 190–203.
Cedar, B.; Levant, R. F. (1990): A meta-analysis of the effects of parent effectiveness training. American Journal of Family Therapy 18: 373–384.
Collmann, B.; Hawellek, C.; Schlippe, A. v. (1993): »Sackgassen und andere Wege« – institutionelle Kooperation angesichts sexuellen Mißbrauchs. In: Ramin, G. (Hg.), Inzest und sexueller Mißbrauch. Paderborn, S. 413–442.
Dishion, T. J.; Patterson, G. R. (1992): Age effects in parent-training outcome. Behavior Therapy 23: 719–729.
Dreikurs, R. (1972): Soziale Gleichwertigkeit. Stuttgart.
Dreikurs, R. (1993): Kinder fordern uns heraus. Stuttgart.
Elizur, Y.; Minuchin, S. (1993): Institutionalizing Madness. Cambridge, MA.
Elson, M. (1984): Parenthood and the transformations of narcissism. In: Cohen, R. S.; Cohler, B. J.; Weissman, S. H., (Hg.), Parenthood: A Psychodynamic Perspective. New York, S. 297–314.
Everts, J. F. (1990): Critical issues in the development of Toughlove as self-help program in Australasia: an empirical investigation. Australian Journal of Marriage and Family 11: 158–164.
Gergen, K. (1990): Die Konstruktion des Selbst im Zeitalter der Postmoderne. Psychologische Rundschau 41: 191–199.
Gergen, K. (1996): Das übersättigte Selbst. Heidelberg.
Glenn, N. D.; McLanahan, S. (1982): Children and marital happiness: A further specification of the relationship. Journal of Marriage and the Family 44: 63–72.
Gottman, M. M. (1998): Psychology and the study of marital processes. Annual Review of Psychology 49: 169–197.
Hand, J. L. (1986): Resolution of social conflicts: dominance, egalitarianism, spheres of dominance, and game theory. The Quarterly Review of Biology 61: 201–220.
Harbin, H. T.; Madden, D. J. (1979): Battered parents: a new syndrome. American Journal of Psychiatry 136: 1288–1291.
Hemminger, H.-J. (1982): Kindheit als Schicksal? Die Frage nach den Langzeitfolgen frühkindlicher seelischer Verletzungen. Reinbek.
Henggeler, S. W. (1996): Family Therapy and Beyound. Pacific Grove, CA.
Henggeler, S. W.; Rodick, J. D.; Borduin, C. M.; Hanson, C. L.; Watson, S. M.; Urey, J. R. (1986): Multisystemic treatment of juvenile offenders: Effects on adolescent behavior and family interaction. Developmental Psycholog, 22: 132–141.

Herzog, W. (1984): Modell und Theorie in der Psychologie. Göttingen.
Içami Tiba (1996): Disciplina: Limite na medida certa. Sao Paulo.
Iyer, R. (1991): The Essential Writings of Mahatma Gandhi. New Delhi.
Kolvin, I., Miller, F. J. W., Fleeting, M., u. Kolvin, P. A. (1988): Social and parenting factors affecting criminal-offence rates: Findings from the Newcastle Thousand Family Study (1947–1980). British Journal of Psychiatry 152: 80–90.
Le Masters, E. E.; DeFrain, J. (1989): Parents in Contemporary America: A Sympathetic View. Belmont, CA.
Levenson, R. W.; Gottman, J. M. (1983): Marital interaction: Physiological linkage and affective exchange. Journal of Personality and Social Psychology 45: 587–597.
Levenson, R. W.; Gottman, J. M. (1985): Physiological and affective predictors of change in relationship satisfaction. Journal of Personality and Social Psychology 49: 85–94.
Miller, Y.; Hahlweg, K. (2001): Prävention von emotionalen Störungen und Verhaltensauffälligkeiten bei Kindern. In: Schlippe, A. v.; Lösche, G.; Hawellek, C. (Hg.), Frühkindliche Lebenswelten und Erziehungsberatung. Münster, S. 243–253.
Omer, H. (1997): Narrative empathy. Psychotherapy 34: 19–27.
Omer, H. (1998): Using therapeutic splitting to create empathic narratives. In: Hoyt, M. F. (Hg.), The Handbook of Constructive Therapies. San Francisco.
Omer, H. (2001a): Gewaltfreier Widerstand: elterlicher Umgang mit kindlicher Destruktion. Systhema 15 (2): 119–136.
Omer, H. (2001b): Helping parents deal with children's acute disciplinary problems without escalation: the principle of nonviolent resistance. Family Process 40 (1): 53-66.
Omer, H.; Alon, N. (1997): Constructing Therapeutic Narratives. Northvale, NJ.
Omer, H.; Rosenbaum, R. (1997): Diseases of hope and the work of despair. Psychotherapy 34: 225–232.
Oxford, J. (1986): The rules of interpersonal complementarity: does hostility beget hostility and dominance, submission? Psychological Review 93: 365–377.
Patterson, G. R. (1979): A performance theory for coercive family interactions. In: Cairns, R. (Hg.), Social Interaction: Methods, Analysis and Illustration. Eugene, OR S. 119–162.
Patterson, G. R. (1980): Mothers: The Unacknowledged Victims. Monograph of the Society for Research in Child Development, 186, 45 (5), S. 1–47.
Patterson, G. R. (1982): A Social Learning Approach: Coercive Family Process. Eugene, OR.
Patterson, G. R.; Dishion, T. J.; Bank, L. (1984): Family interaction: a

process model of deviancy training. Aggressive Behavior 10: 253–267.
Patterson, G. R.; Reid, J. B.; Dishion, T. J. (1992): Antisocial Boys. Eugene, OR.
Prekop, I. (1989): Hättest du mich festgehalten ... Grundlagen und Anwendung der Festhaltetherapie. München.
Price, J. (1997): Power and Compassion. New York.
Ramin, G. (Hg.) (1993): Inzest und sexueller Mißbrauch. Beratung und Therapie. Paderborn.
Riedl, R. (1981): Die Biologie der Erkenntnis. Berlin.
Retzer, A. (Hg.) (1991): Die Behandlung psychotischen Verhaltens. Heidelberg.
Rollins, B. C.; Feldman, H. (1970): Marital satisfaction over the family life cycle. Journal of Marriage and the Family 32: 20–28.
Rotthaus, W. (2000): Wozu erziehen? Entwurf einer systemischen Erziehung. 3. Aufl. Heidelberg.
Satir, V.; Baldwin, M. (1988): Familientherapie in Aktion. Paderborn.
Schlippe, A. v.; Lösche, G.; Hawellek, C. (Hg.) (2001): Frühkindliche Lebenswelten und Erziehungsberatung. Die Chancen des Anfangs. Münster: Votum.
Schlippe, A. v.; Schweitzer, J. (1996): Lehrbuch der systemischen Therapie und Beratung. Göttingen.
Schneewind, K. (1991): Familienpsychologie. Stuttgart.
Schwartz, R. (1997): Systemische Therapie mit der inneren Familie. München.
Schweitzer, J. (2000): Systemische Jugendlichenpsychotherapie: ein Multisystemansatz bei dissozialem, delinquentem und gewalttätigem Verhalten Jugendlicher. In: Rotthaus, W. (Hg.), Systemische Kinder- und Jugendlichenpsychotherapie. Heidelberg, S. 185–204.
Shazer, S. de (1989): Wege der erfolgreichen Kurztherapie. Stuttgart.
Silverberg, J.; Gray, J. P. (1992): Violence and peacefulness as behavioral potentialities of primates. In Silverberg, J. u. Gray, J. P. (Hg.), Aggression and Peacefulness in Humans and Other Primates. Oxford, S. 1–36.
Simon, F. (2001): Tödliche Konflikte. Zur Selbstorganisation privater und öffentlicher Kriege. Heidelberg.
Sirringhaus-Bünder, A.; Hawellek, C.; Bünder, P.; Aarts, M. (2001): Die Kraft entwicklungsfördernder Dialoge. Das Marte Meo-Modell im Praxisfeld Erziehungsberatung. In: Schlippe, A. v.; Lösche, G.; Hawellek, C. (Hg.), Frühkindliche Lebenswelten und Erziehungsberatung. Münster, S. 104–120.
Steinberg, L. (1986): Latchkey children and susceptibility to peer pressure: an ecological analysis. Developmental Psychology, 22: 433–439.
Steinmetz, S. K. (1978): Battered parents. Society 15: 54–55.

Stierlin, H. (1979): Status der Gegenseitigkeit: die fünfte Perspektive des Heidelberger familiendynamischen Konzepts. Familiendynamik 4: 106–116.

Straus, M. A.; Gelles, R. J. (1986): Societal change and change in family violence from 1975 to 1985 as revealed by two national surveys. Journal of Marriage and the Family 48: 465–479.

Theiling, S.; Schlippe, A. v.; Lob-Corzilius, T. (2000): Systemische Familienmedizin in der Pädiatrie. In: Kröger, F.; Hendrischke, A.; McDaniel, S. (Hg.), Familie, System und Gesundheit. Heidelberg, S. 130–164.

Trott, G. E.; Friese, H.; Reitzle, K.; Wirth, S.; Nissen, G. (1993): Seelische und körperliche Elternmißhandlung. Münchener Medizinische Wochenschrift 135: 41–44.

Waal, F. B. M. de (1993): Reconciliation among primates: a review of empirical evidence and unresolved issues. In: Mason, W. A.; Mendoza, S. P. (Hg.), Primate Social Conflict. New York, S. 111–144.

Walper, S. (2001): Armut und ihre Auswirkungen auf die Entwicklung von Kindern und Jugendlichen. In: Schlippe, A. v., Lösche, G. u. Hawellek, C. (Hg.), Frühkindliche Lebenswelten und Erziehungsberatung. Münster, S. 151–177.

Weikert, A. (1994): Tyrannen in Turnschuhen: Überlebenstraining für geplagte Eltern. Genf/München.

Whitaker, C. (1991): Das David und Goliath-Syndrom. Manifeste eines Familientherapeuten. Paderborn.

White, M.; Epston, D. (1990): Die Zähmung der Monster. Literarische Mittel zu therapeutischen Zwecken. Heidelberg.

White, L. K.; Booth, A.; Edwards, J. N. (1986): Children and marital happiness: Why the negative correlation? Journal of Family Issues 7: 131–147.

Winnicott, D. W. (1958): Hate in the Countertransference. Collected Papers. London.

Winnicott, D. W. (1989): Vom Spiel zur Kreativität. Stuttgart.

York, P.; York, D.; Wachtel, T. (1997): Toughlove. New York.

Die neuen Bände zur Neuen Autorität

Haim Omer / Philip Streit
Neue Autorität: Das Geheimnis starker Eltern
2016. 145 Seiten, kartoniert
ISBN 978-3-525-49158-4

Haim Omer und Philip Streit präsentieren den Ansatz der Neuen Autorität als allgemeines Erziehungsprinzip im Ratgeberformat und plädieren für ein grundsätzliches Umdenken: Widerstand und Wiedergutmachung statt Strafe und Härte. Selbstveränderung und Unterstützung statt Einzelkampf und Kontrollversuche. Die Wirksamkeit spricht für sich: starke Eltern, starke Kinder, offene Kommunikation und intensive, positive Beziehungen. Dem Erziehungsprinzip Neue Autorität gelingt der Spagat, auch unangenehme Dinge zu äußern, ohne die Beziehung in Frage zu stellen. Dieser Eltern- und Erziehungsratgeber besticht durch sein geschlossenes Konzept, die kompakte und verständliche Sprache und eine Fülle von praktischen Beispielen.

Alle Bände auch als eBook beziehbar.

Haim Omer
Wachsame Sorge
Wie Eltern ihren Kindern ein guter Anker sind
Mit einem Vorwort von Arist von Schlippe.
2. Auflage 2016. 246 Seiten, kartoniert
ISBN 978-3-525-40251-1

Mit diesem Band präsentiert Haim Omer die nächste Stufe seines Konzepts für einen entwicklungsförderlichen Umgang von Eltern mit ihren Kindern. Ausgehend von den Grundsätzen der »elterlichen Präsenz«, dem Modell der »Neuen Autorität« sowie der bindungsrelevanten Ankerfunktion geht es in diesem Buch um die grundlegende elterliche Haltung, auf der eine aktive und respektvolle Teilhabe am Leben ihres Kindes basiert.
Anhand einer Vielzahl instruktiver Beispiele wird deutlich, welche Handlungsoptionen Eltern haben, um ihre eigene Position zu festigen – ganz und gar zum Wohl ihres Kindes auf dessen Weg zu mehr Selbstfürsorge.

Verlagsgruppe Vandenhoeck & Ruprecht | V&R unipress

www.v-r.de

Das Erfolgskonzept Neue Autorität

Haim Omer / Arist von Schlippe
Stärke statt Macht
Neue Autorität in Familie, Schule und Gemeinde
3. Auflage 2016. 360 Seiten, kartoniert
ISBN 978-3-525-40203-0

»Die beiden Autoren vertreten mit ihrem inzwischen in Deutschland positiv evaluierten Ansatz eines gewaltlosen Widerstands in schwierigen Erziehungssituationen eine äußerst bemerkenswerte Position im Bereich des Eltern-Coachings. Das Buch vermittelt einen vorzüglichen Einblick in die Philosophie und die Bedeutung dieses Ansatzes.« *Klaus A. Schneewind*

Haim Omer / Arist von Schlippe
Autorität durch Beziehung
Die Praxis des gewaltlosen Widerstands in der Erziehung
Mit einem Vorwort von Wilhelm Rotthaus.
9. Auflage 2016. 264 Seiten mit 5 Abb., kartoniert. ISBN 978-3-525-49077-8

»... eine sehr anschauliche, verständliche und alle Beteiligten achtende Darstellung des gewaltlosen Widerstandes zur Wiedererlangung elterlicher Präsenz.« *Detlef Rüsch, Sozialmagazin*

Arist von Schlippe / Michael Grabbe (Hg.)
Werkstattbuch Elterncoaching
Elterliche Präsenz und gewaltloser Widerstand in der Praxis
3. Auflage 2012. 292 Seiten mit 4 Abb. und 6 Tab., kartoniert
ISBN 978-3-525-49109-6

»Ein hervorragendes Buch mit hoher Praxisrelevanz, das gut lesbar geschrieben ist und einen fundierten Überblick zum Thema gibt.« *Ulrich Pfeifer-Schaupp (socialnet)*

Haim Omer / Eli Lebowitz
Ängstliche Kinder unterstützen
Die elterliche Ankerfunktion
Mit einem Vorwort von Arist von Schlippe.
Aus dem Hebräischen von Miriam Fritz Amid-Ad. 2. Auflage 2015.
207 Seiten mit 3 Tab., kartoniert
ISBN 978-3-525-40218-4

»Das Buch [ist] nicht nur für Kindertherapeuten ein Gewinn, sondern auch für betroffene Eltern.« *Erika Butzmann, Praxis der Kinderpsychologie und Kinderpsychiatrie*

Alle Bände auch als eBook beziehbar.
Weitere Bände und mehr Infos auf
www.v-r.de

Verlagsgruppe Vandenhoeck & Ruprecht | V&R **unipress**

www.v-r.de